Fredrik Forsblad

– *LET IT BE* –

Das letzte Album der Beatles

Fredrik Forsblad

– *LET IT BE* –

Das letzte Album der Beatles

Bibliografische Information der Deutschen Nationalbibliothek:
Die Deutsche Nationalbibliothek verzeichnet diese Publikation in der
Deutschen Nationalbibliografie; detaillierte bibliografische Daten sind
im Internet über http://dnb.dnb.de abrufbar.

© 2020 Fredrik Forsblad

Herstellung und Verlag: BoD – Books on Demand, Norderstedt

ISBN: 978-3-7519-7967-2

Inhalt

III Nach dem Rooftop-Konzert

IV Das Ende zeichnet sich ab

V Götterdämmerung

VI Nachspiel ... Let It Be – Naked

Intro

Mit dem Schlachtruf der Anfangsjahre „to the toppermost of the poppermost" (John Lennon) setzten sich die Beatles das Ziel, ganz nach oben zu kommen. Das haben sie geschafft. Zuerst eroberten sie England und Europa im Sturm, dann folgten Amerika und der Rest der Welt.

Als die Welt musikalisch erobert war, konzentrierten sie sich darauf, die Möglichkeiten der Musikstudios auszuloten und schufen dabei Meilensteine der Popmusik. Das bis dato Unmögliche wurde möglich gemacht: Alben wie *Rubber Soul, Revolver, Sergeant Pepper's Lonely Hearts Club Band* legen Zeugnis davon ab. Immer weiter sollte the *magical mystery tour* gehen, nie zuvor erreichte Höhen wollten sie erklimmen. Das Unfassbare sollte greifbar, die Sterne vom Himmel geholt werden. Paul McCartney, der „Beatleholic, setzte die Messlatte immer höher, sorgte dafür mit immer ausgefalleneren Ideen. Doch irgendwann war auch für ihn Schluss.

Wenn man ganz oben ist, kann man nur noch fallen. Metaphorisch natürlich. Die größte Band der Welt hatte ihren Platz im musikalischen Olymp und in den Herzen unzähliger Fans erobert. Niemand konnte sie aus diesem Elysium vertreiben – außer sie selbst.

Dieses Buch erzählt die Geschichte des Falls aus nie erreichter Höhe, der mit der spirituellen Reise nach Rishikesh in Indien einsetzte, zeigt aber auch die magischen Momente, die bis zum bitteren Ende anhielten.

Weder die Gründung der eigenen Firma Apple, noch die Produktion des *Weißen Albums* konnten das Auseinanderdriften aufhalten. Im Gegenteil, das Abdriften in die Geschäftswelt verstärkte den schleichenden Entfremdungsprozess. Erstaunlicherweise haben die Beatles selbst in ihren dunkelsten Stunden nie aufgehört, ihr unglaubliches Potential als Band auszuschöpfen. So finden sich auch auf dem zuletzt veröffentlichten Album *Let It Be* großartige Momente. Diese werden in dem vorliegenden Büchlein aufgezeigt und beleuchtet.

Zum Glück gibt es kaum ein historisch-kulturelles Großereignis – zu denen ich die Beatles rechne –, das so akribisch bearbeitet worden ist und für deren Beurteilung nahezu alle wissenswerten Fakten vorliegen. Dies verdanken wir unzähligen Arbeiten, vornehmlich den herausragenden Bemühungen des englischen Historikers und Beatles-Biographen Mark Lewisohn, weiterhin dem kompetenten Redaktionsstab der Beatles Bible und natürlich den Beatles selbst, die mit der Veröffentlichung der *Anthology* selbst zu Wort gekommen sind und aus ihrer Sicht die Ereignisse interpretiert haben, oftmals in divergierender Weise. Jeder Beatle hat und hatte seine unterschiedliche Sicht auf die eigene Geschichte und legt und legte sie anders aus. Hierbei ist klar, dass jedes Individuum seine eigene Sicht auf die Dinge hat, und das Gedächtnis trügerisch ausgrenzt, vergrößert und verkleinert. Dadurch bleibt die Geschichte der Beatles packend. Die Möglichkeit perspektivischen Denkens belebt die Forschung.

Die Faktenlage ist weitgehend gesichtet; was aber noch offen vor uns liegt, ist das offene Feld der Interpretationen. Nun gilt es herauszufinden, wo und wie der interpretatorische Raum angemessen bereichert werden kann. ... wir wissen von John Lennon, wie viele Löcher es benötigt, um die Royal Albert Hall zu füllen. Und wir wissen auch, dass es stets gilt, Löcher zu stopfen. Die Löcher im großangelegten interpretatorischen Raum: *I'm fixing a hole ...* (Paul McCartney)

Das Album *Let It Be* war nicht nur das letzte, das die Beatles veröffentlichten – es war auch das Album, das mit Abstand am längsten dauerte in seiner Entstehung von den Aufnahmen bis zur endgültigen Abmischung. Länger als das technisch aufwändige Album *Sgt. Pepper's Lonely Hearts Club Band*, für das die Beatles ein halbes Jahr im Abbey Road Studio zubrachten (von Nov. 66 bis April 67), und auch länger als das *Weiße* (Doppel)-*Album* mit seinen insgesamt 30

Songs und einer Spielzeit von über 90 Minuten, das sie von Ende Mai bis Mitte Oktober 1968 eingespielt hatten. Insgesamt waren die Beatles und drei Produzenten über einen Zeitraum von knapp 15 Monaten mit dem *Let It Be*-Album beschäftigt, dazwischen nahmen die Beatles noch ihr Album *Abbey Road* auf und veröffentlichten es, auch mit dem Hintergedanken, Abstand von den missglückten Aufnahmen zu bekommen. Ja, in gewisser Weise dachten die Beatles sogar daran, das verpatzte Album *Let it be* sterben zu lassen. Jedoch waren die Aufnahmen in den Twickenham Film-Studio zu kostspielig, die Finanzierung des Kamerateams um Michael Lindsay-Hogg zu aufwändig gewesen. Und ein Beatles-Album hätte noch so schlecht sein können, aber hätte allemal die Unkosten wieder eingespielt. Das wussten sie und so kam es, dass am achten Mai 1970 das Album erschien: Das *Let-It-Be*-Album plus der gleichnamige Film kamen auf den Markt. Zu diesem Zeitpunkt hatten sich die Beatles bereits als Gruppe aufgelöst.

Gründe für diese immensen Verzögerungen gab es viele und wurden oftmals diskutiert. Bereits bei den Aufnahmen des *Weißen Albums*, meinte einmal George Harrison rückblickend, habe die „Fäulnis" eingesetzt. Nichts war plötzlich mehr so, wie es einmal war. Das Verständnis untereinander war wie weggeblasen. Und was in der *Weißen Album*-Phase begonnen hatte, setzte sich bei den Aufnahmen des *Get-Back*-Albums fort – so sollte das Album ursprünglich heißen. Es ging sogar so weit, dass George Harrison nach einer Auseinandersetzung mit Paul für ein paar Tage aus der Band ausstieg – wie das zuvor Ringo während der Aufnahmen zum *Weißen Album* vorgemacht hatte.

Dennoch – trotz aller Unstimmigkeiten, der allgemeinen Lust-losigkeit, dem vermehrten Drogenkonsum John Lennons und angesichts des drohenden Band-Unterganges – finden sich auf dem Album durchaus brillante Momente, in denen nicht nur die Kreativität aller Vier aufblitzt, sondern auch das magische Zusammenspiel zum Tragen kommt. Es sind genau diese magischen Momente, die die Beatles als Band in ihrer individuellen aber auch kollektiven Güte seit jeher ausgezeichnet haben. Und selbst in den dunklen Stunden des Niedergangs, als allen Vieren bewusst war, dass die Beatles-Zeit sich dem Ende zuneigte, blitzte diese unerreichte Qualität wieder auf und wurde auf dem *Let-It-Be*-Album verewigt.

Das ist auch der Grund für dieses vorliegende kleine Buch: diese magischen Momente müssen aufgedeckt werden, sie liegen zum Teil versteckt im großangelegten Klangwirrwarr des maßgeblichen und endgültigen Produzenten Phil Spector, der sich zu weit entfernte von der ursprünglichen Idee für dieses Album. Zurück zu den Wurzeln, so lautete das von Paul aufgestellte Credo. Nur die Stimmen und die Instrumente der vier sollten zu hören sein, ohne Overdubbing, ohne dem Einsatz des ADT (Artificial Double Tracking) und ohne Collagen ihrer Brewell-Tonbandgeräte. Die Beatles pur sollten zu hören sein, mit ihrem individuellen Können und – das war vermutlich das große geheime Motiv Pauls, – mit genau diesen magischen Momenten des Zusammenwirkens, die die Beatles unvergesslich und einzigartig machten – dieser unerklärliche Zauber gilt bis heute!

I Der Anfang vom Ende

1 Wie es zu dem Album kam

Um die Endphase der Beatles zu verstehen, muss man länger ausholen. Was sich nach dem Ende der Live-Ära angebahnt hatte – nämlich eine allmähliche Zersetzung des Beatles-Kollektivs – kam 1968 voll zum Tragen.

Es ist erstaunlich, dass kurze Zeit nach den langwierigen Aufnahmen des *Weißen Albums* sich die Beatles erneut zum gemeinsamen Musizieren zusammentrafen. Alle vier waren erschöpft von der intensiven Arbeit an dem Doppelalbum. Hinzu kam, dass alle vier Beatles schon seit längerem anderweitig beschäftigt waren – zum Teil für die gemeinsam gegründete Firma Apple Music. Es war Paul allein, der alles daran setzte, die Beatles am Leben zu erhalten. Er spürte, wie die Vier auseinanderdrifteten, wie sich vor allem John und George allmählich abnabelten und immer mehr das Interesse an der Band verloren. Ein Grund hierfür war sicherlich McCartneys präpotentes Verhalten, das sich im Laufe der Studiojahre immer intensiver ausprägte. Er übernahm seit dem tragisch-plötzlichen Ableben ihres Managers Brian Epstein die Führung und bestimmte die Richtung der Band. Sein zum Teil übersteigertes Engagement war bestimmt schwierig für seine Bandkollegen, verdeutlicht aber auch sein Interesse, die Beatles-Sache am Laufen zu halten. Sicherlich dachte McCartney, es sei eine temporäre Krise, die bei allen Musikgruppen irgendwann einmal eintritt.

Jedenfalls war es McCartneys Plan und Anliegen, gleich nach der Veröffentlichung des *Weißen Albums* zurück ins Studio zu gehen und eine weitere Platte aufzunehmen, obgleich der modifizierte Vertrag mit der EMI nicht mehr wie zuvor zwei Studioalben und vier Singles pro Jahr vorsah. Und seine Idee, die dahinter steckte, war großartig aber auch fragwürdig. McCartney stellte sich vor, dass die Beatles live auftreten, und dem Publikum völlig frische, noch nie zuvor gehörte

Nummern präsentieren. Als Auftrittsort war zuerst Kalifornien im Gespräch, dann Marrakesch und schließlich ein Ozeandampfer. Hierfür sollte geprobt werden und diese Proben von einem Kamerateam festgehalten werden. Weder Marrakesch noch Kalifornien auch nicht der Ozeandampfer wurden realisiert, der EMI war die geplante Exkursion der Beatles samt gigantisch großer Entourage zu kostspielig. Auch der kommerziell erfolgreichsten Band der Welt wurden Grenzen aufgezeigt! Die Aufnahmen endeten schließlich im bekannten Rooftop-Konzert, auf dem Dach des Apple-Gebäudes in der Savile Road 3.

Die Reaktion der anderen drei auf McCartneys Vorschlag war eher verhalten und ablehnend. Kein Wunder, alle Beatles waren involviert in andere Projekte, am meisten der stille Noch-Beatle George Harrison, der gar nicht so still war. Denkwürdig war der Gedanke, weil die Beatles bis dato dem unausgesprochenen Gesetz gefolgt sind, das der Kunst inhärent ist: Dem Drang zu folgen, sich stets zu steigern. Die Messlatte war das Unmögliche. Die Welt erwartete diese Haltung von den Beatles. *Let it Be* war eindeutig eine Abkehr von diesem Drang. Bereits das *Weiße Album* entsprach nicht mehr den kühnen künstlerischen Ansprüchen. Die Beatles hatten zu dieser Zeit ihren großen künstlerischen Zenit bereits überschritten. Das lag in der Tatsache begründet, dass das Kollektiv auseinanderbrach. Mick Jagger sprach bei der ersten Begegnung 1964 mit den Beatles bei einem Auftritt in Richmond etwas Wahres aus: die Beatles seien ein „Vierköpfiges Monster". Jeder von ihnen sah gleich aus, jeder war angezogen wie der andere, jeder sah auf seine Art blendend aus, jeder war charmant, je auf seine Weise, und zusammen bildeten sie eine Aura des bis dahin menschlich selten Erreichten: das Übermenschliche im Kollektiv. Dieses Attribut war Verdienst und Bürde zugleich. An diesem Maßstab zerbrachen sie nicht, aber sie lösten sich von ihm. Nach *Sgt. Pepper* wurden sie den eigenen Ansprüchen nicht mehr gerecht. Ein Rückzug in das individuelle Dasein bahnte sich bei den Vieren an. Am wenigsten bei Paul McCartney, der, wie Ringo zu sagen pflegte, stets ein „Beatleholic" war, aber sehr stark bei Lennon und Harrison. Betrachten wir den Gang, den die vier 1968, dem Entscheidungsjahr, eingeschlagen haben.

2 George Harrison startet durch

Am siebten Juni, inmitten der Aufnahmen zum *Weißen Album*, flogen George Harrison und Ringo Starr, begleitet von ihren Frauen und dem Roadmanager der Beatles, Mal Evans, nach Amerika, Los Angeles. Sie besuchten den Tag darauf ein Konzert der Künstlerin Joan Baez. Am zehnten und elften Juni traf sich George mit seinem Lehrer und Freund Ravi Shankar, über den ein Film namens *Raga* gedreht wurde. Regisseur war Howard Worth. Neben dem Gast George Harrison war unter vielen anderen auch Yehudi Menuhin zu bewundern. Herausgekommen ist der Film erst am 23. November 1971. Apple war für diesen Film Produktions- und Vertriebsfirma in einem. Ein Verdienst George Harrisons, der seine Bewunderung und Verehrung für den indischen Langhalslauten-Meister damit zum Ausdruck brachte. Die an diesem Tag entstandene 30-minütige Sequenz war weder Bestandteil des Drehbuchs, noch war sie abgesprochen. Die beiden unterhielten sich ungezwungen, und Ravi zeigte seinem Schüler einen neuen Raga auf der Sitar. Gedreht wurden die Szenen im Eselen Institut in Big Sur, Kalifornien. Die beiden saßen im Gras, beide spielten Sitar. Im Hintergrund ist der blaue Pazifik zu sehen. Es ist übrigens die einzige bislang bekannte Szene zu Beatles-Zeiten, wo man George Harrison Sitar spielen sehen kann.[1] Den Tag darauf waren Harrison und Ravi in einer Gruppe von Kinnara-Studentinnen und Studenten, die einen Raga singen. Später sagte Harrison, dass er sich zu diesem Zeitpunkt der Filmaufnahmen vom Sitar spielen bereits innerlich verabschiedet hatte. Schuld daran waren zum einen immer wieder auftretende Hüftprobleme, die Harrison nach längerem Spielen trotz intensiver

---

1   https://www.youtube.com/watch?time_continue=100&v=T-sTdic2chA&feature=emb_title

Yoga-Übungen bekam, zudem merkte er, dass er durch das Sitarspielen die Gitarre vernachlässigte, was er sich als Leadgitarrist der Beatles nicht leisten konnte.

Am 18. Juni flogen Harrison, Starr nebst Entourage zurück nach London. Dort ging es auch gleich weiter. Neben den Aufnahmen zum *White Album* begann Harrison nun, für das eigene Apple-Label den Künstler Jackie Lomax zu produzieren. Der Künstler war ein Jahr jünger als Harrison, beide kannten sich bereits aus den Liverpooler Tagen, da Lomax zuerst in der Merseygroup Dee and the Dynamites spielte und 1962 zur Band The Undertakers wechselte. Die Undertakers waren in der Merseybeat-Szene relativ erfolgreich. Der große Durchbruch jedoch blieb aus. Lomax spielte mit der Band wie die Beatles zuvor in Hamburg und nahm bei Pye-Records drei Singles auf, wobei die ersten beiden floppten und die dritte Single *Just a Little Bit* von 1964 zumindest ein Top-20-Hit in England wurde. 1965 versuchten The Undertaker ihr Glück in Amerika, dort konnten sie jedoch nicht Fuß fassen und lösten sich auf. Als Lomax zurück nach London kam, vermittelte kurz vor seinem Tode Brian Epstein 1967 für den Künstler einen Schallplatten-Vertrag bei der CBS. Die für diese Firma produzierte Single und Album wurden jedoch nicht veröffentlicht. Da die Beatles Apple Music gegründet hatten und auf der Suche nach Talenten war, bot sich ein Deal mit Lomax an. John Lennon war beeindruckt von seinen gesanglichen Qualitäten und war überzeugt, dass Lomax das Zeug zu einem Solokünstler hatte. Da Harrison und Lomax sich gut verstanden, bot Harrison als Mitinhaber der von den Beatles neu gegründeten Firma Apple Lomax an, ihn zu produzieren. Nicht nur das: drei der Beatles – Ringo, Paul und natürlich George - wirkten bei den Aufnahmen der ersten von George komponierten Single im eigens dafür gemieteten Trident-Studio in London mit.[2] Lennon hatte keine Zeit. Zudem spielte Eric Clapton die

---

2   Auf youtube gibt es ein Video mit Fotos von Harrison und Lomax während der Aufnahmen im Trident-Studio: *https://www.youtube.com/*

Leadgitarre und Nicky Hopkins das Klavier ein. Die Single *Sour Milk Sea* erschien am 26. August 1968, bekam von der Presse gute Kritiken, Lomax war jedoch mit der Veröffentlichung kein kommerzieller Erfolg beschieden. Die Presse war des Lobes voll, aber mehr für den Song, den sie lieber als Beatles-Aufnahme auf dem White Album gesehen hätten, als für den Künstler. Das Lomax-Album folgte im März 69, für das Harrison im Oktober und November 68 tätig war. Am 16. Oktober flog George sogar eigens nach Los Angeles, um dort Jackie Lomax zu produzieren und verpasste dadurch eine 24-Stunden-Session für die Endmischung des *Weißen Albums*, an der nur Paul und John teilnahmen. Ringo war ebenfalls an diesem Tag unterwegs. Auch der LP-Veröffentlichung von Lomax auf dem Apple-Label war kein Erfolg beschieden. Weder die schützende Hand eines Beatles, noch das Talent und das markante Aussehen von Lomax konnten an dieser Tatsache etwas ändern.

Als ob diese Produktion nicht reichte, spielte Harrison am 21. November die Rhythmusgitarre für das mit Eric Clapton gemeinsam komponierte Lied *Badge* ein unter dem Pseudonym *L'Angelo Misterioso*, da die EMI es nicht gestattete, dass Beatles unter ihrem Namen für Fremdlabels arbeiteten.

Zuvor, am zehnten Oktober 1968, gründete Harrison Singsang Ltd, seinen eigenen Musikverlag. Bereits im September 1964 kaufte Harrison den Verlag Mornyork Ltd, den er im Dezember des selben Jahres in Harrisongs Ltd umfirmierte. Bis dato war Harrison jedoch als Songwriter bei Northern Songs Ltd unter Vertrag – so wie die anderen drei Beatles, bekam aber wie Ringo einen deutlich geringeren Prozentsatz an Tantiemen als die Masterkomponisten John und Paul. Da dieser Vertrag im März 1968 auslief, konnten George und auch Ringo bessere Konditionen erwirken.

---

watch?v=6saJ_F2hVXM (gesehen am 16. 12. 2019)

Im Singsang Ltd Verlag erschien lediglich die Harrison-Single *Old Brown Shoe*, bevor Singsang Ltd in Harrisongs Ltd integriert wurde. Alle seine späteren Beatles-Kompositionen wie auch die frühen Solowerke wurden alle von Harrisongs verlegt. Der Firmensitz von Harrisongs Ltd ist nach wie vor 27 Ovington Square, London, wo sich heutzutage auch die Niederlassung von Apple Corps befindet. Harrisons Sohn Dhani verlegte seine Kompositionen für seine Gruppe *thenewno2* ebenfalls dort.

All diese Aktivitäten reichten noch nicht. Am ersten November veröffentlichte George Harrison sein Album *Wonderful Music*. Es war das erste Solo-Album eines Beatle und die erste LP-Veröffentlichung von Apple. Die Katalognummer lautete: SAPCOR 1. Am elften November machte Harrison im Rahmen der Jackie Lomax-Produktion in Los Angeles die Bekanntschaft von dem Musiker Bernie Krause, der einen Moog spielte. Harrison war von dem Moog-Sound so beeindruckt, dass er mit Bernie weit über Mitternacht elektronische Musik aufnahm und als 25-minütigen Sequenz *No Time Or Space* auch veröffentlichte auf seinem zweiten Soloalbum *Electronic Sound*, das am neunten Mai 1969 erschien. Krause ging nach der Veröffentlichung gegen Harrison rechtlich vor, weil er sich betrogen fühlte. Angeblich wusste er nicht, dass die Session aufgenommen wurde.

Man sieht, George Harrison war seit dem Sommer 68 sehr aktiv, weit über die Beatles-Aktivitäten hinaus.

Vor allem, das ist das Entscheidende, spiegelte sich in George Harrisons Entwicklung die Geschichte vom Aufstieg und Fall signifikant wieder. Als die Beatles anfingen, waren sie allesamt geistig John Lennon verpflichtet, der bereits in Hamburg die Maxime aussprach: *to the toppermost of the poppermost*. Auch in Briefen und Postkarten, die von Lennon aus frühen Jahren einsehbar sind, erkennt man deutlich, dass seine Ambition Reichtum war. Und es war ihm klar, dass dies nur auf dem Weg ins Popgeschäft klappen würde. Er hatte weder eine ausreichend Ausbildung, noch eine abgeschlossene Schulbildung – der einzige Weg für ihn war, es mit der Band zu schaffen. Harrison und McCartney zogen gleich. Ringo, der erst später hinzukam, nahm eher eine neutrale Position ein. Er liebte es, in Bands zu spielen, stieg bei den Beatles ein und wurde mitgerissen.

Dass ab Oktober 1962 die Erfolgs-Kurve so steil noch oben ging, überraschte alle, auch die Beatles. Zuerst glaubten sie, dass der Spuk um den Beatles-Hype bald zu Ende gehen würde, aber durch die stete qualitative Verbesserung der Songs, durch den enormen Sprung von einer lärmenden Teenie-begeisterten Popgruppe zu einer ernstzunehmenden Kreativzelle, die großartige Pop-Hymnen zauberte, schafften sie es, ganz oben zu bleiben. Zuerst wollten sie reich werden, dann wollten sie berühmter als Elvis sein und schließlich, als sie verwundert feststellten, dass sie den King weit überrundet und den Pophimmel erklommen hatten, löste sich die Formation allmählich auf. Das Ziel war erreicht. Höher als ganz oben ging nicht mehr. Sie setzten Maßstäbe in der Musik, veränderten die Kultur, regten gigantische Wirtschaftszweige an, kurzum, die Beatles veränderten die Welt – und die Welt und der Erfolg hatten sie verändert.

Die Beatles verkörperten den Traum, nach oben zu wollen. Und sie kamen nach oben – getreu dem anthropologischen Prinzip, in steter Übung das Beste aus sich herauszuholen. Immer hart an sich arbeiten, immer spielen, immer weiter nach oben, so lautete die Erfolgsformel. Harrison war der erste, der sich von dieser Formel löste, indem er in die östliche Spiritualität abtauchte. Dort erfuhr er, auch durch seinen Lehrer und Freund Ravi Shankar, andere, diametral verlaufende Werte. Nicht nach oben, sondern nach unten, heißt es im Hinduismus. Du sollst Dich nicht größer machen, du sollst dich aufgeben! Denn das Leben als solches ist nichts wert, alles ist nur Trug, der Schleier der Maya, das Leben muss überwunden werden. Das höchste Ziel sind nicht Ruhm, Geld, Macht, das höchste Ziel ist das Nichts, das Nirwana, das Erlöschen durch stete Askese. Harrison hat diese Lehre begierig aufgenommen. Er hat diese Lehre nicht vollständig für sich in Anspruch genommen, jedoch verschaffte er sich durch diese fernasiatisch-religiöse Brille ein geeignetes Instrumentarium, um sich von dem Trubel um die Beatles und dem steten Kampf nach oben zu distanzieren. In seinem ganzen Trachten und Tun ab 1967 ist dieser Trend zu beobachten. Und je tiefer die Distanz wurde, desto selbstbewusster und kreativer wurde er. Man muss sich vorstellen, wie hart es war, bei den beiden Super-Egos Lennon und McCartney, die a priori die Führungsrolle in Sachen Komposition innehatten, eigene Ideen zu verwirklichen – mit Sicherheit war es kein leichtes Spiel. Jedoch war Harrison selbstbewusst genug und brachte sich immer stärker ein, was auch daran lag, dass er immer qualitativ bessere Kompositionen ablieferte. Allein die Einführung der indischen Musik in den Beatles-Kosmos machte Harrison zu einem gleichwertigen Partner von Lennon und McCartney. Nicht zu vergessen, nach dem Ende der Beatles war er für kurze Zeit der populärste und erfolgreichste Post-Beatle, obwohl er – hin- und hergerissen - im Grunde seines Herzens dies gar nicht bezweckte. Der Vorstellung vertikaler Veränderungen im Sinne des Hinauf und Über begegnete er mit Spott. Dies kann nur einer machen, der ganz oben ist und weiß, dass es nicht viel bedeutet.

3 John Lennon distanziert sich

Bei John Lennon müssen wir tiefer ausholen, da das Jahr 1968 sehr turbulent verlief. Zusammen mit seinem griechisch-stämmigen Freund Magic Alex kam Lennon Mitte April aus Indien zurück. Magic Alex, dessen bürgerlicher Name Alexis Madras lautet, verbreitete in Rishikesh das Gerücht, dass der Maharishi sich Mia Farrow unzüchtig genähert habe. Dies war der Grund für die überhastete Abreise von Lennon und Harrison. Die Musikerkollegen Starr und McCartney waren bereits früher abgereist. Ringo vertrug die indische Küche nicht und McCartney hatte genug von der transzendentalen Meditation. Die Gerüchte über den Maharishi erwiesen sich im Nachhinein als falsch.

Immerhin brachte der Vorfall Lennon dazu, seinen Song *Sexy Sadie* (ursprünglich sollte der Song *Maharishi* heißen, aber Harrison konnte ihn davon abhalten) zu schreiben, der es auf das *Weiße Album* schaffte.

Am elften Mai flogen Lennon und McCartney nach Amerika, um gemeinsam die eigene Firma Apple zu promoten. Kurz zuvor veröffentlichte Apple Music einen Aufruf im New Musical Express und Melody Maker, der sich an alle Talente landesweit richtete. Das Echo war beachtlich, allerdings bekam kein Künstler, der sich auf diese Aktion gemeldet hatte, einen Vertrag. Am 16. Mai kamen die beiden aus Amerika zurück, und Lennon kontaktierte unverzüglich eine japanische Künstlerin, die er seit Jahren bereits kannte, und die ihm nicht mehr aus dem Sinn gekommen war. Ihr Name ist Yoko Ono. In Rishikesh erhielt Lennon Briefe von Yoko Ono, die Eindruck bei ihm hinterließen. So kam es, dass er gleich nach seiner Rückkehr aus Amerika am 19. Mai Yoko Ono anrief und sie zu sich nach Kenwood einlud. Seine Frau Cynthia war zu diesem Zeitpunkt auf Anraten Johns in den Ferien in Griechenland, zusammen mit dem Folk-Musiker Donovan und Magic Alex. Lennons Freund Pete Shotton war in Kenwood zugegen und wurde Augenzeuge, wie sich die Beziehung zwischen John und Yoko entwickelte. Zuerst gingen beide nach oben in das Tonstudio Lennons, wo Lennon ihr Tonbandschnipsel, die er für die Beatles aufgenommen hatte, vorspielte. Yoko Ono zeigte sich beeindruckt und schlug eine gemeinsame Produktion vor, ein Vorschlag, den Lennon begeistert annahm. Sie nahmen beide LSD ein und produzierten zusammen das Album *Two Virgins*, das mit seinen schrillen Tönen und seinem fragwürdigen Cover im November 1968 erschien. Anschließend liebten sich die beiden das erste Mal. Am Morgen darauf kam ein glücklicher und begeisterter Lennon aus dem Schlafzimmer, ging in die Küche, wo sein Freund Pete Shotton saß und gestand ihm, dass Yoko Ono für ihn „das Ding" sei. Es war die Liebe seines Lebens.[3] Durch sie fühlte er sich nicht als Künstler, sondern als Mensch bestätigt.

Yoko Ono schaute nicht zu ihm hinauf, dem Ober-Beatle, im Gegenteil, sie stutzte sein gigantisches Ego. Man kann sich kaum vorstellen, wie sich das Bewusstsein bei einem Erfolg, wie ihn die Beatles erlebt haben, verändert und cäsarische Formen angenommen haben muss. Es war bestimmt nicht einfach, mit diesen hybriden Bewusstseinsformen umzugehen. Yoko Ono bedeuteten die Beatles nichts und so hatte sie auch kein Verständnis für Allüren. Etwas Besseres als dieses Ego-stutzen konnte Lennon psychologisch betrachtet nicht passieren. Aber auch künstlerisch setzte Yoko Ono völlig neue Akzente. Lennon beschäftigt sich durch die japanische Künstlerin immer intensiver mit Avantgarde, wie McCartney das bereits drei Jahre früher getan hatte. Denn Yoko Ono war selbst als Künstlerin aktiv. Das war für Lennon eine völlig neue Erfahrung. Bislang hatten Frauen in seinem Leben nur eine eingeschränkte Rolle gespielt. Später sollte Sohn Sean in vielen Interviews darauf hinweisen, dass seine Mutter die großartigste Fluxus-Künstlerin der Welt sei.

Durch die Begegnung mit Yoko Ono ging die Ehe mit Cynthia Lennon, geborene Powell, in die Brüche. Die Ehe der Lennons lief nicht schlecht. Es war die Eintönigkeit, die Lennon abdriften ließ. Und Cynthia konnte dem egomanischen Gatten nicht Paroli bieten. Aber nicht nur die Ehe ging in die Brüche. Der Eintritt Yoko Onos in Lennons Leben veränderte alle Beziehungen um ihn herum. Grund hierfür war die bedingungslose Hingabe Lennons an diese Frau und die Tatsache, dass Yoko Ono Geliebte und Künstlerin in einem war. Für John Lennon war dies eine völlig neue Situation, die sich niederschlug in den Umgang mit seinen Bandkameraden.

---

3   The Beatles Anthology, Ullstein Verlag, 2000, S. 301 ff

Er erwartete von den dreien die uneingeschränkte Akzeptanz Yokos und war erstaunt und auch verletzt, dass eine gewisse Zurückhaltung geübt wurde. Yoko war allgegenwärtig. Wo John war, da war auch Yoko. Bei Meetings und im Studio, überall war sie zugegen. Im Abbey Road-Studio wurde sogar ein Bett aufgebaut, als es Yoko nicht gut ging. Die japanische Künstlerin zeugte wenig Respekt vor den Beatles, es war für sie eine Kapelle wie jede andere auch und ein Musikstil, den sie persönlich nicht sonderlich attraktiv fand. Obgleich sich ihr durch die immense Popularität Lennons ungeahnte künstlerische Perspektiven eröffneten. Durch Lennon wurde sie berühmt und konnte das Leben führen, das sie sich immer erträumt hatte.

Am gewichtigsten jedoch war, dass mit dem Eintritt Yoko Onos in sein Leben sich Lennons Sichtweise auf die Band völlig verändern sollte. So wie die Quarrymen und Beatles für zehn Jahre den Mittelpunkt seines Daseins bildeten, so war nunmehr Yoko Ono das Zentrum seines Lebens. In der *Anthology* ist ein Interview mit Lennon abgedruckt, in dem er schonungslos offen beschreibt, wie er durch Yoko Ono mit einem Schlag das Interesse an den Beatles verloren hatte. Für Lennon waren die Beatles nur noch eine lästige Pflicht, und er war, wie er selbst zugab, zu feige, dem Bandtreiben ein Ende zu setzen. Bereits Ende 1966 wollte er die Beatles verlassen. Zum Glück hat er es nicht getan.

Ohne Frage hat Lennons Bekanntschaft mit Yoko Ono den Zusammenhalt und die Zusammenarbeit der Beatles beeinträchtigt. Nur so ist zu erklären, dass ab dem *Weißen Album* – also dem Zeitpunkt, ab dem Yoko Ono stets zugegen war – es permanent Spannungen innerhalb der Band gab. Yoko Ono kann man dafür nicht die Schuld geben. Eher liegt, wenn man von Schuld überhaupt sprechen will, die Verantwortung für die sich verschlechterte Stimmung bei John Lennon. Er hatte sich verändert. Er wollte, dass Yoko Ono überall dabei ist. Es war sein Wille! Auch bei den Beatles-Aufnahmen zum *Weißen Album*.

Inmitten der Aufnahmen zu *Don't Pass Me By,* Ringos erster Eigenkomposition, wurden die Beatles am sechsten Juni im Studio für die Kenny Everett Show interviewt. Everett frage Lennon unverblümt, ob das Album *Sgt. Pepper* nicht die Messlatte zu hoch gesetzt habe für alle künftigen Veröffentlichungen, worauf Lennon scharfsinnig antwortete, dass sie nur so hoch wurde, weil jedermann sagte, dass sie hoch sei. Und Lennon schlussfolgerte: „Die Messlatte ist nicht höher als zu dem Zeitpunkt, als wir das Album produzierten".[4]

Ein paar Tage später, es war der 15. Juni, pflanzten Lennon und Ono bei der Sankt Michael Kathedrale in Coventry Eicheln ein zum Zeichen des Friedens. Es war ihr erstes gemeinsames Auftreten in der Öffentlichkeit. Die Stelle, die sie sich ursprünglich auf dem Gelände der Kathedrale ausgesucht hatten, durften sie nicht nutzen, nachdem Kanon Stephen Verney dem unverheirateten Paar verboten hatte, irgendetwas in geweihtem Boden einzugraben. Woraufhin Lennon dem Kanoniker am 22. Juni einen Brief schrieb, in dem er ihn nach den christlichen Werten befragte.[5] Die Original-Eicheln, die die beiden vergraben hatten, wurden bald darauf von Beatles-Fans gestohlen, woraufhin die Aktion wiederholt wurde, jedoch diesmal unter 24-Stunden-Bewachung.

Am ersten Juli 1968, abermals inmitten der Aufnahmen zum *Weißen Album,* präsentierten Lennon und Ono ihre erste gemeinsame Kunst-ausstellung in der Robert Fraser Galerie in der Duke Street 69 in London. Die Ausstellung lief unter dem programmatischen Titel *You Are Here (deutsch Du bist da).* Derek Taylor, der Pressesprecher der Beatles, war zugegen sowie ausgesuchte Gäste und Leute von der

---

4   https://www.beatlesbible.com/1968/06/06/radio-the-kenny-everett-show-2/„It only got high 'cause everybody said how high it was," Lennon replies. "It's no higher than it was when we made it."

5   The John Lennon Letters: Edited and with an introcuction by Hunter Davis, Brief 78

Presse. Lennon und Ono waren ganz in Weiß gekleidet, was Lennon die nächsten Jahre mit Vorliebe tat, zu sehen im Video *Imagine*, nach der Beatles-Zeit. Es war Lennons „weiße Phase". Zum Höhepunkt der Ausstellung ließen die beiden 365 mit Helium befüllte Ballons aufsteigen, an denen jeweils eine bedruckte Karte angeheftet war. Auf der einen Seite der Karte stand: *You Are Here*, auf der Rückseite stand geschrieben: *„Dear Friend, Thank you very much for writing and sending me my balloon back. I'm sending you a badge just to remind you that you are here. Love, John Lennon."*[6] Lennon war enttäuscht, dass viele Antwortschreiben, die er erhielt, rassistische Bemerkungen über seine Freundin Yoko Ono enthielten.

Am 13. Juli, es war ein Samstag, stellte Lennon seiner Tante Mimi die neue Freundin vor. Für dieses Wochenende waren keine Beatles-Aufnahmen geplant, also eine gute Gelegenheit, nach Poole in Dorset zu fahren. Dort hatte Lennon seiner Tante 1965 einen Bungalow gekauft für 25000 Pfund. Tante Mimi lebte dort bis zu ihrem Tod 1992. Das Haus wurde später verkauft und abgerissen.

Am Sonntag, den 28. Juli, abermals ein studiofreier Tag für die Beatles, trafen sich alle vier samt Freundinnen zum sogenannten *Mad Day Out*, dem vorletzten großen Fotoshooting der Band. Fotograf war Don McCullin, assistiert wurde er von fünf weiteren Fotografen. An sieben verschiedenen Plätzen in London wurden die Promotion-Fotos geschossen. Der Monat Juli schloss geschäftlich schlecht für die Beatles: am 29. Juli mussten sie die Apple-Boutique schließen. Zu hoch waren die Verluste. Und im August reichte Noch-Ehefrau Cynthia die Scheidung ein. Als Grund gab sie Ehebruch mit Yoko Ono an. Lennon hatte zuvor versucht, den gleichen Scheidungsgrund

---

6 https://www.beatlesbible.com/1968/07/01/john-lennon-yoko-ono-launch-art-exhibition-you-are-here/
Übersetzung. (Lieber Freund, vielen Dank für die Rücksendung und Dein Schreiben. Ich sende Dir einen Sticker, der Dich daran erinnern soll, dass Du hier bist. Liebe, John Lennon)

einzureichen, was jedoch Cynthia erfolgreich abstritt. Der Einreichung der Klage am 22. August widersprach Lennon nicht. Warum auch?

Während der sich hinziehende Arbeiten am *Weißen Album* erhielten John Lennon und Yoko Ono eine Einladung zur David Frost-Show. Es war deren erster gemeinsamer Fernsehauftritt. Es gab nichts, was sie hätten promoten können. So erläuterten sie ausführlich ihre Philosophie und Lebensstil. Beide waren in der Show ganz in Schwarz gewandet und trugen Sticker von ihrer *You-are-here-Show*, von der das Paar ausführlich berichtete.

Am 30. August kam die erste von Apple veröffentlichte Single auf den Markt: *Hey Jude*. Ein Song, den McCartney komponiert hatte. Die Single blieb 16 Wochen in den UK-Charts, beginnend ab dem siebten September und besetzte für zwei Wochen den ersten Platz, bevor sie abgelöst wurde von MaryHopkins Lied *Those Were The Days*, produziert von Paul McCartney. Es war die zweite Single, die von Apple Music veröffentlicht wurde. *Hey Jude* blieb die Single mit der längsten Spielzeit bis 1993 und ermutigte Künstler, Singles mit längerer Spielzeit zu produzieren. Lennon beteuerte auch Jahre später, dass *Hey Jude* ein Meisterwerk sei von seinem Kompagnon – sowohl musikalisch wie auch textlich. Allerdings wollte Lennon unbedingt seinen Song *Revolution* auf die A-Seite der Single bekommen, was ihm jedoch nicht glückte, da *Hey Jude* deutlich kommerzieller war. So musste sich Lennon mit der B-Seite begnügen. *Hey Jude* kam nicht auf das Album – die Beatles konnten es sich nach wie vor leisten, großzügig mit ihren Kompositionen umzugehen. Sie wussten genau, dass sie jederzeit das Erreichte toppen konnten.

Währenddessen wurde die Scheidung ausgesprochen. Cynthia Lennon hatte am achten November einen Termin beim Londoner Scheidungsgericht. Aufgrund des nachweisbaren Ehebruchs von John Lennon und der Schwangerschaft Yoko Onos wurde die Ehe formal für ungültig erklärt. Das Sorgerecht für den gemeinsamen Sohn Julian wurde Cynthia zugesprochen. Der Gerichtshof schätzte Lennons Vermögen auf 750.000 Pfund, was wohl deutlich zu wenig war. Jedenfalls bot Lennon seiner Ex-Frau 100.000 Pfund an und verbürgte sich für den Unterhalt seines Sohnes Julian bis zum 21. Lebensjahr. Weiterhin wurden 100.000 Pfund in einen Treuhandfonds gesteckt für Julian, jedoch mit der Erklärung, dass der Fonds gerecht aufgeteilt werden müsse, falls weitere Kinder von Lennon folgen sollten. Damit war die Ehe mit Cynthia formal beendet.

Auch im September und Oktober waren die Aufnahmen zum doppelseitigen *Weißen Album* in vollem Gange.

Mittendrin, es war am Morgen des 18. Oktobers, bekamen Yoko Ono und John Lennon Besuch von der der Drogenfahndung. Sie wohnten zu dieser Zeit vorübergehend in Ringos Apartment in der 34 Montagu Square, in London. Da sie rechtzeitig von Don Short, einem befreundeten Journalisten vom Daily Express gewarnt worden waren, bemühten sich die beiden, alle Drogen rechtzeitig zu entfernen. Bei der Entfernung der verbotenen Stoffe half ihnen Lennons alter Schulkamerad Pete Shotton, der mit seiner Ausbildung zum Polizeibeamten alle Kniffe der Drogenfahndung kannte. Zudem wussten sie, dass Jimi Hendrix kurz zuvor in dem Apartment gelebt hatte und auch dieser gerne unerlaubte Substanzen zu sich nahm und bestimmt ein paar Verstecke in der Wohnung hinterlassen hatte. Jedoch konnte Shotton nicht alle Verstecke der Wohnung durch–suchen, da Yoko ihn bat zu gehen. Das sollte sich rächen.

Der Drogenfahnder Sergeant Norman Pilcher war in Popkreisen einschlägig bekannt für sein rücksichtsloses und zum Teil illegales Vorgehen. Er hatte bereits Donovan, Mich Jagger samt seinen Kollegen Brian Jones und Keith Richards festgenommen. Und nun waren John und Yoko an der Reihe. Ein paar Monate danach sollten George und Pattie an die Reihe kommen. Bevor Pilcher an diesem Morgen loslegte, informierte er die Presse. Das machte er vor jeder

Aktion. So war die Presse zeitig in der Montagu Square zugegen sowie Pilcher mit seinem fünfköpfigen Team wie auch die beiden Drogenhunde Yogi und Boo-Boo. Eine Kollegin läutete an der Haustür und gab an, sie sei die Postbotin mit einer besonderen Sendung. Lennon war sofort klar, um was es sich handelte und bat Yoko, den Anwalt anzurufen. Doch Ono war zu aufgeregt und rief statt des Anwalts die eigene Firma Apple an, was in diesem Fall sehr wenig nutzte. Um 11.30 Uhr durchsuchte das Team die Wohnung und wurde mit Hilfe der Drogenhunde fündig. Lennon hatte noch ungeöffnete Umzugskartons von seinem Auszug aus Kenwood, in diesen fanden die Hunde 219 Krümel Cannabis, versteckt in einem Brillenetui. Dieser Fund sowie eine angebliche Behinderung der Polizei bei der Vollstreckung des Durchsuchungsbefehls genügten, um Lennon und Ono zu inhaftieren. Unter dem Blitzlichtgewitter der anwesenden Reporter mit ihren Kameras wurden die beiden ins Polizeiauto verfrachtet und kamen auf die Paddingten Green-Polizei Station. Dort rief Lennon den EMI-Chef Sir Lockwood an, um ihn um Rat zu fragen, wie er sich bei der Polizei am besten verhalten sollte. Als Lockwood abhob, meldete sich Lennon: „Hier ist Sergeant Lennon, kann ich Ihnen helfen, Sir?" Lennon zeigte auch in dieser Situation seinen Humor. Die Anklage wurde schriftlich fixiert und beide aufgesucht, den Gerichtstermin am folgenden Tag wahrzunehmen.

Am 19. Oktober erschienen Lennon und Ono wie befohlen im Marylebone Magistrates-Gerichtshof in London, um die Anklage gegen sie zu hören. Die Anhörung dauerte genau fünf Minuten. Norman Pilcher las die Anklagepunkte vor, die beiden konnten gegen eine Kaution einer Untersuchungshaft entgehen und der Fall wurde auf auf den 28. November vertagt. Als die beiden das Gerichtsgebäude verließen, waren sie umringt von der Presse. Zu diesem Zeitpunkt war Yoko Ono bereits schwanger und man sieht auf den Fotos, wie Lennon seine schwangere Freundin von der dichten Reportermenge beschützt. Ein vom Daily Mirror-Reporter geschossenes Fotos verwendete Lennon für die Rückseite des 1969 erschienen Albums *Unfinished Music No 2: Life With The Lions.*

Interessant ist die Tatsache, dass Lennon bereits ein Jahr zuvor Norman Pilcher in einem seiner Lieder verewigt hatte. In *I Am The Walrus* findet sich die Zeile „*Semolina Pilchard climbing up the Eiffel tower*". Auch Monty Python sowie die sarkastische Truppe the Rutles hatten Norman Pilcher thematisiert. Aber zu diesem Zeitpunkt war Pilcher schon längst aus dem Polizeidienst ausgeschieden und aufgrund überführter Verbrechen zu einer vierjährigen Gefängnisstrafe verurteilt worden. Die Popwelt konnte aufatmen.

Vier Tage später gab Lennon die Schwangerschaft von Ono bekannt. Jedoch kurz darauf, am vierten November, musste Ono das Queen's Charlotte Hospital in London aufsuchen. Der Stress und die Drogen setzten ihr zu stark zu. Lennon blieb Tag und Nacht bei ihr im Krankenhaus und kümmerte sich um sie. Ono war zu diesem Zeitpunkt bereits sechs Monate schwanger. Unglücklicherweise konnte das ungeborene Baby nicht gerettet werden. Am 21. November erlitt Yoko Ono eine Fehlgeburt. Das ungeborene Kind bekam den Namen John Ono Lennon II und wurde von den beiden an einem geheimen Ort beigesetzt.

Am 22. November kam endlich das *Weiße Album* in England auf den Markt, drei Tage später folgte die Veröffentlichung in Amerika, aber Lennon hatte andere Sorgen. Wie angekündigt, wurde am 28. November seine Anklage verlesen. Um Yoko Ono zu schützen, nahm Lennon die ganze Schuld auf sich. Martin Polden, der Anwalt, den sich Lennon nahm, verwies bei seiner Verteidigungsrede auf die Fehlgeburt Onos sowie auf die Tatsache, dass Lennon mit seiner Musik Millionen Menschen auf der Welt Freude bereitet habe und durch den Maharishi Mahesh Yogi von den Drogen völlig abgekommen sei. Der Richter zeigte sich milde gestimmt und verurteilte Lennon zu einer Geldstrafe von 170 englischen Pfund. Für einen Beatle war diese Geldstrafe eine

Bagatelle und er war froh, die Klage abgewehrt zu haben. Hätte er es nicht geschafft, wäre Yoko Ono mit Sicherheit des Landes verwiesen worden. Auch die vom Gericht ausgesprochene Warnung, dass bei nochmaligem Vergehen eine Gefängnisstrafe abzusitzen sei, kümmerte Lennon wenig. Jedoch schlug dieses Verfahren größere Wellen, als Lennon gedacht hatte. Der Prozess wurde Jahre später wieder aufgekocht, als es in Amerika um die Green Card ging. Die Regierung Nixons nahm die Beschuldigung von 1968 zum Anlass, Lennon die Aufenthaltsgenehmigung im Amerika zu verweigern.

Aber Lennon machte auch Kunst in dieser schwierigen Phase. Gleich nach der Veröffentlichung des *Weißen Albums* kam das erste gemeinsame Album von Lennon und Ono heraus: Am 29. November erschien nach langem Ringen *Unfinished Music No 1: Two Virgins.* Das Album wurde auf dem eigenen Label Apple veröffentlicht und bekam die Katalognummer SAPCOR2. Es hätte das erste von Apple veröffent-lichte Album werden sollen, aber die ganzen Aufregungen um das Cover verzögerten die Herausgabe. So kam Bandkollege Harrison mit seiner *Wonderwall Music* ihnen zuvor. Sein Album war die erste große Veröffentlichung am 1. November auf Apple Music. Dabei wurde das Lennon-Ono-Album bereits am 19. Mai in Weybridge, Kenwood, dem ehemaligen Zuhause von John, Cynthia und Julian, aufgenommen. Spielzeit: 29 Minuten und sieben Sekunden. Das Nacktfoto für das Cover schossen die beiden im Oktober im Keller von Ringos Wohnung in der Montagu Square 3. Lennon benutzte dabei einen Selbstauslöser, weil er keinen Fotografen für die intime Sitzung einladen wollte. EMI stimmte einer Veröffentlichung des Albums nur dann zu, wenn Lennon und Ono auf das Cover verzichteten. Es gab eigens dafür mit EMI-Chef Sir Joseph Lockwood ein Meeting, mit dem sich Lennon im Grunde gut verstand, brachte aber nicht den nötigen Erfolg. EMI weigerte sich, das Album zu pressen und zu vertreiben, weil Lennon und Ono bestanden, dass das Cover verwendet werden sollte. So kam es, dass das Album auf Track-Records erschien. Zuerst in Amerika, am elften November und am 29. November in England. Das für Furore sorgende Cover wurde mit braunem Packpapier umhüllt, dennoch gab es viele Plattenhändler, die sich weigerten, das Album zum Verkauf anzubieten. Mit Mühe konnten in England 5000 Einheiten verkauft werden, bevor es wieder vom Markt genommen wurde. Man staune: In Amerika erreichte das Album Platz 124 in den Billboard-Charts. Zitat Lennon: *Es war absurd! Die Leute regten sich dermaßen auf – einfach weil zwei Leute nackt waren. Ich hatte nicht gedacht, dass es einen solchen Aufstand geben würde!*[7]

Kurz darauf produzierte Yoko Ono den Film *smile,* in dem 52 Minuten nichts anderes zu sehen ist als das gefilmte Gesicht von John Lennon – ernst guckend, lachend, grinsend, nachdenklich schauend.

Die Rolling Stones wollten mit etwas Ähnlichem aufwarten wie der von den Beatles ein Jahr zuvor erschienene Film *Magical-Mystery-Tour,* auch um mit den Beatles gleichzuziehen. Sie nannten ihr Projekt *The Rolling Stones' Rock And Roll Circus* und luden hierfür viele bekannte Künstler ein. Der Einladung folgten Eric Clapton, Jethro Tull, Marianne Faithfull, The Who, Schlagzeuger Mitch Mitchell (der Jimi Hendrix Experience Band), Pianist Julius Katchen und der Blues Sänger Taj Mahal. Die ebenfalls eingeladenen Bands Traffic und Cream sagten ab, weil sie sich kurz zuvor aufgelöst hatten. Auch Lennon und Ono wurden eingeladen. Gefilmt wurde das Ganze von Michael Lindsay-Hogg mit Kameramann Tony Richmond, die kurz darauf für das *Get Back/Let It Be*-Projekt arbeiten sollten. Lennons Darbietung für den *Rock And Roll Circus* wurde am zehnten Dezember gefilmt. Zusammen mit Keith Richards, Eric Clapton und dem Schlagzeuger Mitch Mitchell spielte er seinen *Yer Blues* (bekannt über das *Weiße Album*).[8] Diese einmalige Formation nannte sich The Dirty Mac. Zusätzlich spielte

---

7 The Beatles: *The Beatles Anthology*. ISBN 3-550-07132-9, S. 302

8 Zu sehen auf Youtube: https://www.youtube.com/watch? v=JeFwaWFTGYU

und sang Lennon zusammen mit Jagger und Clapton *Peggy Sue* von Buddy Holly sowie *It's Now Or Never* von Elvis Presley. Diese Aufnahmen wurden jedoch nicht gefilmt, aus welchen Gründen auch immer. Welch ein Versäumnis! Kein Regisseur ließe sich die Gelegenheit nehmen, Lennon, Clapton und Jagger gemeinsam musizieren zu hören und zu sehen!

Gleich am nächsten Morgen folgen Lennon und Ono einer Einladung zu einem Interview in der BBC-Show *Night Ride*. Unter den Gästen waren auch der Folkmusiker John Martyn, Harold McNair, Jacquie McShee and John Renbourn sowie der Dichter Christopher Logue. Moderator der Sendung war John Peel.

Lennon und Ono nutzen die Gelegenheit, um ihr Album *Unfinished Music* zu promoten, woraus Peel eine Nummer vorstellte. Vom *Weißen Album* fiel kein einziges Wort. So als ob es dieses nicht geben würde. Das zeigt deutlich Lennons Einstellung. Vielmehr sprachen die beiden über das bevorstehende Bag-In-Event und den *Rock And Roll Circus* der Rolling Stones.

Kurz darauf gaben die beiden ein weiteres Interview, diesmal für die holländische TV-Sendung Rood Wit Blauw (Rot Weiß Blau). Interviewer war Abram de Swaan. Das Interview fand in einem außergewöhnlichen Rahmen statt: Lennon hatte einen Zahnarzttermin, während Ono im Wartezimmer interviewt wurde. Ono thematisierte, wie sie Lennon zum ersten Mal in der Indico-Gallery traf. Später kam Lennon hinzu, betäubt von der Anästhesie und sprach über den Drogenprozess sowie den Film *Smile*. Aber auch über die Arbeit der Beatles wurde gesprochen. Im Zuge der angespannten Steuersituation kam Lennon auf seinen Song *Revolution* zu sprechen. Yoko Ono schaltete sich ein und nutzte den Terminus *Woman is the Nigger of the world*, woraus Lennon Jahre später einen Song komponierte.

Im Rahmen einer Untergrund-Weihnachtsparty in der Royal Albert Hall erschienen Lennon und Ono in einem großen weißen Sack auf der

Bühne. Sinn dieser Aktion sollte sein, das Publikum herauszufordern, aktiv an dem Bühnengeschehnis teilzunehmen, als nur eine passive Konsumer-Rolle zu spielen. Die Show im weißen Sack, die für die beiden die „totale Kommunikation mit dem Publikum" darstellte, dauerte 30 Minuten. Während der Aktion stürmte ein aufgebrachter Mann mit einem Banner die Bühne, der gegen den britischen Militäreinsatz in Nigeria protestierte. Er schrie: „Do you care, John Lennon? Do you care?" Knapp ein Jahr später sollte Lennon tatsächlich aus dem gleichen Protestgrund seinen MBE-Orden an das Englische Königshaus zurückschicken. So viel zu Lennons Aktivitäten und Entwicklung vor den *Get-Back*-Aufnahmen.

4 „Beatleholic" Paul McCartney

Paul McCartney ist der Beatle, der mit ganzer Seele an dieser Band hing. Das änderte sich auch im Schicksalsjahr 1968 nicht.

Mit den anderen drei reiste Paul nach Indien, um in Rishikesh die transzendentale Meditation zu erlernen. Zumindest lernte er wie Lennon das Travis-Picking, das den beiden der Folkkünstler Donovan beibrachte. McCartney wendete diesen Fingerpicking-Stil leicht umgeändert bei seinen Songs *Blackbird* und *Mother Nature's Son* an. Bei John ist der Einfluss bei *Julia* und im Anfang von *Happiness Is A Warm Gun* sehr gut zu hören. Im Grunde hätte Donovan einen Credit als Gitarrenlehrer auf dem *Weißen Album* verdient.

Paul kam mit Ringo am 20. Februar in Rishikesh an und flog ohne die anderen – Ringo war bereits abgereist – am 26. April mit Dauerfreundin Jane Asher zurück. Er hatte ein Dutzend neuer Songs im Gepäck, die er mit seiner neuen Martin D28-Gitarre komponiert hatte.

Zurück in England traf er zufällig das Model Twiggy, mit dem Paul befreundet war. Da sie wusste, dass die Beatles für ihre neue Firma Talente suchten, erwähnte sie einen bemerkenswerten Auftritt eines 17-jährigen Mädchens namens Mary Hopkin in der TV-Show

„Opportunity Knocks". McCartney sah sich die Sendung an, die am vierten Mai ausgestrahlt wurde, und war begeistert von der jungen Künstlerin. Am meisten beeindruckte ihn ihre unglaublich sichere Intonation. Er kontaktierte das Mädchen, das in Manchester zu Hause war, lud es vier Tage nach dem ausgestrahlten Talentwettbewerb am achten Mai ein nach London und machte mit der jungen Sängerin ein paar Demoaufnahmen im Aufnahmestudio von Dick James. Hopkin sang ein paar Baez- und Donovan-Songs. Beim nächsten Treff, nachdem entschieden war, dass sie als Künstlerin bei Apple einen Vertrag bekommen sollte, stellte er ihr den Song *Those Were The Days* vor, den er zuvor bereits vergeblich Donovan und den Moody Blues vorgeschlagen hatte und von dem McCartney überzeugt war, dass er großes Hitpotential besitzt. Er sollte Recht behalten. Ein paar Wochen später, Mitte Juli, produzierte er das Lied mit Hopkin, spielte für sie die Akustikgitarre ein. Arrangiert wurde das Lied von Richard Hewson, der Hopkins Sopranstimme herausarbeitete. Die Single *Those Were The Days* mit der B-Seite *Turn, Turn, Turn*, dem letzten großen Hit der Byrds, wurde auf dem neugegründeten Label Apple Records am selben Tag wie die Beatles-Single *Hey Jude* veröffentlicht: am 26. August 1968 in den USA und am 30. August 1968 in England! Those Were The Days war sehr erfolgreich und stieß sogar den Beatles-Hit *Hey Jude* von Platz eins der UK-Charts. Zum ersten Mal in der Popgeschichte schaffte es ein Label bei der Veröffentlichung der ersten beiden Singles jeweils den ersten Platz der Charts zu erreichen. Einen besseren Start hätte es für Apple Records nicht geben können. Der Song blieb sechs Wochen auf Platz eins der UK-Charts, drei Wochen auf Platz zwei in Amerika und drei Wochen auf Platz eins in Deutschland. Insgesamt verkaufte sich die Single acht Millionen Mal weltweit. Damit war *Those Were The Days* die erfolgreichste Single für Apple-Records, die nicht von den Beatles selbst stammte. Obwohl *Hey Jude* von Hopkins Single vom englischen Chart-Thron gestürzt wurde, war der Song noch erfolgreicher. Dennoch war *Those Were*

The Days ein unglaublicher Einstieg für eine 18-jährige walisische Sängerin.

Im Übrigen ist McCartney nicht der Komponist des Songs. Der Song stammte ursprünglich aus Russland und hieß *Dorogoi dlinnoju* (Entlang der langen Straße). Komponist war Boris Fomin, den Text schrieb Konstantin Podrewski. In der Version des Künstlers Alexander Wertinski war der Song in Russland sehr populär. Durch den Kinofilm *Innocents In Paris* von 1953 wurde das Lied auch in Europa bekannt. Der Texter Eugen Raskin steuerte einen englischen Text bei, und McCartney hörte zum ersten Mal das Lied 1966, als er im Londoner Nachtclub Blue Angel das Duo Gene & Francesca es singen hörte.

Aber McCartney vergaß trotz seines Sidejobs seine Lieblingsgruppe The Beatles nicht. Zusammen mit Lennon flog McCartney am elften Mai für vier Tage nach Amerika. Es war das erste Mal, dass die beiden gemeinsam nach ihrem letzten Konzert dort Ende August 66 Amerika einen Besuch abstatteten. Sie wurden begleitet von Magic Alex, Derek Taylor, Neil Aspinall und Mal Evans. Sie trafen sich mit Ron Kass, dem Leiter von Apple in Amerika. Hauptsächlich galt ihr Interesse, Apple Records in die amerikanischen Medien zu bringen. Hierfür gaben sie eine Reihe von Interviews in einer Suite im St. Regis Hotel in New York City. Unter den Reportern war auch Larry Kane, ein DJ aus Miami, der 1964 die Beatles bei ihrem Eroberungszug maßgeblich unterstützt hatte. Kane fragte Lennon und McCartney nach ihren Zielen mit Apple Records, war sehr interessiert an deren Trip nach Indien, befragte sie nach Drogen und natürlich war auch das Tourleben der Beatles ein Thema. Am nächsten Tag wechselten die beiden zum Americana Hotel in der 155 West 47th Straße, ebenfalls in New York City, um Apple Records weiterhin zu promoten. Interessant ist, dass unter den anwesenden Reporten auch Linda Eastman zugegen war, die nach der Konferenz kurz mit Paul sprach und ihm ihre Telefonnummer auf einen leeren Scheck schrieb. Am Donnerstag,

16. Mai, flogen sie von ihrer Mission in Amerika wieder zurück nach London.

Am 8. Juni, es war ein Samstag, heiratete Bruder Mike McCartney. Paul war sein Trauzeuge. Die Braut hieß Angela Fishwick, eine Hairstylistin. Geheiratet wurde in der St Bridget's Parish Kirche in dem Örtchen Carrog in Merionethshire in Nord-Wales. Zwei Jahre zuvor hatte der Vater Jim ebendort seine zweite Frau geehelicht. Die Beatles-Kollegen schickten Glückwunsch-Telegramme, nahmen an der Feier jedoch nicht teil. Harrison und Starr weilten zu dem Zeitpunkt in Kalifornien, und Lennon blieb lieber in London. Der Hochzeitsempfang wurde in Vater Jim McCartneys Haus in Gayton, Cheshire, abgehalten. Paul setzte sich während der Feier an das Familienpiano und animierte die Gäste zum Mitsingen.

Um Mary Hopkin Publicity in Amerika zu verschaffen, organisierte McCartney am 16. Juni eine Teilnahme an der Fernsehshow *David Frost Presents* ...Die Sendung wurde im Stonebridge Haus in Wembley, London, England, produziert, jedoch in Amerika ausgestrahlt. Frankie Howerd war der Moderator. Er interviewte McCartney, fragte ihn nach den Zielen von Apple Records, und Mary Hopkin trug mit Gitarre das Lied *House Of The Rising Sun* vor.

Am 18. Juni feierte McCartney seinen 26. Geburtstag, jedoch ohne seine Beatles-Kollegen. George Harrison und Ringo Starr befanden sich an diesem Tag auf dem Heimweg von Amerika und Lennon bereitete sich auf die Theateraufführung seines Werkes *In His Own Write* vor. So verbrachte McCartney seinen Geburtstag im Büro von Apple-Records, damals noch gelegen in der Wigmore Street, Nummer 95. McCartney lud ein paar Fans zum Lunch ein, die auf der Straße herumlungerten – wie das bei den Beatles so üblich war, dass sie, egal wo sie waren, von Fans umringt waren. Am Abend waren George, Ringo und John im Old Vic Theater in Lambeth, London, um die Theateradoption von *In His Own Write* zu begutachten. McCartney war nicht dabei; er zog es vor, ein Theater-Stück seiner Dauer-verlobten Jane Asher anzusehen.

Zwei Tage später, am 20. Juni, flog McCartney abermals nach New York, diesmal ohne Lennon, dafür aber mit Ron Kass, dem amerikanischen Leiter von Apple Records, Tony Bramwell, einem Angestellten, sowie seinem alten Schulfreund Ivan Vaughan, der am sechstem Juni 57 auf der Woolton Fete Paul mit John bekanntmachte. Eigentlich wollte die Entourage nach Los Angeles fliegen, aber einen Direktflug dorthin von London gab es nicht. So landeten sie am John F. Kennedy-Airport in New York. Das erste, was McCartney machte, war, dass er die Scheckkarte mit Linda Eastmans Telefonnummer herauszog und sie anrief. Jedoch war sie nicht zu Hause, statt dessen sprach er auf ihren Anrufbeantworter. Er schlug ihr vor, ihn im Beverly Hills Hotel in Los Angeles zu besuchen. Er war enttäuscht, dass er sie nicht persönlich hatte sprechen können. Am nächsten Tag reiste er weiter nach Los Angeles und zeigte dort wie geplant am 22. Juni einen Promotionfilm von und über Apple Records in der Capitol Convention in Los Angeles, um Vertreter der Schallplattenfirmen die Absichten und Ziele seiner Firma darzulegen. Sogleich erklärte er, dass alle zukünftige Beatles-Platten über Apple Records veröffentlicht werden sollten. EMI würde weiterhin der Vertriebspartner sein, aber nicht mehr das für die Beatles zuständige Label. Unter den Gästen waren auch der Führungsstab von Capitol Records, Alan Livingston, Stanley Gortikov und Ken Fritz. McCartneys Ansprache zeigte, dass er nicht nur Musiker sondern auch zugleich Geschäftsmann war.

Nach der Veranstaltung ging McCartney in Begleitschaft von Ron Kass, Tony Bramwell und seinem Freund Ivan Vaughan zurück ins Beverly Hills Hotel. Sie erfrischten sich im Swimmingpool. Als sie zurück zu ihren Bungalows gingen, verfolgt von einer großen Horde Mädchen, saß abseits Linda Eastman, die, mit einem Joint in der Hand und einem verklärten Lächeln auf den Lippen dort auf Paul wartete. Paul rannte sofort zu ihr, man merkte ihm seine Freude an. Tony Bramwell, der diese Szene beobachtete, wurde Zeuge, wie sich die beiden anstarrten und schlagartig ineinander verliebten.[9] Es war der Beginn einer großen Liebesgeschichte und die Familie Eastman sollte ein Jahr später, in den Wirren des Beatles-Endes eine wichtige Rolle spielen. Am 25. Juni flogen McCartney und sein Stab nach London zurück.

Ein paar Tage später, an einem Sonntag, es war der 30. Juni, ließ sich Paul McCartney nach Saltaire Nahe Bradford fahren. Mit dabei waren Derek Taylor, Peter Asher und Tony Bramwell. Dort wollte McCartney die Black Dyke Mills Band, eine der ältesten Blaskapellen aus Yorkshire aufnehmen. Diese Band war eine der ersten Entdeckungen von Apple Records. Die Band sollte zwei Lennon/McCartney-Kompositionen einspielen: für die A-Seite der Single war die Instrumentalnummer *Thingumybob* vorgesehen, auf die B-Seite kam eine Instrumentalversion von *Yellow Submarine*. Während der Aufnahmen wurde Paul von Tony Cliff interviewt für die BBC-TV-Sendung *Look North.* Die Single war gedacht als Titelmelodie für die gleichnamige Comedy-Sendung im Regionalprogramm von Yorkshire. Die Single erschien in Amerika am 26. August und in England am vierten September. Auf dem grünen Cover ist die Band abgebildet, und in der Mitte steht McCartney mit seinem Hund Martha – bekannt aus dem Song *Martha My Dear* auf dem *Weißen Album.*

Auf dem Rückweg machten sie einen Abstecher in den kleinen Ort Harrold, besuchten dort ein Pub, wo McCartney zum ersten Mal seine Eigenkomposition *Hey Jude* einem staunenden Publikum vorstellte.

Inmitten der Aufnahmesessions für *Ob-La-Di, Ob-La-Da* trafen sich Paul, Ringo und George im Bowater House Cinema in Knighsbridge London, anlässlich der Pressevorführung des Zeichentrickfilms *Yellow Submarine.* Diese Vorführung fand neun Tage vor der Weltpremiere statt am achten Juli 68. Da John nicht dabei war, wurde eine

---

9   https://www.beatlesbible.com/1968/06/22/paul-mccartney-addresses-
     capitol-records-conference/

Pappfigur von ihm aufgestellt, mit der sich die anderen drei ablichten ließen. Es war das erste Mal, dass drei Beatles den vollständigen Film ansehen konnten, zuvor gab es immer nur Ausschnitte, die keine Beurteilung zuließen. McCartney war etwas enttäuscht, weil er dachte, der Film würde in Disney-Manier gestaltet sein. Erst später erkannte er den ästhetischen Wert des Films. Nach der Filmaufführung gaben die drei den anwesenden Journalisten ein Interview, das auszugsweise von der BBC und ITV News ausgestrahlt wurde. Harrison beteuerte lächelnd, dass nach dem desaströsen Abschneiden der Vorgängerfilms The *Magical Mystery Tour* die Beatles fortan nur noch als Zeichentrickfiguren auftreten würden. Es kam natürlich auch eine Frage zum Maharishi auf, wobei aber sofort McCartney ins Wort fiel und meinte, es sei nur eine Phase gewesen, die vorbei wäre.

Ein paar Wochen zuvor, am 22. Juni, hatten die Beatles in der 3 Savile Road ein Bürgerhaus aus der Gregorianischen Zeit gekauft für 500 000 englische Pfund, das der Hauptsitz von Apple Corps werden sollte. Zuvor hatten sie ein Büro in 94 Baker Street und 95 Wigmore Street. Jeder Beatle bekam in der Savile Row ein eigenes Büro, im Keller wurde ein Aufnahmestudio eingerichtet von Alexis Mardas, in dem ein paar Monate später große Teile des *Get Back*-Albums aufgenommen wurde. Es ist das erste Mal, dass die Beatles ein komplettes Gebäude für ihre Belange in Anspruch nahmen. Auch die ständigen Mitarbeiter Neil Aspinall, Mal Evans, Derek Taylor und Peter Brown kamen dort unter. Am 15. Juli wurde das Gebäude bezogen. Sofort lungerten vor dem Haus Fans herum, die hofften, die Beatles zu sehen. Sie wurden von Harrison Apple Scruffs genannt, und in dem gleichnamigen Song auf dem Trippelalbum *All Things Must Pass* verewigt.

Am 20. Juli verkündete Dauerverlobte Jane Asher in einer Fernsehshow den Schlussstrich der Beziehung zwischen ihr und Paul McCartney. Anlass hierfür war ein Seitensprung Pauls mit der Amerikanerin Francie Schwartz. Seitensprünge gab es viele, mit dieser Tatsache mussten alle Beatlesfrauen zurecht kommen, jedoch hier war das Verhängnis vorprogrammiert: Jane Asher kam einen Tag früher als geplant von einer Theateraufführung zurück und fand Paul im Bett mit Francie in seiner Wohnung in der Cavendish Avenue. Aus diesem Verhängnis zog sie die Konsequenzen. Kein Wunder, dass sie drei Tage zuvor bei der Weltpremiere von *Yellow Submarine* als einzige Beatles-Partnerin fehlte. Und nicht zu vergessen: mittlerweile hatte Paul die Amerikanerin Linda Eastman für sich entdeckt.

Genau mit dieser traf sich Paul McCartney am 20. Oktober, nachdem die Aufnahmen zum *White Album* abgeschlossen waren. Er flog in ihre Heimatstadt New York, um mit ihr einen zehntägigen Urlaub zu verbringen, der sie auch nach Jamaika führte. Am 30. Oktober kamen sie zusammen in London an.

Am 22. und 25. November wurde endlich das *Weiße Album* veröffentlicht. Kurz zuvor wurde Paul McCartney von Radio Luxemburg interviewt. Die anderen drei Beatles hatten keine Zeit hierfür. Daher war McCartney alleine angetreten und sprach auffälligerweise fast ausschließlich über seine eigen komponierten Songs. Hier machten sich in den Medien zum ersten Mal Spannungen innerhalb der Band bemerkbar.

5 Ringo Starr als Gruppendynamiker

Ringo Starr war und ist ein Gemüts- und Familienmensch, und er liebte es, in einer Band zu spielen. So ist es nicht verwunderlich, dass sich seine Bemühungen ausschließlich um die Familie und die Beatles drehten. Er war an Extra-Aufgaben außer Filmen nicht sonderlich interessiert. Eine Ausnahme gab es: Anfang Februar 68 trat er solo in einer *Cilla-Black*-Show auf, für die er ein paar Mal seine Rolle proben musste.

Zusammen mit Bandkollegen Paul flog Ringo dann am 19. Februar nach Indien. Jane Asher und Ehefrau Mauren waren ebenso an Bord. Nach 20 Stunden Flug kamen sie in Delhi an, drei Tage nach Lennon und Harrison. Während des Flugs beschlossen Paul und Ringo, Vegetarier zu werden.

Ringo und Maureen flogen mit gemischten Gefühlen nach Indien. Sie waren auf Distanz zum Maharishi und beide hatten – je auf ihre Art – mit den widrigen Umständen in Rishiskesh zu kämpfen. Ringo kam mit dem scharf gewürzten Essen nicht zurecht. Nach seiner in jungen Jahren zugezogenen Bauchfellentzündung plagte er sich mit Lebensmittelallergien herum und vertrug die scharfen Gewürze des indischen Essens nicht. Er hatte wohlweislich einen vollen Koffer mit Heinz Baked Beans dabei, aber darüberhinaus fand er, wie er sagte, nicht in Rishikesh das, was er erwartet hatte. Zudem hatte seine Frau Maureen eine Fliegenphobie. Bei nur einer Fliege im Raum bekam sie Panikattacken. So kam es, dass die beiden knapp zwei Wochen später, am ersten März, wieder abreisten. Der Hauptgrund ihrer überhasteten Rückreise jedoch war, dass sie ihren Sohn Zacharias (aka Zak) vermissten. Daher waren die beiden bereits am dritten März wieder in London.

Bei den ausufernden Aktivitäten rund um Apple Corps – Promotion und der Launch der Apple Boutique – hielt sich Ringo weitgehend raus. Als jedoch die Arbeiten am *Weißen Album* begannen, war er wie immer voll dabei. Jedoch merkte er sehr schnell, dass sich Entscheidendes im Zusammenspiel geändert hatte. Der Zusammenhalt war wie weggefegt. Ringo hatte das Gefühl außen zu stehen. Und so kam es, dass er am 22. August bei den Beatles ausstieg. *„Ich ging aus zwei Gründen: Ich hatte das Gefühl, dass die anderen drei richtig happy miteinander waren und ich draußen stand. Ich bin zu John hin, der, seitdem ich aus Kenwood weggezogen war, mit Yoko in einer Wohnung am Montugu Square wohnte. Ich sagte: ‚Ich steige aus der Gruppe aus, weil ich nicht gut spiele und mich ungeliebt und nicht dazugehörig fühle und ihr drei eine echt tolle Clique seid.' Und John sagte: ‚Ich dachte, ihr drei wärt das!' Also bin ich zu Paul und habe bei ihm angeklopft. Ich sagte ihm das Gleiche: ‚Ich steige aus der*

Band aus. Ich habe das Gefühl, dass ihr drei eine echt tolle Clique seid und ich nicht dazugehöre.' Und Paul sagte: , Ich dachte, ihr drei wärt das." Da habe ich es mir erspart, auch noch zu George zu gehen. Ich sagte: ,Ich fahre in Urlaub.' Ich habe die Kinder einge-packt, und wir sind nach Sardinien."[10]

Ringo verbrachte geruhsame Tage mit seiner Familie auf der Yacht von Peter Sellers wo er seinen Song *Ocopus' Garden* schrieb, der es auf das *Weiße Album* schaffte. Ringo litt darunter, dass die Magie und der Zusammenhalt in der Band verloren gegangen waren, was auch der Tatsache geschuldet war, dass bei den Aufnahmen Yoko Ono zugegen war. Das war nicht ihre Schuld, es lag an John, der ohne Yoko nicht mehr sein wollte und konnte.

Dann kam ein Telegramm: „Du bist der beste Rock'n'Roll Drummer der Welt. Komm nach Hause, wir lieben Dich!" Und Ringo kam am dritten September zurück. George dekorierte das Studio für Ringos Rückkehr mit Blumen. Von diesem Zeitpunkt an ging es für Ringo gefühlsmäßig wieder aufwärts. Bei John und George hingegen sah es anders aus ...

6 Die Planung des *Get Back*-Albums

Am 18. Oktober waren die letzten Mixe des Doppelalbums fertig und vier Wochen später, am 22. November, erschien das *Weiße Album* in England und am 25. November in Amerika. Es schoss in beiden Ländern gleich nach Erscheinen auf Platz eins der Charts. Mit 30 Songs und einer Spielzeit von 90 Minuten und 45 Sekunden hatten die Beatles ihre bis dato längste Platte aufgenommen. Im Gegensatz zu *Sgt. Pepper's Lonely Hearts Club Band* handelte es sich nicht um einen einheitlichen Stil. Auf dem *Weißen Album* sind die verschieden-sten Stilrichtungen verzeichnet: Rock'n'Roll, Psychedelia, Ragtime, Country, Heavy Rock, Avantgarde, Folk, Reggae und Balladen. Vom 30. Mai bis 14. Oktober waren die Beatles für die Aufnahmen im

---

10 The Beatles Anthology, S. 311

Abbey Road-Studio tätig. Es war das erste Album, bei dem die vier bei einigen Songs die Regie am Pult übernahmen. Und es war das erste Album, das auf dem eigenen Label Apple erschien. EMI war nur noch Vertriebspartner. Jedoch: 14 Lieder, also gut die Hälfte, des Albums wurden nicht von allen vieren gespielt, da während der Aufnahmen künstlerische und menschliche Differenzen auftraten. Geoff Emerick, der Tontechniker vergangener Alben, schmiss Mitte Juli hin, weil er die Spannungen zwischen den Beatles nicht mehr ertragen konnte. Für ihn kam Ken Scott sowie der junge unerfahrene Kollege Chris Thomas, der seinen Job sehr gut machte. Beide erinnern sich, dass die Beatles häufig Meinungsverschiedenheiten wegen ihrer Musik austrugen, sich aber danach wieder zusammenrauften. Auffällig ist, dass sie sich von der musikalischen Direktion und Vorstellungen ihres Produzenten George Martin entfernten. Hinzu kam die offen vorgetragene Abneigung von Paul und George gegenüber Johns neuer Lebensgefährtin Yoko, während dieser wiederum einige McCartney-Kompositionen offen verneinte, darunter *Ob-La-Di, Ob-La-Da*.

George Martin: *„Ich erinnere mich, dass Yoko eine Menge Zeit mit John im Studio verbrachte, während wir das Weiße Album aufnahmen – und das ging sogar so weit, dass John sie einmal, als sie richtig krank war, nicht zu Hause lassen wollte und sie im Studio ein Bett hingestellt bekam. Während wir aufnahmen, lag Yoko da im Bett. Zwischen John und Yoko bestand eine wahnsinnige Bindung. Das ist keine Frage. Sie waren geistig vollkommen eins, und ich glaube, je enger diese Bindung wurde, desto mehr löste sich John von Paul und den anderen – was natürlich zu Problemen führte.*[11] Auch Harrison beschwerte sich offen: *„Es war merkwürdig, sie ständig dabeisitzen zu haben. Es lag nicht daran, dass es Yoko war oder dass wir keine Außenstehende bei uns haben wollten, es waren ganz bestimmte*

---

11   The Beatles, Anthology, 2000, S. 308

Vibrationen zu spüren, und das störte mich. Es waren irgendwie unheimliche Vibrationen."[12]

Yoko sprengte den Rahmen, das hat auch Lennon erkannt: *„Und plötzlich waren wir beide ständig zusammen, murmelten und kicherten in irgend einer Ecke. Und auf der anderen Seite Paul, George und Ringo, die sich sagten: ,Was zum Teufel treiben die da? Was ist mit ihm los?' Und ich beachtete sie überhaupt nicht mehr. Wohlgemerkt, das war keine Absicht, ich ging nur eben restlos und total in dem auf, was wir beide machten [...] Und dann sahen wir uns um und merkten, dass man das nicht toll fand."[13]*

Das *Weiße Album* wurde trotz oder gerade wegen seiner Inhomogenität vom Rolling Stone Deutschland zum zehntbesten Album aller Zeiten gewählt – *Sgt. Pepper* hingegen landete auf Platz fünf und *Revolver* auf Platz 2.

7 Nach einem Album ist vor einem Album ...

Die Beatles waren alle erschöpft von den intensiven Aufnahmesessions für das *Weiße Album*. McCartney hatte nach dem Tode des Managers Brian Epstein das Zepter übernommen und war bestrebt, die Band nach vorne zu treiben. So fasste er den Plan, musikalisch zwar nicht eine neue, aber gänzlich andere musikalische Route einzuschlagen. Sein Vorschlag kam ein paar Wochen nach Veröffentlichung des *Weißen Albums*: er wollte eine Platte aufnehmen, ohne auf die Technik zurückzugreifen, die sie sich seit 1966 angeeignet hatten: ADT, Double Tracking, Pitching, Bandloops etc. Zurück zum Ursprung der frühen Tage, zurück zum Rock'n'Roll-Feeling, zurück zur genuinen Bandidee. Es war McCartneys Versuch, die Bandstimmung wieder ins Lot zu bringen. Demzufolge taufte er – nomen est omen - das Projekt *Get Back*!

---

12 The Beatles, Anthology, 2000, S. 308

13 The Beatles, Anthology, 2000, S. 310

Die Aufnahmen sollten für eine weltweit ausgestrahlte Fernseh-Show mit Kameras festgehalten werden und als Abschluss der Proben war vorgesehen, live aufzutreten mit Liedern, die sie zuvor noch niemals live gespielt hatten – also eine Rundum-Katharsis. Als Location war vorgesehen entweder Marrakesch, Kalifornien oder gar auf einem Luxusdampfer. Lennon reagierte auf die Vorschläge apathisch, desinteressiert, Ringo Starr hielt sich wie so oft zurück, doch George legte sofort ein Veto ein – er wollte mit den Beatles als Beatle nicht mehr live auftreten und auch von der Idee einer TV-Show hielt er nichts. Die Idee, mit den Beatles wieder auf Tour zu gehen, wurde daher aufgegeben, den Filmmitschnitt konnte McCartney durchsetzen. Hierfür wurde Michael Lindsay-Hogg verpflichtet, den die Beatles bereits kannten. In den Mittsechzigern produzierte er die englische Musiksendung *Ready Steady Go* sowie einige Promotion-Videos der Beatles: *Paperback Writer, Rain, Hey Jude* und *Revolution*. Ebenso war Lindsay-Hogg, wie Lennon Jahrgang 1940, für die Rolling Stones tätig und drehte die Clips für *2000 Light Years From Home, Jumpin' Jack Flash* und *Child Of The Moon*. 1968 drehte er auch *The Rolling Stones Rock and Roll Circus*, für den unter anderen auch John Lennon auftrat, zusammen mit Eric Clapton. Die Stones waren jedoch von dem fertigen Produkt nicht besonders angetan und so kam es, dass deren *Rock and Roll-Circus* erst 1996, also 28 Jahre später, veröffentlicht wurde.

Als Aufnahmeort wurden die Twickenham Film Studios ausgewählt. Die Aufnahmen sollten auf 16mm-Film gedreht werden. Zwei Kameras waren dafür vorgesehen. Zum Team gehörte neben Lindsay-Hogg noch der Kameramann Anthony B. Richmond, der 1965 bereits als Kameraassistent bei der mit fünf Oskars prämierten Hollywood-Produktion *Doktor Schiwago* mitgewirkt hatte. Für den Schnitt des Films war Tony Lenny verantwortlich. Die Tonaufnahmen wurden auf zwei Mono-Tonbandmaschinen (Nagra, ¼ Zoll) aufgenommen, die jeweils mit den Kameras gekoppelt waren. Da die Bänder für diese

Maschinen nur 16 Minuten Spielzeit hatten, liefen die meiste Zeit die beiden Bänder nicht synchron. Von den Bändern der *Get Back-Sessions* wurden viele Bootlegs produziert. Mittlerweile sind nahezu alle Aufnahmen auf youtube zu finden.

Die Zeiten waren von McCartney vorgegeben. Aufgenommen werden sollte von Montag bis Freitag, jeweils zwischen 11 und 12.30 Uhr sollte die Session beginnen. Der erste Tag war der zweite Januar. An diesem Tag kam McCartney erst um 12.30 Uhr ins Studio. Er steckte im Londoner Verkehrsstau fest.

II Die *Get Back*-Sessions

1 Tag eins – Donnerstag, 02. Januar 1969

Der erste Tag begann offiziell bereits um 9.30 Uhr. Mal Evans und Kevin Harrington trugen das Equipment der Beatles auf die extra eingerichtete Bühne, positionierten die Verstärker, bauten das Schlagzeug auf und stellten die Gitarren bereit. Diese Szene des Aufbaus verwendete Lindsay-Hogg später als Eingangsequenz für den Film.

Schon lange hatten sich die Beatles von ihren in den Anfangstagen verwendeten britischen Vox AC30-Verstärker verabschiedet. Statt dessen verwendeten sie seit den *Revolver*-Aufnahmen Fender-Verstärker. Auch die Gitarrenmarken hatten sich geändert. Harrison spielte mittlerweile mit Vorliebe eine Fender Stratocaster, nur Lennon hielt immer noch an seiner Epiphone Casino von 1965 fest. Er hatte nur den Sunburst-Lack abgeschliffen, um noch einen wärmeren, direkteren Sound zu erreichen.

Als das Equipment aufgebaut war, kamen Lennon seine Lebensgefährtin Yoko Ono und Harrison ins Studio. Nachdem sie die Gitarren gestimmt hatten, spielten die beiden Beatles auszugsweise zwei neu Lieder: *Don't Let Me Down* von Lennon und *All Things Must Pass,* ein Song von Harrison. Während des losen Zusammenspiels kam Ringo hinzu, setzte sich unverzüglich ans Schlagzeug und gab den Rhythmus vor. Im Anschluss präsentierte Lennon seinen Song *Dig A Pony*, bevor er ein weiteres neues Lied provisorisch in Angriff nahm: seinen *Everybody Got Song,* der jedoch nur Fragment blieb. Harrison stellte ebenfalls noch einen neuen Song vor, den er knapp zwei Jahre später auf dem *All Things Muss Pass*-Album platzieren sollte: *Let It Down.* Im Anschluss fing Lennon an zu improvisieren und sang zwei Strophen des Chuck Berry-Klassikers *Brown Eyed Handsome Man*, Harrison spielte dazu die Lead-Gitarre. Dann nahmen sie sich den Song *I've Got A Feeling* vor, den sie bald wieder abbrachen, da deutlich McCartneys Part fehlte. Lennon hatte seinen Anteil des Songs 1968 geschrieben und betitelte ihn mit *Everybody Had A Hard Year*, eine Zeile, die im Song öfter vorkommt. Es war eines der letzten gemeinsamen Lieder von Lennon/McCartney – ohne den rockigen Teil und die auffordernde Zeile *I've Got A Feeling* wäre der Song nicht halb so gut geworden. Im Anschluss sang Lennon seine Eigenkomposition *A Case Of The Blues*, der noch nicht ganz fertig war und hauptsächlich auf einen Lick aufbaute. Noch ein Song, den Lennon in Indien komponiert hatte, wurde gespielt: *Child Of Nature*, das später umgeschrieben wurde in *Jealous Guy*. An diesem Tag präsentierte Lennon das Lied mit dem Titel *On The Road To Marrakesh*. Er sang zwei Strophen, Harrison stimmte mit ein. Kurze Passagen aus *Revolution* und dem Dylan-Klassiker *I Shall Be Released* folgten. Zum ersten Mal spielte Lennon seinen noch unfertigen *Sun King* an, der später auf dem *Abbey Road*-Album erscheinen sollte. Endlich kam McCartney hinzu, schnappte sich seinen Höfner-Bass und spielte sofort mit. Im Laufe des Nachmittags spielten die Beatles einen weiteren Dylan-Song und nochmals Chuck Berrys *Brown-Eyed Handsome Man* sowie von Buddy Holly *Mailman, Give Me No More Blues*.[14]

In einer Spielpause diskutierten die Beatles nochmals den Zweck des *Get Back*-Projekts. Lennon drückte seine Unzufriedenheit aus über die kalte Atmosphäre der Twickenham Film Studios und die Tatsache, dass non stop die Kameras liefen und alles aufzeichneten. McCartney verteidigte das Arrangement. Zu diesem Zeitpunkt stand noch der Plan, ein TV-Special zu drehen, zu dem auch Publikum eingeladen werden sollte.

Dann ging es wieder musikalisch weiter: McCartney sang seinen Part von *I've Got A Feeling* und zeigte den anderen die Akkorde und die Song-Struktur. Das Lied nahm allmählich eine akzeptable Form an. Zwischenzeitlich spielte Harrison das Lied *Speak To Me* von Jackie Lomax auf einen Wunsch von Ringo. Als nächstes machten sie sich an

---

14 Die Version, die zu hören ist auf der Anthology 3, ist vom 29. Januar

den Lennon-Klassiker *Don't Let Me Down*. Sie spielten den Song mehrere Male durch und überlegten, ob sie zur besseren Untermalung einen Keyboard-Spieler holen sollten. In der engeren Auswahl war Nicky Hopkins, den Lennon für seine Solo-Projekte später engagieren sollte.

Während einer Lunch-Pause spielte Harrison den Buddy Holly-Song *Well ... Alright* und gleich darauf nochmals *All Things Must Pass*. Der Song ging unter und die Beatles spielten stattdessen McCartneys Folksong *Two Of Us*. McCartney verwendete viel Zeit, den anderen zu erklären, wie er den Song haben wollte. Und die Beatles investierten viel Zeit für dieses Lied, das noch weit von der Form entfernt war, wie es auf der Aufnahme zu hören ist. Noch fehlte der zündende Gedanke für das Lied. Kurz vor dem Ende des ersten Tages improvisierten die Beatles an einem McCartney-Lied, das unter dem Arbeitstitel *It's Good To See The Folks Back Home* bekannt ist. Abschließend versuchten sie nochmals *Two Of Us* in eine passende Form zu bringen.

Hier ist die komplette Liste der an diesem Tag gespielten Songs:[15]

Titel	Komponist(en)	Spielversuche
Don't Let Me Down	Lennon/McCartney	15 Versionen
All Things Must Pass	Harrison	zwei Versionen
Dig A Pony	Lennon/McCartney	eine Version
Let It Down	Harrison	zweiVersionen
Brown-Eyed Handsome Man	Chuck Berry	zwei Versionen

---

15 https://www.beatlesbible.com/1969/01/02/get-back-let-it-be-sessions-day-one/

A Case Of The Blues	Lennon	eine Version
Child Of Nature	Lennon	eine Version
Revolution	Lennon/McCartney	eine Version
I Shall Be Released	Bob Dylan	eine Version
Sun King	Lennon/McCartney	fünf Versionen
Mailman, Bring Me No More Blues	Buddy Holly	eine Version
Speak To Me	Jackie Lomax	eine Version
I've Got A Feeling	Lennon/McCartney	20 Versionen
The Mighty Quinn	Bob Dylan	eine Version
Well... Alright	Buddy Holly	eine Version
Two Of Us	Lennon/McCartney	neun Versionen
Everybody Got Song	Lennon	eine Version
The Teacher Was A-Lookin'	Beatles	Jam-Session
We're Goin' Home	Beatles	Jam-Session
It's Good To See The Folks Back Home	McCartney	eine Version

2 Tag zwei – Freitag, 03. Januar 1969

Am zweiten Tag der *Get Back*-Sessions spielten die Beatles haupt-sächlich Rock'n'Roll-Nummern als Reminiszenz ihrer Anfangstage. Dazu improvisierten sie und präsentierten immer wieder Lennon/Mc-Cartney-Songs aus ihrem reichhaltigen Back-Katalog. Lennon kam an diesem Tag relativ spät, in Folge dessen sich McCartney ans Klavier setzte und verschiedene halbfertige Stück spielte. Ringo schnappte sich eine Gitarre und stellte zwei eigene Nummer vor: *Taking A Trip To Carolina* sowie *Picasso*. Den ersten Song kann man hören auf der separaten CD *Fly On The Wall*, die bei der ersten Auflage der ersten *Let It Be Naked*-CD beigelegt war. Auch George Harrison stellte einige halbfertige Stücke vor, darunter das von Dylan inspirierte *Ramblin' Woman*. Nachdem Lennon eigetroffen war, spielten die vier hauptsächlich Rock'n'Roll-Klassiker, darunter Stücke, die sie im Cavern Club in Liverpool oder in Hamburg gespielt hatten. Sie griffen auch den Lennon-Song *I'm So Tired auf*, den witzigerweise McCartney sang. Und auch das von Lennon ungeliebte *Ob-La-Di, Ob-La-Da* wurde angespielt. Dann konzentrierten sich die Beatles auf *Don't Let Me Down*, das bereits am zweiten Spieltag dem Produktions-Endstand relativ nahe kam. Lennon baute eine Sequenz aus seinem *Weißen Album*-Song *Happiness Is A Warm Gun* ein, was aber wieder verworfen wurde. Auch an *I've Got A Feeling* und *Two Of Us* wurde gearbeitet – zwei Nummern, die wie *Don't Let Me Down* tatsächlich auf dem Album landen sollten. Und die Beatles griffen weit zurück und holten ein Stück aus der Versenkung, das sie zum letzten Mal 1963 gespielt hatten: die frühe Lennon/McCartney-Komposition *One After 909,* eine Rock'n'Roll-Nummer, die sie am fünften März 1963 versucht hatten aufzunehmen als B-Seite für die Single *From Me To You.* Sie nahmen damals fünf Versionen auf, waren aber mit dem Ergebnis nicht zufrieden. So wurde *Thank You Girl* die B-Seite der Single. Sowohl Lennon als auch McCartney fanden den Song nicht besonders gut, aber beide mochten ihn trotzdem. Lennon, von dem der Song hauptsächlich ist, erwähnte in einem Playboy-Interview von 1980, dass er den Song in Quarry Men-Tagen im Alter von 17 Jahren geschrieben hatte. Die Zahl 909 sei nur deswegen entstanden, weil er in der Newcastle Road 9 lebte und sein Geburtstag auf den neunten Oktober fiel. Neben diesem Rock'n'Roll spielten sie weitere frühe Lennon/McCartney-Nummern, darunter *Won't You Please Say Goodbye, Thinking Of Linking, I'll Wait Till Tomorrow* und *Because I Know You Love Me So*. George Harrison stellte von Marvin Gaye den Song *Hitch Hike* vor sowie von Larry Williams *Short Fat Fannie*. Und Lennon/McCartney lieferten sich ein Duett bei dem Song *Midnight Special*. Aber es kamen auch aktuelle Lieder an die Reihe: *Sun King* wurde gespielt sowie der Song *Gimme Some Truth*, bei dem McCartney textlich und melodisch unterstützend mitwirkte. Lennon nahm den Song 1971 für sein *Image*-Album auf, ohne McCartney einen Credit für seinen Beitrag zu geben. Viel Zeit verwendeten die Beatles auf den Harrison Song *All Things Must Pass* – ganze 37 Mal spielten sie die Nummer, kamen aber zu keinem befriedigenden Ergebnis. Sie arbeiteten an dem Lied wochenlang, er wurde jedoch nicht auf einer Beatles-Platte veröffentlicht. Die Beatles beendeten den Tag mit dem McCartney-Song *Maxwell's Silver Hammer*. Die Szene, in der McCartney den anderen die Gitarrenakkorde durchgibt, ist im fertigen Film zu sehen. Auch hier investierten die Beatles viel Mühe für den Song, aber wie bei *All Things Must Pass* waren sie mit dem Ergebnis nicht glücklich. Lennon konnte mit dieser McCartney-Komposition nichts anfangen. Für das *Abbey Road*-Album, auf dem der Song erschien, wurde *Maxwell's Silver Hammer* völlig neu aufgenommen. Als der Song aufgenommen wurde, lag Lennon wegen eines Autounfalls in einem schottischen Krankenhaus und war an den Aufnahmen zu dem Song nicht beteiligt.

Die Liste aller Lieder, die die Beatles an diesem Tag spielten. Darunter auch alle Fragmente, spontane Improvisationen, sowie unveröffentlichte Songs noch versehen mit Arbeitstiteln[16]:

Titel	Komponist(en)	Spielversuche
The Long & Winding Road	Lennon/McCartney	eine Version
Oh! Darling	Lennon/McCartney	zwei Versionen
Maxwell's Silver Hammer	Lennon/McCartney	elf Versionen
Adagio For Strings	Samuel Barber	zwei Versionen
Tea For Two Cha-Cha	Tommy Dorsey	zwei Versionen
Chopsticks	Euphemia Allen	eine Version
Torchy, The Battery Boy	McCartney	eine Version
Whole Lotta Shakin' Goin' On	Jerry Lee Lewis	eine Version
Let It Be	Lennon/McCartney	eine Version
Taking A Trip To Carolina	Starr	zwei Versionen
Please Mrs Henry	Bob Dylan	eine Version
Picasso	Starr	eine Version
Hey Jude	Lennon/McCartney	eine Version
All Things Must Pass	Harrison	37 Versionen

---

16 Liste entnommen von: https://www.beatlesbible.com/1969/01/03/get-back-let-it-be-sessions-day-two/

Don't Let Me Down	Lennon/McCartney	zehn Versionen
All Shook Up	Elvis Presley	eine Version
Your True Love	Carl Perkins	eine Version
You Can't Do That	Lennon/McCartney	eine Version
The Hippy Hippy Shake	Chan Romero	eine Version
Crackin' Up	Bo Diddley	zwei Versionen
Blue Suede Shoes	Carl Perkins	eine Version
Three Cool Cats	The Coasters	eine Version
Blowin' In The Wind	Bob Dylan	eine Version
Lucille	Little Richard	eine Version
I'm So Tired	Lennon/McCartney	eine Version
Bring It On Home To Me	Sam Cooke	eine Version
Hitch Hike	Marvin Gaye	eine Version
Ob-La-Di, Ob-La-Da	Lennon/McCartney	drei Versionen
Third Man Theme	Anton Karas	eine Version
Thinking Of Linking	Lennon/McCartney	eine Version
All Along The Watchtower	Bob Dylan	eine Version
Sun King	Lennon/McCartney	vier Versionen
I've Got A Feeling	Lennon/McCartney	sechs Versionen
Going Up The Country	Canned Heat	eine Version

On The Road Again	Canned Heat	eine Version
One After 909	Lennon/McCartney	drei Versionen
A Pretty Girl Is Like A Melody	Irving Berlin	eine Version
Short Fat Fannie	Larry Williams	eine Version
Midnight Special	Lonnie Donegan	eine Version
Two Of Us	Lennon/McCartney	eine Version
What's The Use Of Getting Sober	Louis Jordan	eine Version
When You're Drunk You Think Of Me	traditional	eine Version
What Do You Want To Make Those Eyes At Me For?	Emile Ford And The Checkmates	eine Version
Money (That's What I Want)	Janie Bradford/Berry Gordy Jr.	eine Version
The Weight	The Band	eine Version
I'm A Tiger	Lulu	eine Version
Ramblin' Woman	Harrison	eine Version
Is It Discovered	Harrison	eine Version
Back In The USSR	Lennon/McCartney	eine Version
Every Little Thing	Lennon/McCartney	eine Version
Piece Of My Heart	Erma Franklin	zwei Versionen

Sabre Dance	Love Sculpture	eine Version
I've Been Good To You	The Miracles	eine Version
Your Name Is Ted	Beatles	Jam-Session
Gimme Some Truth	Lennon	eine Version
Get On The Phone	Lennon/McCartney	eine Version
My Words Are In My Heart	McCartney	eine Version
Negro In Reserve	Lennon/McCartney	eine Version
Because I Know You Love Me So	Lennon/McCartney	eine Version
Over And Over Again	McCartney	eine Version
I'll Wait Till Tomorrow	Lennon/McCartney	eine Version
Won't You Please Say Goodbye	Lennon/McCartney	eine Version

3 Tag drei – Montag, 06. Januar 1969

Nach einem Wochenende ging es an diesem Montag weiter. An diesem dritten Tag des *Get Back*-Projektes in den Twickenham Film Studios jammten die Beatles, improvisierten und festigten sie die Songs, die bereits in Form gebracht worden waren. Aber an diesem Tag wurde auch viel diskutiert und gezankt. Die Stimmung war merklich angespannt. Augenmerk wurde auf *Don't Let Me Down* und *Two Of Us* gelegt. Besonders der erste Song war bereits weit fortgeschritten. Sie versuchten einen Latin-Style-Rhythmus zu unterlegen, und McCartney suchte eine passende Harmonie-Stimme im Refrain. *Two Of Us* war zu diesem Zeitpunkt noch relativ rockig. Während der Proben zu der Nummer kam es zu einem unfreundlichen

Austausch zwischen McCartney und Harrison, der offenlegte, wie angespannt die Situation innerhalb der Gruppe war. Der Streit zwischen McCartney und Harrison ist auch im Film zu sehen: *I'll play whatever you want me to play, or I won't play at all if you don't want me to play. Whatever it is that'll please you, I'll do it.*(Ich spiele, was immer du willst, oder ich spiele nicht, falls du es nicht wünscht. Was immer du willst, ich tue es) (George Harrison)

Als es darum ging, *Hear Me Lord*, eine neue Harrison-Nummer, einzustudieren, kam bei den Mitspielern wenig Begeisterung auf. Zuerst spielte Harrison den Song auf der Akustikgitarre, später wechselte er zur Elektrogitarre und nutzte einen Wah-Wah-Effekt. Genauso wenig Erfolg hatte er mit seinem anderen Song *All Things Must Pass*, für den sie sich am Vortag so bemüht hatten. McCartney erging es besser: er stellte *Carry That Weight* vor, das es bekanntlich auf das *Abbey Road*-Album geschafft hat. Zumindest fingen sie den Song an zu proben. McCartney hatte zu dem Zeitpunkt einen Mittelteil für den Song, der bei der Endfassung weggelassen wurde.

Ebenso wurden die Songs *Octopus's Garden* und *For You Blue* angespielt, beide Lieder waren noch in einem unfertigen Status. Lennon, dem unschwer aufgefallen sein muss, dass sein kompositorischer Output drastisch zurückgegangen war, griff auf seinen Song *Across The Universe* zurück, den die Beatles im Februar 1968 aufgenommen hatten, der jedoch nie veröffentlicht worden war. Ihren Rocker *One After 909* probten sie erneut. Es war der zweite Anlauf für den Song. Ansonsten wurde viel improvisiert. Erwähnenswert hierbei ist eine Instrumentalnummer von McCartney: *The Palace Of The King Of The Birds*, die er erst 1990 auf dem Album *Rupert The Bear* veröffentlichte. Anschließend trug er *You Wear Your Women Out* vor, eine Blues Improvisation und schließlich stimmte er den Rocker *My Imagination* in Art einer beherzten Urschrei-Therapie an – Lennon folgte ihm in puncto Urschrei knapp zwei Jahre später. Harrison spielte einen weiteren Song vor: *Maureen*. Er begleitete sich auf seiner E-

Gitarre erneut mit Wah-Wah-Effekt. Da die anderen Stücke von ihm abgelehnt worden waren, gab er zur Auskunft, der Song sei von Bob Dylan geschrieben worden und er schlug vor, dass Ringo den Song singen solle. Der Tag endete mit einer langen Sitzung für den neuen McCartney-Song *She Came In Through The Bathroom Window,* der später für das *Abbey Road* Album verwendet wurde.

Die Liste der gespielten Lieder des Tages[17]:

Titel	Komponist(en)	Spielversuche
Oh! Darling	Lennon/McCartney	eine Version
C'mon Marianne	The Four Seasons	eine Version
I've Got A Feeling	Lennon/McCartney	drei Versionen
High School Confidential	Jerry Lee Lewis	eine Version
Hear Me Lord	Harrison	acht Versionen
For You Blue	Harrison	zwei Versionen
All Things Must Pass	Harrison	neun Versionen
Carry That Weight	Lennon/McCartney	vier Versionen
Octopus's Garden	Starr	eine Version
The Palace Of The King Of The Birds	McCartney	eine Version
Across The Universe	Lennon/McCartney	zwei Versionen
I Want You	Bob Dylan	eine Version

17 https://www.beatlesbible.com/1969/01/06/get-back-let-it-be-sessions-day-three/

The Long And Winding Road	Lennon/McCartney	zwei Versionen
Don't Let Me Down	Lennon/McCartney	28 Versionen
One After 909	Lennon/McCartney	drei Versionen
Let's Dance	Chris Montez	eine Version
That's All Right (Mama)	Elvis Presley	eine Version
Thirty Days	Chuck Berry	eine Version
Leaning On A Lamppost	George Formby	eine Version
Annie	Lennon	eine Version
I'm Talking Bout You	Chuck Berry	eine Version
Maureen	Dylan / Harrison	eine Version
The Tracks Of My Tears	The Miracles	eine Version
Dizzy Miss Lizzy	Larry Williams	eine Version
Money (That's What I Want)	Janie Bradford / Berry Gordy Jr	eine Version
Fools Like Me	Jerry Lee Lewis	eine Version
Sure To Fall	Carl Perkins	eine Version
Right String, Wrong Yo-Yo	Carl Perkins	eine Version
Send Me Some Loving	Little Richard	eine Version
Two Of Us	Lennon/McCartney	20 Versionen

Frère Jacques	traditional	eine Version
It Ain't Me Babe	Bob Dylan	eine Version
When The Saints Go Marching In	traditional	eine Version
Loop De Loop	Johnny Thunder	eine Version
She Came In Through The Bathroom Window	Lennon/McCartney	sieben Versionen
You Wear Your Women Out	McCartney	eine Version
My Imagination	McCartney	eine Version
I'm Gonna Pay For His Ride	McCartney	eine Version
They Call Me Fuzz Face	McCartney	eine Version

4 Tag vier – Dienstag, 07. Januar 1969

Trotz einer unverkennbaren Lustlosigkeit jammten die Beatles viel bei ihrem vierten Treffen, spielten unzählige Cover und konzentrierten sich auf *Get Back*, obgleich hierfür McCartney noch nicht den ganzen Text parat hatte. Zuerst arbeiteten sie aber an der anderen McCartney-Nummer: *Maxwell's Silver Hammer*, ein Lied, für das sich die anderen drei Beatles nicht besonders erwärmen konnten. Interessanter waren die anderen McCartney-Kompositionen *Golden Slumbers* und *She Came Into The Bathroom Window*. Auch diese beiden Nummern wurden auf das nächste Album verschoben. Lennon kam an diesem Tag erneut mit seiner Nummer *Gimme Some Truth* – ein starker Song, der seltsamerweise keine Verwendung für ein

Beatles-Album fand. Erneut versuchte Lennon, seinen bereits ein Jahr zuvor aufgenommenen aber niemals verwendeten Song *Across The Universe* für das geplante Album vorzuschlagen. Aber auch an diesem Tag erreichten sie nicht die spielerische Klasse der Aufnahme von 1968. Es fehlte an Leichtigkeit, Anmut und Eleganz. Deutlich lief es besser mit *I've Got A Feeling* und *Don't Let Me Down.* Diese beiden Lieder, die sie von Anbeginn der *Get-Back*-Sessions spielten, wurden immer besser. Die beiden Songs waren zwar noch nicht aufnahmereif, aber die Beatles hatten bereits eine Form erarbeitet, die sie überzeugte. Um sich aufzulockern, spielten sie die Chuck Berry-Nummer *Rock'n' Roll Music*, ein Stück, das Lennon bereits 1964 auf dem Album *For Sale* eingesungen hatte. Bestens vertraut waren sie auch mit *Lucille* von Little Richard, das sie im Rahmen der BBC-Aufnahmen am siebten September 1963 eingespielt hatten. McCartney war der Sänger. Zu finden ist die Aufnahmen auf der CD *Live At The BBC. S*ie versuchten sich an *What I'd Say* von Ray Charles. Obendrein spielten sie *FBI*, eine Instrumentalnummer der Shadows von 1961.

Dann ging es weiter mit den Proben zu *One After 909.* Der Song nahm allmählich Gestalt an und überzeugte die Beatles, als Live-Nummer verwendet zu werden. In diesem Stadium des Songs fehlte natürlich noch das E-Piano von Billy Preston, der erst später hinzukam.

Hier die vollständige Liste der an diesem Tag gespielten Songs: [18]

Titel	Komponist(en)	Spielversuche
Golden Slumbers	Lennon/McCartney	eine Version

18 https://www.beatlesbible.com/1969/01/07/get-back-let-it-be-sessions-day-four/

Carry That Weight	Lennon/McCartney	eine Version
To Kingdom Come	The Band	eine Version
For You Blue	Harrison	zwei Versionen
The Palace Of The King Of The Birds	McCartney	zwei Versionen
Lady Madonna	Lennon/McCartney	eine Version
She Came In Through The Bathroom Window	Lennon/McCartney	vier Versionen
Lowdown Blues Machine	McCartney	eine Version
What'd I Say	Ray Charles	zwei Versionen
Shout	The Isley Brothers	eine Version
Get Back	Lennon/McCartney	vier Versionen
My Back Pages	Bob Dylan	eine Version
I've Got A Feeling	Lennon/McCartney	14 Versionen
Stuck Inside Of Mobile With The Memphis Blues Again	Bob Dylan	eine Version
I Shall Be Released	Bob Dylan	eine Version
Bo Diddley	Bo Diddley	eine Version

What The World Needs Now Is Love	Jackie DeShannon	eine Version
First Call	traditional	eine Version
Maxwell's Silver Hammer	Lennon/McCartney	18 Versionen
Oh! Darling	Lennon/McCartney	zwei Versionen
Rule Britannia	traditional	eine Version
Norwegian Wood (This Bird Has Flown)	Lennon/McCartney	eine Version
Speak To Me	Jackie Lomax	eine Version
When I'm Sixty-Four	Lennon/McCartney	eine Version
A Shot Of Rhythm And Blues	Arthur Alexander	eine Version
(You're So Square) Baby I Don't Care	Elvis Presley	eine Version
Across The Universe	Lennon/McCartney	zwölf Versionen
Gimme Some Truth	Lennon	drei Versionen
A Case Of The Blues	Lennon	zwei Versionen
Cuddle Up	McCartney	eine Version
From Me To You	Lennon/McCartney	eine Version

Rock And Roll Music	Chuck Berry	eine Version
Lucille	Little Richard	eine Version
Lotta Lovin'	Gene Vincent	zwei Versionen
Gone, Gone, Gone	Carl Perkins	eine Version
Dig A Pony	Lennon/McCartney	eine Version
One After 909	Lennon/McCartney	fünf Versionen
Don't Let Me Down	Lennon/McCartney	zwölf Versionen
Devil In Her Heart	Lennon/McCartney	eine Version
Thirty Days	Chuck Berry	eine Version
Revolution	Lennon/McCartney	eine Version
Be-Bop-A-Lula	Gene Vincent	eine Version
Somethin' Else	Eddie Cochran	eine Version
FBI	The Shadows	The Shadows
Mr Epstein Said It Was White Gold	McCartney	eine Version
Woman Where You Been So Long	Beatles	Jam-Session
Oh Julie, Julia	McCartney	eine Version

5 Tag fünf – Mittwoch, 08. Januar 1969

Am nunmehr fünften Tag festigten die Beatles die bereits erarbeiteten Nummern und wagten sich an neue Stücke heran. Zuerst arbeiteten sie an *Two Of Us*, das noch immer relativ rockig war, an *Don't Let Me Down*, das langsam die Form annahm, die wir von der Platte kennen, *I've Got A Feeling* und *One After 909* aus den Anfangstagen – allesamt Stücke, die es auf das Album schafften. In diesem Stadium der Aufnahmesessions war durchaus ein optimistischer Zug bei den Beatles erkennbar – ein Zustand, der sich jedoch innerhalb von ein paar Tagen wieder legte.

Die Beatles nahmen erneut Anlauf für den Harrison-Song *All Things Must Pass*, spielten ihn unzählige Male, aber es kam kein befriedigendes Ergebnis zustande und die Mitstreiter verloren allmählich die Lust, an dem Song zu arbeiten. Ähnlich erging es mit den McCartney-Liedern *She Came Into The Bathroom Window* und *Maxwell's Silver Hammer* – beide Nummern wurden auf das *Abbey Road* Album geschoben.

Auch Lennon kam zu Wort mit einem Song, den er ein halbes Jahr zuvor geschrieben hatte, es aber nicht auf das *Weiße Album* geschafft hatte: *Mean Mr. Mustard*. Aufmerksamkeit erregte Harrison mit seinem Song *I Me Mine,* das er den Abend zuvor komponiert hatte. Ganze 41 Mal spielten die Beatles den Song an diesem Tag, zuerst in einer Akustik-Version. Im Film wurden ein paar Szenen von diesen Proben verwendet. Die Beatles gaben den Song wieder auf, weil das Ergebnis nicht überzeugte. Erst im Januar 1970, also ein Jahr später, wurde die finale Version aufgenommen – ohne Mitwirkung von John Lennon. *Let It Be* und *The Long And Winding Road*, zwei Nummern von McCartney, waren kompositorisch fortgeschritten und auch die Texte lagen vollständig vor. McCartney zeigte Lennon und Harrison die Akkorde der beiden Songs und machte klar, wie er sich das Arrangement vorstellte. Ansonsten wurde an diesem Tag nicht besonders viel improvisiert. Zwei frühe Lennon/McCartney-Kompositionen wurden kurz angespielt: *Too Bad About Sorrows* und *Just Fun*. Nach ersterem Song ließ Lennon spontan die Bemerkung fallen: *Queen says no to pot-smoking FBI members* (Die Königin lehnt Gras rauchende FBI-Mitarbeiter ab). Dieser kleine Tonschnipsel ist die einzige Aufnahme aus den Twickenham Film Studios, der es als Einleitung zum Harrison Song *For You Blue* auf die Platte schaffte.

Hier ist die komplette Liste der an diesem Tag gespielten Songs:[19]

Titel	Komponist(en)	Spielversuche
I Me Mine	Harrison	41 Versionen
I've Got A Feeling	Lennon/McCartney	zwei Versionen
Honey Hush	Johnny Burnette	eine Version
Stand By Me	Ben E King	eine Version
Hare Krishna Mantra	traditional	zwei Versionen
Two Of Us	Lennon/McCartney	eine Version
You Got Me Going	McCartney	eine Version
Twist And Shout	Russell/Medley	eine Version
Don't Let Me Down	Lennon/McCartney	zwei Versionen
St Louis Blues	WC Handy	eine Version

---

19 https://www.beatlesbible.com/1969/01/08/get-back-let-it-be-sessions-day-five/

One After 909	Lennon/McCartney	eine Version
Too Bad About Sorrows	Lennon/McCartney	eine Version
Just Fun	Lennon/McCartney	eine Version
She Said She Said	Lennon/McCartney	eine Version
She Came In Through The Bathroom Window	Lennon/McCartney	eine Version
One Way Out	Elmore James	eine Version
MacArthur Park	Richard Harris	eine Version
All Things Must Pass	Harrison	elf Versionen
Mean Mr Mustard	Lennon/McCartney	eine Version
Fools Like Me	Jerry Lee Lewis	eine Version
You Win Again	Jerry Lee Lewis	eine Version
Right String, Wrong Yo-Yo	Carl Perkins	eine Version
Boogie Woogie	Lennon	eine Version
Baa, Baa, Black Sheep	traditional	eine Version
Mr Bassman	Johnny Cymbal	eine Version
Maxwell's Silver Hammer	Lennon/McCartney	13 Versionen

How Do You Think I Feel	Elvis Presley	eine Version
The Ballad Of Bonnie And Clyde	Allan Sherman	eine Version
I Me Mine	Harrison	eine Version
FBI	The Shadows	eine Version
Oh! Darling	Lennon/McCartney	eine Version
Let It Be	Lennon/McCartney	drei Versionen
The Fool	Sanford Clark	eine Version
Domino	Day/Williams	eine Version
The Long And Winding Road	Lennon/McCartney	sechs Versionen
Adagio For Strings	Samuel Barber	eine Version
True Love	Elvis Presley	eine Version
Shout	The Isley Brothers	eine Version
Sweet Little Sixteen	Chuck Berry	eine Version
Malagueña	traditional	eine Version
Almost Grown	Chuck Berry	eine Version
What Am I Living For	Chuck Willis	eine Version

Rock And Roll Music	Chuck Berry	eine Version
To Kingdom Come	The Band	eine Version
Get Your Rocks Off	Bob Dylan	eine Version
Well, If You're Ready	McCartney	eine Version
Life Is What You Make It (Beatles jam)	Beatles	Jam-Session
I'm Going To Knock Him Down Dead	Lennon	eine Version
Tell All The Folks Back Home	McCartney	eine Version

6 Tag sechs – Donnerstag, 09. Januar 1969

Paul McCartney war als erster im Twickenham Film Studio. Er nutzte die Gelegenheit, setzte sich ans Piano und arbeitete an einigen seiner Stücke. So spielte er *Her Majesty*, die kleine hübsche Gitarrennummer, die wir vom *Abbey Road*-Album kennen, sowie *Another Day*, seine spätere erste Solo-Single 1971. Des weiteren spielte er erneut die Instrumentalnummer *The Palace Of The King Of The Birds*. Als die Beatles endlich vollständig waren, konzentrierten sie sich erneut auf *I've Got A Feeling*, *One After 909*, *Two Of Us* und Harrisons Komposition *For You Blue*, die allmählich bluesigere Züge annahm. Sie versuchten sich auch an *She Came Into The Bathroom Window* sowie *Across The Universe*, waren jedoch bei den beiden Nummern nicht ganz bei der Sache. Vielmehr verdrehten sie die Texte und alberten herum. *Let It Be* wiederum gingen die Beatles konzentriert an und spielten den Song 16 Mal, um die entsprechende Form zu finden.

McCartney übernahm, da es sein Song war, das Ruder, gab Anweisungen und spielte das Klavier, während Lennon ausnahmsweise den Bass spielte, denn nach wie vor galt die Maxime: keine Overdubs! Anschließend spielten die Beatles *Get Back*, wobei McCartney noch nicht den ganzen Text fertig hatte. So improvisierte er an diesem Tag willkürlich die Zeilen: *Don't dig no Pakistanis taking all the people's jobs; Don't need no Puerto Ricans living in the USA.* Dies führte später unter Bootleg-Besitzern zu der Annahme, dass es sich um rassistische Äußerungen handele. McCartney reagierte auf diese Beschuldigungen und beteuerte, dass es sich um eine spontane Kritik an rechtsgerichtetem Gedankengut handle, das Ende der 60er Jahre in England verbreitet war, maßgeblich daran beteiligt war der Politiker Enoch Powell, Mitglied der Konservativen Partei. *Commonwealth*, ein weiterer Song McCartneys, der im Stil der 50er Jahre vorgetragen wurde und im Gesang – wie bei *Lady Madonna* – an Elvis erinnerte, handelte ebenfalls von Immigrationsproblemen und Rassismus. Auch Lennon kramte einen Rocker hervor: *Suzy Parlour* hieß sein Song, der im Film *Let It Be* zu hören ist. Irrtümlicherweise wurde im Filmabspann der Song *Suzy Parker* genannt. Wieder lag es an McCartney, neue Songs vorzustellen. Und er lieferte ab wie am Fließband, im Gegensatz zu Lennon, der selber merkte, wie seine große kreative Kraft zu dieser Zeit lahm gelegt war. Sicherlich trug sein Heroinkonsum stark dazu bei. McCartney stellte *Teddy Boy, Junk* und *Penina* vor. Letzteres Lied wurde im gleichen Jahr von Carlos Mendes als Single herausgebracht. Als McCartney ein Jahr zuvor in Portugal war, checkte er in einem Hotel namens Penina ein, wo er am Abend in der Hotelbar einer lokalen Band zuhörte, die ihm so gut gefiel, dass er ihnen den Song kredenzte. Bei dieser *Get Back-Session* probten die Beatles *Penina*. Zudem spielten sie *Teddy Boy*, von dem eine hübsche Version auf der *Anthology 3* zu hören ist. Ebenso *Junk* ist ein gelungener Song, sehr melodisch und McCartney-like. Erstaunlich, dass die beiden Songs es nicht auf das Album geschafft haben. Ansonsten jammten die Beatles erneut und griffen auf 50'-

und frühe 60's Songs zurück. Am auffälligsten bei dieser Melange war *Honey Hush*. Bei *Good Rocking Tonight* und *Tennessee* hatte Lennon Probleme, die Lyrics zusammen zu bekommen. Harrison gab wie bei fast jeder Session einige Dylan-Klassiker zum Besten: *Mama, You Been On My Mind* und das angeblich vom Meister stammende *I Threw It All Away*, obgleich es niemals veröffentlicht worden ist.

Hier ist die Liste aller an diesem Tage gespielten Songs: [20]

Titel	Komponist(en)	Spielversuche
Another Day	McCartney	eine Version
The Palace Of The King Of The Birds	McCartney	eine Version
Let It Be	Lennon/McCartney	16 Versionen
The Long And Winding Road	Lennon/McCartney	fünf Versionen
Her Majesty	Lennon/McCartney	eine Version
Golden Slumbers	Lennon/McCartney	eine Version
Carry That Weight	Lennon/McCartney	eine Version
Oh! Darling	Lennon/McCartney	eine Version
For You Blue	Harrison	15 Versionen
Two Of Us	Lennon/McCartney	acht Versionen

---

20 https://www.beatlesbible.com/1969/01/09/get-back-let-it-be-sessions-day-six/

Baa, Baa, Black Sheep	traditional	eine Version
Don't Let Me Down	Lennon/McCartney	eine Version
Suzy's Parlour	Lennon	eine Version
I've Got A Feeling	Lennon/McCartney	fünf Versionen
One After 909	Lennon/McCartney	vier Versionen
Norwegian Wood (This Bird Has Flown)	Lennon/McCartney	eine Version
She Came In Through The Bathroom Window	Lennon/McCartney	sieben Versionen
Teddy Boy	McCartney	eine Version
Junk	McCartney	eine Version
Move It	Cliff Richard	eine Version
Good Rockin' Tonight	Elvis Presley	eine Version
Tennessee	Carl Perkins	eine Version
Be-Bop-A-Lula	Gene Vincent	eine Version
Get Back	Lennon/McCartney	sechs Versionen
Penina	McCartney	eine Version
Across The Universe	Lennon/McCartney	zwölf Versionen

House Of The Rising Sun	The Animals	eine Version
Honey Hush	Johnny Burnette Trio	eine Version
Hitch Hike	Marvin Gaye	eine Version
All Together Now	Lennon/McCartney	eine Version
I Threw It All Away	Bob Dylan	eine Version
Mama, You Been On My Mind	Bob Dylan	eine Version
That'll Be The Day	Buddy Holly	eine Version
Jenny, Jenny	Little Richard	eine Version
Slippin' And Slidin'	Little Richard	eine Version
Shakin' In The Sixties	Lennon	eine Version
Commonwealth	Lennon/McCartney	eine Version
Enoch Powell	McCartney	eine Version
Get Off	Lennon/McCartney	eine Version
Quit Your Messing around	Lennon	eine Version
Ramblin' Woman	Harrison	eine Version

7 Tag sieben – Freitag, 10. Januar 1969

Es war der schwarze Freitag, und dieser Tag veränderte alles! Dabei nahm der Tag zuerst seinen gewohnten Gang. McCartney kam wie die Tage zuvor als erster in die Twickenham Film-Studios, setzte sich unverzüglich ans Klavier und spielte diverse Nummern, darunter auch die Gitarrensongs *I've Got A Feeling* und *Get Back*.

Als die Beatles vollständig waren, konzentrierten sie sich auf *Get Back*, obgleich McCartney zu diesem Zeitpunkt noch immer nicht den vollständigen Text für das Lied hatte. Für einen Durchgang des Liedes übernahm Lennon den Gesangspart. Wie so alles von diesen Sessions, ist auch diese Version auf youtube zu hören: https://-www.youtube.com/watch?v=5Dj6VKqwtJk. Nach mehreren Anläufen wandten sie sich *Two Of Us* zu, diesen Song spielten sie bis zur Mittagspause, die täglich von 13 – 14 Uhr eingeplant war. Gewöhnlicherweise gingen die Beatles zusammen mit Yoko und Lindsay-Hogg in die Kantine, um dort eine Kleinigkeit zu essen. Hin und wieder schloss sich Kameramann Tony Richmond an. So auch an diesem Tag, nur dass diesmal George Harrison nicht dabei war. Er fehlte in der Runde. Das fiel erst auf, als sie alle am Tisch saßen. Schon am Morgen stellte Lindsay-Hogg fest, dass Harrison still und abwesend war, was sonst nicht seine Art war. Er nahm an den Diskussionen, die statt fanden, sonst rege teil, wie er auch bei den Proben sehr konzentriert bei der Sache war. An diesem Tag war er auffällig zurückgezogen. Als die gesamte Entourage am Tisch saß, kam er hinzu, stand ruhig da und sagte: *See you ,round the clubs.* (wir sehen uns in den Clubs) drehte sich um und ging. Lennon, der auf Provokationen jeder Art aggressiv konterte, sagte spontan: „Lasst uns Eric in die Band nehmen! Er spielt genauso gut wie George und macht keinen Stress." McCartney und Starr erwiderten nichts darauf. Nach der Pause gingen sie zurück ins Studio, und die drei verbliebenen Beatles spielten eine halbe Stunde lang ein wildes Riff mit Gitarren und Schlagzeug, um ihre Enttäuschung abzureagieren. Yoko ging an das Mikrofon von Harrison und heulte eine Art Melodie dazu. Die Tatsache, dass George weg war, hatte keinen Einfluss darauf, dass die Kameras weiter liefen. Und die Beatles probten ohne ihren Lead-gitarristen. Lennon musste natürlich noch eine Spitze loswerden und setzte mit The Who ein: *A Quick One, While He's Away*. (Pete Townshends erster Versuch 1966, eine sechsminütige Rockoper zu komponieren – noch im Beatstil) Als ob das nicht genug gewesen wäre, sagte Lennon *OK, George, take that!* Anschließend probten sie ihr Programm – ohne Harrison, dafür deutlich lauter als sonst. Sie spielten *I've Got A Feeling* und *Don't Let Me Down*. Bei *Maxwell Silver Hammer*, der Song von McCartney, sprang Lennon gesanglich ein und intonierte mit starkem deutschen Akzent. Nach ein paar fruchtlosen Versuchen, die Stimmung mit einigen Cover Versionen aufzulockern, brachen sie ab und diskutierten mit der Filmcrew, wie es mit dem *Get Back*-Projekt weiter gehen sollte. Währenddessen nahm McCartney am Piano Platz und improvisierte, während Yoko Ono, völlig unberührt von den Spannungen, die in der Luft lagen, mit einer Art Geheul loslegte. Die Kameras und Tonbandmaschinen zeichneten alles auf, auch als Lennon ein Gespräch mit Lindsay-Hogg anfing und nochmals vorschlug, Eric Clapton in die Band zu holen, falls George die nächsten Tage nicht zurückkehren sollte. Clapton, der diesen Vorschlag später mitgeteilt bekam, meinte, dass er niemals dieses Angebot angenommen hätte, schon allein aus Gründen der Freundschaft zu George nicht. Am Ende des Tages jammten die Beatles erneut. Yoko Ono begleitete die Band weiter mit ihrer Art avantgardistischen Gesangs. Irgendwann ging dann McCartney ans Schlagzeug und Ringo wechselte ans Mikrofon. Aber auch dieser Instrumentenwechsel konnte den Tag nicht mehr retten.

So wie Ringo im August während der Aufnahmen zum *Weißen Album* die Band vorübergehend verlassen hatte, ging nun auch George. Er konnte die Spannungen und die schlechte Stimmung nicht mehr ertragen. Schon am Morgen dieses Tages gab es erneut eine

Auseinandersetzung zwischen Paul und George, aber das allein war nicht ausschlaggebend. Für Harrison war seit den Arbeiten am *Sgt. Pepper*-Album Paul McCartney zu dominant in seiner Arbeitsweise. Paul wollte über alles die Kontrolle behalten. Auch über Harrisons Gitarrensoli. Kein Wunder, dass sich George dadurch seitdem musikalisch beschnitten fühlte. Lennon war, was die künstlerische Freiheit anbelangte, in den Augen Harrisons viel aufgeschlossener. Er nahm dankbar andere Vorschläge an. Hinzu kam, dass Harrison immer qualitativ bessere Songs ablieferte, von denen jedoch nur wenige den Weg auf Beatles-Platten gefunden haben. Lennon/McCartney besaßen seit den Anfangstagen hierfür das uneingeschränkte Monopol. Kein Wunder, dass sich Harrison ausgebremst fühlte und die Beatles-Treffen ihm stressig und frustrierend erschienen. Und er wusste, dass auch Lennon im Grunde nur mit Yoko zusammen sein wollte und keine Lust hatte, in den kalten Twickenham Film-Studios seine Tage zu verbringen. Etwas Gutes hatte Harrisons Abgang: nachdem er an diesem Tag nach Hause gefahren war, komponierte er seinen Song *Wah Wah*. Insofern brachte ihm sein Abgang eine zusätzliche Steigerung seines kreativen Schaffens ein.

Interessant ist es, wie die vier Beatles diese Phase ihres Schaffens persönlich einschätzen. Harrison hatte sich im Jahr zuvor zu einem selbstständigen Musiker entwickelt. Er brachte ein Album mit Filmmusik heraus, produzierte den Künstler Jackie Lomax, verbrachte viel Zeit mit anderen Künstlern, darunter mit Bob Dylan, mit dem er Zeit seines Lebens befreundet blieb und ihn viele Jahre später in die Superformation The Travelling Wilburys einlud mitzuwirken. Die Rückkehr im Winter zu den Beatles empfing Harrison als sehr belastend. Er versuchte zwar optimistisch und offen an das *Get-Back*-Projekt heranzugehen, da er McCartneys Anliegen, die Band wieder zusammenzubringen, verstand. Die ersten Tage verliefen für Harrison akzeptabel, abgesehen von dem Streit mit McCartney, der im Film festgehalten ist. Aber ab einem gewissen Punkt wurde sich Harrison bewusst, dass er in der Gemeinschaft der Beatles nicht mehr glücklich war. Er fühlte sich zu stark eingeschränkt und ihn irritierten die laufenden Kameras. Und so kam er zu dem Entschluss, die Reißleine zu ziehen. Er wusste ganz genau, dass John genauso empfand und dachte. Und Ringo hatte bereits im August des vergangenen Jahres während der Aufnahmen zum *Weißen Album* die Band verlassen.

Auch Ringo sah die Situation der Beatles in den Twickenham Film Studios im Rückblick ziemlich verfahren. Er empfand selbst die Spannungen innerhalb der Band schmerzhaft, er verstand, dass Harrison unter der musikalischen Bevormundung Pauls schon seit Jahren litt, er sah deutlich, wie sich John deutlich distanziert hatte und nur mit Yoko zusammen sein wollte, und auch Ringo war die ganzen Aufnahmetage eher bedrückt. Ringo liebte es zwar, in einer Band zu spielen – vorausgesetzt, die Stimmung passte. Und zu diesem Zeitpunkt passte sie schon lange nicht mehr.

Lennon empfand die Situation ebenfalls furchtbar. Er hatte keine Lust, vor laufender Kameras zu proben und brachte im Nachhinein die Metapher der Ehe ins Spiel: einer Ehe, die zu lange hielt und die in Streit und Ablehnung mündete. *„Als wir uns an „Let It Be" machten, konnten wir das Spiel nicht mehr weiterspielen. Jeder wusste, was er vom anderen zu halten hatte und deswegen haben wir uns unbehaglich gefühlt. Bis dahin hatten wir wirklich fest an das geglaubt, was wir taten. Und plötzlich war uns dieser Glaube abhanden gekommen. Wir waren an einem Punkt angelangt, wo wir keine Magie mehr erzeugen konnten."*[21]

Wie sah Paul die Sache? Er war sich durchaus im Klaren, dass er zu weit gegangen war und sich in den Vordergrund spielte, entschuldigte sein dominierendes Verhalten durch sein gesteigertes Engagement. Also auch McCartney merkte, dass sich starke Risse aufgetan hatten, die durch seine Ideen, sein Engagement sich nicht mehr kitten ließen.

---

21 The Beatles, Anthology, S. 316

Und er merkte deutlich, dass der Weggang Harrisons ungleich gewichtiger zu werten war als Ringos Ausstieg während der Aufnahmen zum *Weißen Album*! Wer sollte als nächstes aussteigen?

Folgende Lieder spielten sie an diesem Tag[22]:

Titel	Komponist(en)	Spielversuche
The Long And Winding Road	Lennon/McCartney	drei Versionen
Let It Be	Lennon/McCartney	eine Version
Don't Let Me Down	Lennon/McCartney	zwei Versionen
Maxwell's Silver Hammer	Lennon/McCartney	vier Versionen
I've Got A Feeling	Lennon/McCartney	vier Versionen
Get Back	Lennon/McCartney	22 Versionen
She's A Woman	Lennon/McCartney	eine Version
Hi Heel Sneakers	Tommy Tucker	zwei Versionen
Long Tall Sally	Little Richard	eine Version
Catch A Falling Star	Perry Como	eine Version
Theme from The Beatles Cartoons	Beatles	eine Version

---

22 https://www.beatlesbible.com/1969/01/10/george-harrison-quits-the-beatles/

Two Of Us	Lennon/McCartney	sechs Versionen
I'm Talking bout You	Chuck Berry	eine Version
A Quick One, While He's Away	The Who	vier Versionen
Till There Was You	Meredith Wilson	eine Version
C'mon Everybody	*Eddie Cochran*	eine Version
Mack The Knife	(Bobby Darin)	eine Version
Don't Be Cruel	Elvis Presley)	eine Version
The Peanut Vendor	Louis Armstrong	eine Version
It's Only Make Believe	Conway Twitty	eine Version
Adagio for Strings	Samuel Barber	eine Version
Martha My Dear	Lennon/McCartney	eine Version
Sun King	Lennon/McCartney	eine Version
Dear Prudence	Lennon/McCartney	eine Version
On A Sunny Island	Lennon/McCartney	eine Version

8 Treffen in Elstead – Sonntag, 12. Januar 1969

Nach dem Weggang Harrisons trafen sich die Beatles zwei Tage später bei Ringo zu Hause, einem stattlichen Herrenhaus im Tudorstil in Elstead, Surrey, das Ringo seinem Freund und Schauspielkollegen Peter Sellers abgekauft hatte. Doch an diesem Tag konnte keiner der drei Harrison dazu bewegen, zurückzukehren. Nicht Paul war der ausschlaggebende Faktor, eher war Lennons Haltung dafür verantwortlich, dass Harrison nicht einlenkte. Zwar wurden die Twickenham Film Studios als der falsche Ort für die Proben festgestellt, aber es reichte nicht für die Rückkehr des Leadgitarristen, der frühzeitig die Runde in Elstead verließ und die anderen drei fragend zurückließ.

9 Tag acht – Montag, 13. Januar 1969

Am Vortag wurde keine Lösung gefunden, George Harrison zurückzuholen, aber auch sonst keine Idee besprochen, welche Alternativen es geben würde anstelle der Proben im Twickenham Film Studio. So trafen sich die Beatles wie vereinbart an diesem Montag, ohne Harrison. Zwar hofften sie, dass Harrison an diesem Tag auftauchte, jedoch warteten sie vergebens. Harrison kam nicht, und die restlichen drei diskutierten an diesem Tag mehr, als sie spielten und die Stücke probten. Lennon stellte sich die Frage, ob er überhaupt Harrison noch in der Band haben wollte und stimmte mit McCartney überein, dass Harrison sich in den letzten Monaten deutlich von der Band distanziert hatte. McCartney in seiner diplomatischen Art stimmte Lennon zu, jedoch mit dem Hinweis, dass es schon von Anbeginn an eine Hackordnung bei den Beatles gab und Lennon und er die Bandleader seien. Lennon ging noch einen Schritt weiter. Schonungslos übte er Kritik an den musikalischen Darbietungen. Die Musik, so sagte er, sei viel zu formal und würde zu den Leistungen des *Revolver*-Albums stark abfallen. Sein Fazit daraus ist denkwürdig: die einzige Chance, die Musik wieder mit Leben zu füllen, sei, Solo weiter zu machen, unterstrich jedoch, dass er unsicher sei, die Beatles zu verlassen.

McCartney ermutigte die beiden, sich auf die Live-Performance zu konzentrieren. Mit einer guten Darbietung würden die kleinen musikalischen Mängel und Probleme beseitigt werden. Und so kam es, dass sie an diesem Tag doch noch probten. Lennon genoss den Freiraum an der Gitarre und übte für *Get Back* ein Gitarrensolo ein, das auch auf Platte zu hören ist. Man hat sich oft gefragt, warum gerade Lennon bei diesem Song die Leadgitarre übernommen hat. Grund war, dass Harrison fehlte. McCartney hingegen bekam allmählich den kompletten Text für *Get Back* zusammen.

Hier ist die Lister der Lieder, die die drei Beatles an diesem Tag probten:[23]

Titel	Komponist(en)	Spielversuche
Ob-La-Di, Ob-La-Da	Lennon/McCartney	zwei Versionen
Otis Sleep On	Arthur Conley	eine Version
Baby, Come Back	The Equals	eine Version
Build Me Up Buttercup	The Foundations	drei Versionen
Dig A Pony	Lennon/McCartney	zwei Versionen
Get Back	Lennon/McCartney	15 Versionen
On The Road Again	Canned Heat	eine Version

23https://www.beatlesbible.com/1969/01/13/get-back-let-it-be-sessions-day-eight/

10 Das Album *Yellow Submarine*

Am 13. Januar wurde der Soundtrack für den Zeichentrickfilm *Yellow Submarine* in Amerika veröffentlicht. Auf der A-Seite der LP waren sechs Lieder der Beatles, auf der B-Seite gab es sieben Orchesterstücke von Produzent George Martin. Von den sechs Songs der Beatles waren im Grunde nur vier einigermaßen neu – nämlich *Only A Northern Song, All Together Now, Hey Bulldog* und *It's All Too Much*. Diese, so war der ursprüngliche Plan, sollten als EP veröffentlicht werden. Da dieses Format auf dem amerikanischen Markt untypisch war, ließ man diese Idee fallen. Im Gegensatz zur englischen Ausgabe gab es für Amerika auch keine Monoversion des Albums. Den Beatles war, auch in Anbetracht der damaligen Lage, diese Veröffentlichung nicht besonders wichtig. Kritische Stimmen wurden in England laut, dass dies das erste Album der Beatles war, das wenig Leistung für den bezahlten Preis bot. Dabei waren gerade die Beatles das herausragende Beispiel, exzellente Ware für relativ wenig Geld zu liefern. Diesen Kritikpunkt nahmen die Beatles Ernst. Sie wollten im Frühjahr 1969 eine EP nachschieben, um den Fans erneut einen Mehrwert anbieten zu können, aber aufgrund der kommenden Wirrnisse wurde dieser Plan seitens Apple Corps nicht realisiert.

Vier Tage nach der Veröffentlichung des *Yellow Submarine*-Soundtracks in Amerika folgte England. Es war das elfte Album der Beatles im Heimatland und zugleich das erste, das Stücke enthielt, wo keiner der Beatles musikalisch mitwirkte. Auf der B-Seite waren wie auf der amerikanischen Pressung die Orchesteraufnahmen von George Martin zu hören. Das Album erreichte Platz drei der UK-Charts – auf Platz eins befand sich immer noch das *Weiße Album*.

Erstaunlich ist, dass das Album sieben Monate nach dem allseits viel gelobten Zeichentrick-Film heraus kam. Noch dazu gab es Stücke auf der A-Seite, die noch älter waren (*All You Need Is Love, Yellow Submarine*). Für diese Verzögerung gab es zwei Gründe. Zum einen erachteten die Beatles die Fertigstellung und Veröffentlichung des *Weißen Albums* im November 68 für dringlicher. Zudem wollte George Martin, da er mit dem bisherigen Ergebnis nicht zufrieden war, seine Orchesterstücke neu aufnehmen. Ursprünglich nahm er seine Stücke in den Olympic Studios in London auf. Die Tontechniker Keith Grant und George Chkiantz assistierten ihm damals. Im Oktober 68 nahm er die Nummern erneut auf, diesmal in den Abbey Road Studios. Unterstützt wurde er diesmal von Geoff Emerick und Nick Webb. Er benötigte zwei Sitzungen à drei Stunden. Dann war er mit dem Ergebnis zufrieden. Dass die Fans nicht gerade glücklich waren mit dem Album, ist verständlich. Nur die A-Seite war das Ziel der Begierde, allerdings gab es dort nur vier neue Nummern der Beatles. Der von George Martin opulent inszenierte Soundtrack auf der B-Seite wurde weitgehend ignoriert.

11 Tag neun – Dienstag, 14. Januar 1969

Dieser Tag war nunmehr der zweite Produktionstag ohne George Harrison, der am zehnten Januar das Studio verlassen hatte. Einer Band, die ein Jahrzehnt zuerst als Quintett und dann vorwiegend als Quartett gearbeitet hat, war klar, dass die Trio-Besetzung nicht realisierbar ist bei dem Vorhaben, ohne zusätzliche Spuren im Studio einen annehmbaren Sound zu erzeugen. Kurzum, Harrisons Abwesenheit schlug eine hörbare Lücke. Das wurde an diesem Tag allen Anwesenden schmerzlich bewusst, dementsprechend hing die Stimmung im Keller. Wie fast immer war McCartney der erste, der ankam, und setzte sich wieder ans Klavier. Aber auch ihm merkte man die Bedrücktheit an. Er, der sonst alle anderen mitriss, fehlte die Kraft und Inspiration. Als die anderen beiden antrafen, spielten sie wie schon die Tage zuvor einen Mix aus eigenen Stücken und Rock'n'Roll. Darunter war auch das Lied *Woman*, das McCartney 1966 Peter & Gordon kredenzte, die zuvor bereits mit seiner Komposition *World Without Love* einen großen Hit landen konnten. Auch *Backseat Of My Car* präsentierte McCartney an diesem Tag – ein melodischer Song, der auf *Ram* landete, dem McCartney-Album aus dem Jahr 1971. Es folgte ein Piano-Duett, dargeboten von McCartney und Ringo, der auf den hohen Tasten triolische Sechzehntel spielt. Im Anschluss präsentierte Lennon zwei neue Eigenkompositionen: zum einen *Madman* und *Watching Rainbows*. *Madman* wurde nochmals in der Savile Row 3 angespielt – keines der beiden Songs kam für die Produktion in die nähere Auswahl. Lennon spielte auch eine kurze Fassung seines Songs *You Know My Name (Look Up The Number)*, den die Beatles bereits im Mai 1967 aufgenommen hatten. In einer Pause folgte eine Diskussion, wie es weiter gehen sollte. Lindsay-Hogg fragte, ob es nicht besser sei, in den Abbey Road-Studios weiterzuarbeiten und zu filmen, auch er war nicht glücklich mit der Wahl des Drehortes. Zugleich schlug er angesichts der bestehenden Situation vor, die Idee, live aufzutreten, aufzugeben. Lennon erwiderte jedoch, dass die Beatles diese Fragen nur im Beisein von Harrison entscheidend beantwortet könnten. Und Harrison befand sich an diesem Tag in Liverpool. Zum Abschluss des Tages saß McCartney allein am Piano – er schloss den Tag, wie er ihn begonnen hatte – und spielte *Oh! Darling* sowie *Ob-La-Di, Ob-La-Da*. Glyn Johns, der Techniker bat ihn darum, weil die Aufnahmegeräte überprüft werden mussten.

Lennon und Yoko Ono hatten an diesem Tag um die Mittagszeit ein 30-minütiges Interview mit dem Reporter des kanadischen Fernsehens CBC. Lennon war anzusehen, dass er unter Heroineinfluss stand. Er wurde im Laufe des Interviews zunehmend blasser und fahriger, bis er gestand, dass es ihm nicht gutgehe, worauf die Kameras ausgeschaltet wurden. Nachdem die Wirkung nachgelassen hatte und es ihm wieder besser ging, wurde das Interview fortgesetzt. Er sprach über Inspiration, Live-Auftritte und über seine Ziele und Pläne mit

Ono. Dieses Interview wurde bekannt als das „Two Junkie"-Interview, von dem Teile verwendet wurden für den Film *Imagine* von 1988.[24]

Hier sind die Songs, die die drei Beatles an diesem Tag spielten:[25]

Titel	Komponist(en)	Spielversuche
Martha My Dear	Lennon/McCartney	eine Version
San Francisco Bay Blues	Jesse Fuller	eine Version
The Day I Went Back To School	McCartney	eine Version
Lady Jane	The Rolling Stones	zwei Versionen
Talking Blues	McCartney	eine Version
Boogie Piano Song	McCartney & Starr	eine Version
Woman	McCartney	drei Versionen
Cocaine Blues	Johnny Cash	eine Version
Flushed From The ... Bathroom Of Your Heart	Johnny Cash	eine Version
On A Clear Day You Can See Forever	Burton Lane/Alan Jay Lerner	eine Version

24 Zu finden ist das Interview auf youtube unter:
https://www.youtube.com/watchv=WOxnqwco7Cw&list=RDWOxnqwco7Cw&start_radio=1&t=12

25 https://www.beatlesbible.com/1969/01/14/get-back-let-it-be-sessions-day-nine/

The Back Seat Of My Car	McCartney	zwei Versionen
Hello, Dolly!	Louis Armstrong	eine Version
Mean Mr. Mustard	Lennon/McCartney	zwei Versionen
Madman	Lennon	drei Versionen
Take This Hammer	Lonnie Donegan	eine Version
Johnny B Goode	Chuck Berry	zwei Versionen
Get Back	Lennon/McCartney	eine Version
You Know My Name (Look Up The Number)	Lennon/McCartney	eine Version
Oh! Darling	Lennon/McCartney	zwei Versionen
Oh Baby I Love You	McCartney	eine Version
Song Of Love	McCartney	eine Version
As Clear As A Bell	McCartney	eine Version
You Are Definitely Inclined Towards It	Lennon	eine Version
Don't Start Running	Lennon	eine Version
Ob-La-Di, Ob-La-Da	Lennon/McCartney	eine Version

12 George Harrison kommt zurück – 15. Januar 1969

Ein wichtiger Tag, an dem sich die vier trafen und auf die Forderung Harrisons eingingen, die unkomfortablen Twickenham Film Studios zu verlassen und statt dessen in der Savile Row 3 fortzufahren im eigenen Keller-Studio. Das Filmteam sollte ebenfalls mit umziehen. Die drei gingen gerne auf die Forderung Harrisons ein, weil auch sie erkannt hatten, dass die Twickehamstudios eine schlechte Wahl waren und dass es vor allem ohne ihrem Leadgitarristen nicht gehen würde. Das Meeting dauerte nahezu vier Stunden. Ein ebenfalls wichtiger Punkt für Harrison war, auf eine Live-Show im Fernsehen vor Publikum – gedacht als die Krönung der Sessions – zu verzichten.

Unter diesen neuen Voraussetzungen trafen sich die Beatles am Montag, den 20. Januar, zum ersten Mal gemeinsam im eigenen Studio im Keller ihres Hauses in der Savile Row 3. Sie wollten die Technik des Studios begutachten, die sie in die Obhut von Alexis Mardas gegeben hatten, der besonders bei John Lennon einen Wunderstatus in Sachen Technik inne hatte.[26] Mardas hatte die Position des Abteilungsleiters von *Apple Electronics* übernommen. Allerdings war der Besuch des Studios an diesem Tag eine herbe Enttäuschung. Schnell merkten die Beatles, dass mit dem vorhandenen Equipment keine Musik aufgenommen werden konnte. Mardas versprach ihnen zuvor, ein Studio einzurichten mit 72 Tonspuren, revidierte allerdings später sein Versprechen und reduzierte die Anzahl auf 16 gleichzeitig aufnehmbare Spuren – das Abbey Road Studio verfügte zu diesem Zeitpunkt lediglich über Vierspurmaschinen, die 1969 auf Achtspurmaschinen aufgestockt

---

26 Mardas lernte in London zuerst Brian Jones kennen. Der Gitarrist der Rolling Stones engagierte ihn für einige Shows für spezielle Lichteffekte. Danach machte Mardas die Bekanntschaft von John Dunbar, der die von den Beatles besuchte Indica Galerie leitete. Dort stellte Mardas seine technischen Spielereien aus inklusive der sogenannten Nothing Box: Ein Kästchen mit blinkenden Leuchtdioden, von dem Lennon fasziniert war.

wurden. Mardas war oft zu Besuch im Abbey Road Studio, um sich dort die Technik abzugucken. Jedoch mockierte er sich stets über die veraltete Studiotechnik. Was war in der Savile Road 3 vorzufinden? Es gab lediglich ein von Mardas angefertigtes Mischpult. Im Grunde ein Eigenkonstrukt von Mardas aus Holz mit eingebautem Oszillografen. Die Beatles sowie Glyn Johns testeten das Pult, aber als sie das aufgenommene Tonband abspielten, war nur Zischen und Rauschen zu hören. Es war ihnen klar, dass Aufnahmen in diesem technisch desaströsen Zustand nicht realisierbar waren und verließen das Studio. Später verteidigte sich Mardas mit der Erklärung, dass das Studio erst in der Proto-Test-Phase gewesen sei. Mardas verursachte mit seinen Spielereien einen Schaden von umgerechnet 5 Millionen Pfund und wurde, als Allen Klein Manager wurde, gekündigt.

So blieb den Beatles nichts anderes übrig, als sich Equipment aus dem Abbey Road Studio auszuleihen. Die EMI reagierte sofort und lieh Apple am 21. Januar zwei Vierspurkonsolen aus, die mit einer 3M-Achtspurmaschine betrieben werden konnten. Geoff Emerick baute auf Anweisung von George Martin die Technik in der Savile Road auf. Das Mischpult von Mardas wurde als Trödelware für fünf Pfund verramscht – mehr war der Eigenbau nicht wert.

13 Tag zehn, Dienstag, 21. Januar

Auf dem Weg von Brookfield nach London wurde Ringo im Auto von David Wigg begleitet, der den Beatle für die Sendung *Scene and Heard* der BBC interviewte. Die Medien spekulierten seit geraumer Zeit viel über die Zukunft der Beatles, zumal just an diesem Morgen ein Artikel erschien über das Ausscheiden George Harrisons aus der Band. Starr bestätigte, dass es Streitigkeiten in der Band gegeben hatte, wie in allen anderen Bands auch, aber er bestritt, dass sich die Beatles auflösen wollten. Eine Zeitung wollte erfahren haben, dass die Firma Apple pleite sei, aber Starr verneinte auch dies und verwies auf das krude Steuersystem. *If we earn a million, then the government gets*

90 per cent and we get 10,000. Jedoch bestätigte er, dass Apple die Aktivitätsfelder einschränken werde und die Beatles nicht so reich seien, wie alle annehmen würden. Dieses Interview wurde 1976 auf den *Beatles Tapes with David Wiggs* herausgegeben.

Genau eine Woche nach dem Weggang Harrisons konnte es nun wieder gemeinsam weitergehen. Auch das Filmteam war wieder anwesend und hatte die beiden Kameras installiert wie auch die Nagra-Tonbänder. Jedoch waren im Gegensatz zu den Twickenham Film Studios auch professionelle Aufnahmegeräte vorhanden. Toningenieur war nach wie vor Glyn Johns, den Lennon immer Glynis nannte.

Die Proben fingen an diesem Tag nicht vor dem Nachmittag an. Die Film- und Aufnahmecrew benötigte die entsprechende Zeit für die technische Vorbereitung.

Die Beatles fingen an mit den Songs *I've Got A Feeling, Don't Let Me Down* und *Dig A Pony*, spielten an diesem Tag auffallend schlecht und nachlässig. Eine der an diesem Tag gespielten Versionen von Dig A Pony leitete Lennon mit dem abstrusen Wortspiel ein: *I Dig A Pigmy by Charles Hawtrey and the Deaf Aids. Phase one, in which Doris gets her oats.* (ich begrabe einen Pygmäen – dargeboten von dem Komiker und Schauspieler Charles Hawtrey und den Hörgeräten. In Phase eins bekommt Doris ihren „Hafer".) Diese Lennon-Zeilen wurden später für die Platte verwendet als Einstieg in den McCartney-Song *Two Of Us*. Zum einen sollte dadurch der Live-Charakter herausgestellt werden, vor allem aber waren Lennons absurde Wortklaubereien eine zusätzliche Würze des Albums.

Paul McCartney stellte an dem Tag erneut einen neuen Song vor: *Every Night.* Die Beatles spielten den Song nochmals drei Tage später, danach nicht mehr, weil McCartney den Song zurückstellte, Er hat ihn später für sein Solo-Album verwendet. Auch Harrison wartete mit einer neuen Komposition auf. Sein Song hieß *Window, Window.*

Obgleich er mehrere Tage hintereinander geprobt wurde, fand die Nummer keinen Platz auf dem Album. Harrison sollte den Song im Zuge des *All Things Must Pass*-Albums aufnehmen, aber auch hier fand der Song in der Endauswahl keine Verwendung. Lennon taufte kurzfristig seinen Song *Dig A Pony* in *All I Want Is You* um, was er jedoch bald wieder verwarf. Ebenso stellte er nochmals *Madman* vor, diesmal in Anwesenheit von Harrison. Aber auch dieser Song fand keine Beachtung und wurde nie veröffentlicht. Jedoch gab es eine Aufnahme an diesem Tag, die es auf die 1996 herausgegebene *Anthology 3* geschafft: *She Came Into The Bathroom Window*. Lennon spielt bei dem Song ein Fender Rhodes Electric Piano. Die Beatles begannen erst am Nachmittag mit der Session und spielten bis in die Nacht.

Hier ist die Liste der Songs, die sie spielten:[27]

Titel	Komponist(en)	Spielversuche
Somethin' Else	Eddie Cochran	eine Version
Daydream	The Lovin' Spoonful	eine Version
You Are My Sunshine	Davis/ Mitchell	eine Version
Whispering	Schoenberger/ Coburn/Rose	eine Version
I'm Beginning To See The Light	Duke Ellington	eine Version
Dig A Pony	Lennon/McCartney	21 Versionen

---

27 https://www.beatlesbible.com/1969/01/21/get-back-let-it-be-sessions-day-10/

I've Got A Feeling	Lennon/McCartney	vier Versionen
Every Night	McCartney	eine Version
Watch Your Step	Bobby Parker	eine Version
New Orleans	Gary US Bonds	eine Version
Madman	Lennon	eine Version
The Fool	Sanford Clark	eine Version
Run For Your Life	Lennon/McCartney	eine Version
Hi-Heel Sneakers	Higginbotham	eine Version
My Baby Left Me	Elvis Presley	eine Version
That's All Right (Mama)	Elvis Presley	eine Version
Hallelujah, I Love Her So	Ray Charles	eine Version
Milk Cow Blues	Kokomo Arnold	eine Version
I'm A Man	Bo Diddley	eine Version
Little Queenie	Chuck Berry	eine Version
When Irish Eyes Are Smiling	Olcott/Graff Jr	eine Version
Queen Of The Hop	Bobby Darin	eine Version
Five Feet High And Rising	Johnny Cash	eine Version

In The Middle Of An Island	Tony Bennett	eine Version
Gilly Gilly Ossenfeffer Katzenellenbogen By The Sea	The Four Lads	eine Version
Good Rockin' Tonight	Elvis Presley	eine Version
Forty Days	Ronnie Hawkins	eine Version
Too Bad About Sorrows	Lennon/McCartney	eine Version
I'm Ready	Fats Domino	eine Version
Papa's Got A Brand New Bag	James Brown	eine Version
Shout	*The Isley Brothers*	eine Version
You've Got Me Thinking	Jackie Lomax	eine Version
Don't Let Me Down	Lennon/McCartney	zwei Versionen
Let's Dance	Chris Montez	eine Version
Get Back	Lennon/McCartney	eine Version
For You Blue	Harrison	eine Version
She Came In Through The Bathroom Window	Lennon/McCartney	fünf Versionen
Madman	Lennon	eine Version

My Rock And Roll Finger Is Bleeding	*Lennon*	eine Version
Do The Bunny Hop Blossom Dearie They	*Lennon*	eine Version
Call Me	Lennon	zwei Versionen
Oh How I Love The 12-Bar Blues	Lennon	eine Version
All I Want Is You	Lennon	eine Version
William Smith Boogie	Beatles jam	eine Version
San Ferry Ann	McCartney	eine Version
You Gotta Give Back	Beatles jam	eine Version
Well, Well, Well	McCartney	eine Version
Is That A Chicken Joke	Beatles jam	eine Version

14 Tag elf, Mittwoch, 22. Januar

An diesem zweiten Tag im Apple Studio verbesserte sich die Stimmung schlagartig, weil Billy Preston von nun bei den *Get Back*-Sessions an der Orgel mitwirkte. Wie kam es dazu? Wochen zuvor besuchte Harrison zusammen mit Freund Eric Clapton ein Konzert von Ray Charles in der Festival Hall in London. Bevor Ray Charles loslegte, kam Billy Preston, sein Keyboarder, auf die Bühne, spielte, tanzte und sang den Song *Double O Soul*. Preston war ein alter Bekannter von George, den er aus den Hamburger Tagen kannte. Damals, Anfang der 60er Jahre, war er Keyboarder von Little Richard und trat mit ihm im Star Club auf. George war von Prestons Darbietung in der Festival Hall so angetan, dass er ihm ausrichten ließ, er solle in die Savile Row 3 kommen, wenn er wieder mal in London ist. Und so kam es, dass Preston dort an diesem Tag auftauchte. *Wir probten gerade unten im Keller ‚Get Back‘, und ich bin nach oben zum Empfang. Da stand er, und ich habe ihm gesagt: „Komm mit runter und spiel mit uns, denn heute benehmen sich alle eigenartig." Billy war furchtbar aufgeregt. Ich wusste, dass die anderen ihn mochten, und tatsächlich brachte er frischen Wind in die Proben.[28]*

Also ging Preston mit runter in den Keller, George schlug den anderen vor, er könne doch mitspielen, so setzte sich Preston an die Orgel und spielte sofort mit. Für Harrison war die Hereinnahme eines fünften Mannes ein Befreiungsschlag. Für sein Empfinden besserte sich sofort die Stimmung. Es erinnerte ihn an den Besuch Eric Claptons bei der Aufnahme zu *While My Guitar Gently Weeps*.

Ringo hingegen nahm die Situation anders wahr. Für ihn trug Preston nicht entscheidend dazu bei, die Stimmung aufzubessern. Vielmehr spürten seines Erachtens alle, dass sie an einem tollen Stück arbeiteten und sie immer besser wurden. Und das trug zur Begeisterung und Besserung der Stimmung bei. So sei es bei den Beatles schon immer

---

28 Beatles, Anthology, S. 318

gewesen. Wurde an einem tollen Stück gearbeitet, wurden alle störenden Nebensächlichkeiten ausgeblendet.

Für McCartney war es eher ungewohnt, einen fünften Mann in der Band zu haben. Jedoch merkte er, dass der Sound sich durch die Hereinnahme eines elektrischen Keyboards zusätzlich zu den zwei Gitarren deutlich steigerte. Bei diesem Projekt, bei dem vereinbart worden war, keine Overdubs zu verwenden, war Preston ein Gewinn. Mit Preston an Bord vermieden sie die täglichen Improvisationen und Rückgriffe auf ihren Backkatalog, sondern konzentrierten sich auf drei Songs: *Don't Let Me Down, I've Got A Feeling* und *Dig A Pony,* vormals *All I Want Is You.* Die an diesem Tag eingespielte Version von *I've Got A Feeling* und *Dig A Pony* kam 1996 auf die Anthology 3 Wie auch Glyn Johns sich aus diesem Fundus bediente und für die erste Version des *Get Back*-Albums *Don't Let me Down* und *Dig A Pony* verwendete. Allerdings lehnten die Beatles diese erste Version des Albums ab. Ungerechtfertigterweise? Eher nicht! Die Beatles spielten zur Erbauung mit Preston *A Taste Of Honey,* einen Song, den sie auf ihrem ersten Album *Please Please Me* präsentierten, gaben jedoch den Versuch bald auf.

Hier ist die Liste aller Lieder, die sie an diesem Tag spielten:[29]

Titel	Komponist(en)	Spielversuche
I Shall Be Released	Bob Dylan	zwei Versionen
Let It Down	Harrison	eine Version
Don't Let Me Down	Lennon/McCartney	18 Versionen

---

29 https://www.beatlesbible.com/1969/01/22/get-back-let-it-be-sessions-day-11/

I've Got A Feeling	Lennon/McCartney	29 Versionen
Some Other Guy	Richard Barrett	eine Version
Johnny B Goode	Chuck Berry	eine Version
Dig A Pony	Lennon/McCartney	24 Versionen
Going Up The Country	Canned Heat	eine Version
The Long And Winding Road	Lennon/McCartney	drei Versionen
A Taste Of Honey	Bobby Scott	eine Version
Oh! Darling	Lennon/McCartney	eine Version
I'm Ready	Fats Domino	eine Version
Rocker	Beatles	Jam-Session
Save The Last Dance For Me	The Drifters	eine Version
Carol	Chuck Berry	eine Version

15 Tag zwölf, Donnerstag, 23. Januar

Trotz intensiver Proben kamen keine Aufnahmen für spätere Veröffentlichungen zustande, jedoch bekam *Get Back* deutlich mehr Kontur durch Prestons Piano-Beitrag. Lennon war immer noch dabei, sein Solo auszufeilen und bislang fehlte Ringos energetischer Schlagzeug-Rhythmus – ein Pattern, das er für seinen späteren Song *Back of Boogaloo* erneut verwendete. Er kopierte sich selbst, wie er später nicht ohne einen guten Schuss Humor bemerkte.

McCartney entschied, dass sein Song mit nur zwei Strophen auskommen sollte. Eine der an diesem Tag gespielten Versionen landete auf dem ersten *Get-Back*-Album-Vorschlag von Glyn Johns, der jedoch von den Beatles abgelehnt wurde. Unter dem Namen *Kum Back* florierte das Album als begehrtes Bootleg. Die Fans rissen sich darum. Neben *Get Back* probten die Beatles mit Preston auch den McCartney-Song *Oh! Darling*, der jedoch für das Abbey Road-Album zurückgestellt wurde. Ringo spielte am Klavier *Octopus' Garden* – auch dieser Song landete schließlich auf *Abbey Road*. Sie spielten auch *Please Please Me* und *Help*. Letzteres versuchten sie in einem langsamen Swing-Rythmus zu interpretieren. Im Anschluss brachte McCartney den *Twenty Flight Rock*, den Song, mit dem er am sechsten Juni 1957 Lennon beim ersten Treffen imponierte. Er konnte den Text nicht mehr auswendig, jedoch lieferten die fünf eine passable Vorstellung des Songs ab.

Hier ist die Liste der an diesem zwölften Tag gespielten Lieder:[30]

Titel	Komponist(en)	Spielversuche
Octopus's Garden	Lennon/McCartney	eine Version
Two Of Us	Lennon/McCartney	zwei Versionen
I've Got A Feeling	Lennon/McCartney	drei Versionen
Get Back	Lennon/McCartney	43 Versionen
Words Of Love	Buddy Holly	eine Version
Twenty Flight Rock	Eddie Cochran	eine Version

---

30   https://www.beatlesbible.com/1969/01/23/get-back-let-it-be-sessions-day-12/

Oh! Darling	Lennon/McCartney	drei Versionen
Let It Be	Lennon/McCartney	zwei Versionen
Mean Mr Mustard	Lennon/McCartney	eine Version
Let's Twist Again	Chubby Checker	eine Version
The Long And Winding Road	Lennon/McCartney	zwei Versionen
Everything's Alright	Billy Preston	eine Version
I Want To Thank You	Billy Preston	eine Version
You've Been Acting Strange	Billy Preston	eine Version
Use What You Got	Billy Preston	eine Version
Happiness Runs	Donovan	eine Version
Shazam	Duane Eddy	eine Version
Dig A Pony	Lennon/McCartney	eine Version
I'll Get You	Lennon/McCartney	eine Version
Help!	Lennon/McCartney	eine Version
Please Please Me	Lennon/McCartney	eine Version
Hey Hey Georgie	Harrison	eine Version

If You Need Me	McCartney	eine Version
Love Is The Thing To Me	Billy Preston	eine Version
Together In Love	Billy Preston	eine Version
It Blew Again	Lennon	eine Version

16   Tag 13, Freitag, 24. Januar

Das Augenmerk galt den beiden Songs *Get Back* und *Two Of Us*, für diesen Song wurde nach vielen Anläufen endlich ein klassisches Folk-Arrangement gefunden mit dezentem rockigen Einschlag im Mittelteil. Eine der Versionen von diesem Tag kann man auf der *Anthology 3* hören. Auch Glyn Johns nahm eine Version für sein unveröffentlichtes *Get Back*-Album. Ein weiterer Song, an dem intensiv gefeilt wurde, war *Teddy Boy*. Von den Aufnahmen an diesem Tag wurden Spuren verwendet, wie auch von den Recordingsessions am 24. und 26. Januar Spuren von Glyn Johns verwendet worden sind. Glyn Johns liebte diesen Song, und wünschte, dass die Beatles *Teddy Boy* den letzten Schliff verleihen würden. Doch weit gefehlt: Lennon verlor relativ das Interesse und zeigte dies unverhohlen, gerade dann, als der Song in Form kam. Paul McCartney nahm den Song ein Jahr später erneut auf und veröffentlichte ihn auf seiner ersten Soloplatte.

Weitere McCartney-Songs wurden an diesem Tag vorgestellt und gespielt. *Every Night* und *Hot As Sun*. Beide Songs landeten schließlich auf seinem ersten Solo-Album. Zudem kramte er einen Song hervor, den er ein Jahr zuvor in Portugal geschrieben hatte: *There You Are, Eddie*. Doch dieser Song erblickte nie das Licht der Öffentlichkeit – McCartney veröffentlichte das Lied weder mit den

Beatles, noch solo, noch mit den Wings. Aber noch könnte es irgendwann passieren ...

Lennon hatte ein neues Spielzeug gefunden: eine Slidegitarre, Marke Höfner, die er bei *Get Back* wie auch *Her Majesty* einsetzte. *Her Majesty*, das die letzte Nummer auf dem *Abbey Road*-Album wurde, hatte in dieser Phase eine Länge von über zwei Minuten, obgleich nicht mehr Text vorlag als in der kurzen Fassung, die durch die Veröffentlichung bekannt ist.

Der Lennon-Song *Dig It* hatte in diesem Stadium eine Blues-Rock-Form, auf die Lennon nun mit seiner Slide-Gitarre improvisierte. Vier Versionen nahmen sie von dem Song auf. Nach einer dieser Aufnahmen gab Lennon seinen legendären Spruch ab: *That was ,Can You Dig It' by Georgie Wood, and now we'd like to do ,Hark The Angels Come'.* Zu hören ist dieses Lennon-Zitat auf der Platte als Einstieg zu *Let It Be*. Zu guter Letzt kramten die Beatles einen Song aus den Quarrymen-Tagen hervor: *Maggie Mae*, eine frühe Lennon/McCartney-Komposition. Hinzu kam ein Lied, das sie 1962 öfter gespielt hatten und *Maggie Mae* stilistisch ähnlich war: *Fancy My Chances With You*, ein begehrter Bootleg-Song. McCartney brachte noch einen Song von Guy Mitchell: *Singing The Blues*, den er so gut darbrachte, dass er unbedingt auf das Album hätte kommen sollen. Leider gab es bei der Aufnahme technische Probleme, und auch Lennon spielte ein zu gewagtes Slide-Solo bei dem Lied, so dass es für das Album nicht verwendet werden konnte. McCartney spielte den Song auch später in seiner Solo-Karriere sehr gerne live. Eine Akustik-Version ist auf youtube zu finden.[31] Zum Abschluss spielte Lennon zum ersten und einzigen Mal bei den *Get Back* Sessions seinen Song *Polythene Pam*.

Hier nun die Liste der Lieder, die an diesem Tag gespielt oder nur angespielt wurden:[32]

---

31 https://www.youtube.com/watch?v=wfsf1bl4gQo

Titel	Komponist(en)	Spielversuche
Get Back	Lennon/McCartney	21 Versionen
I Can't Get No Satisfaction	The Rolling Stones	eine Version
What'd I Say	Ray Charles	zwei Versionen
Don't Let Me Down	Lennon/McCartney	eine Version
Ob-La-Di, Ob-La-Da	Lennon/McCartney	eine Version
Soldier Of Love	Arthur Alexander	zwei Versionen
Cathy's Clown	The Everly Brothers	eine Version
Where Have You Been	Arthur Alexander	zwei Versionen
Love Is A Swingin' Thing	The Shirelles	zwei Versionen
She Said Yeah	Larry Williams	eine Version
Child Of Nature	Lennon	eine Version
Two Of Us	Lennon/McCartney	21 Versionen
You're So Good To Me	The Beach Boys	eine Version
She Came In Through	Lennon/McCartney	eine Version

32 https://www.beatlesbible.com/1969/01/24/get-back-let-it-be-sessions-day-13/

The Bathroom Window		
Teddy Boy	McCartney	sechs Versionen
Ach Du Lieber Augustin	traditional	eine Version
Maggie Mae	Lennon/McCartney	zwei Versionen
Fancy My Chances With You	Lennon/McCartney	eine Version
Polythene Pam	Lennon/McCartney	eine Version
The Long And Winding Road	Lennon/McCartney	eine Version
Window, Window	Harrison	zwei Versionen
Her Majesty	Lennon/McCartney	eine Version
Every Night	McCartney	eine Version
Hot As Sun	McCartney	eine Version
Catswalk	McCartney	eine Version
Hello, Goodbye	Lennon/McCartney	eine Version
Diggin' My Potatoes	Lonnie Donegan	eine Version
Hey Liley, Liley Lo	The Vipers Skiffle Group	eine Version

Rock Island Line	Lonnie Donegan	eine Version
Tiger Rag	Original Dixieland Jazz Band	eine Version
Michael, Row The Boat Ashore	Lonnie Donegan	eine Version
Rock-A-Bye Baby	traditional	eine Version
Singing The Blues	Guy Mitchell	eine Version
Knee Deep In The Blues	Guy Mitchell/Marty Robbins	eine Version
Dig It	Lennon/McCartney	vier Versionen
Little Demon	Screamin' Jay Hawkins	eine Version
Maybellene	Chuck Berry	eine Version
You Can't Catch Me	Chuck Berry	eine Version
Brown-Eyed Handsome Man	Chuck Berry	eine Version
Short Fat Fannie	Larry Williams	eine Version
Green Onions	Booker T & the MGs	eine Version
Bad Boy	Larry Wiliams	eine Version
Sweet Little Sixteen	Chuck Berry	eine Version

Around And Around	Chuck Berry	eine Version
Almost Grown	Chuck Berry	eine Version
School Days	Chuck Berry	eine Version
Stand By Me	Ben E King	eine Version
Lady Madonna	Lennon/McCartney	eine Version
Lovely Rita	Lennon/McCartney	eine Version
Lonely Sea	The Beach Boys	eine Version
Ramrod	Duane Eddy	eine Version
Balls To Your Partner	McCartney	eine Version
There You Are, Eddie	McCartney	drei Versionen
Pillow For Your Head	McCartney	zwei Versionen

17 Tag 14, Samstag, 25. Januar

Zum ersten Mal trafen sich die Beatles zu einer *Get-Back*-Session auch an einem Samstag. Daran kann man deutlich die Stimmungssteigerung wie auch das verstärkte Engagement erkennen. Billy Preston nahm an diesem Tag bei den Sessions nicht teil, das aber hinderte die Beatles nicht daran, sich auf drei Songs zu konzentrieren: *Two Of Us, Let It Be* und *For You Blue*. Alle drei Lieder wurden nicht beim Rooftop-Konzert gespielt. *For You Blue* wurde an diesem Tag so gut aufgenommen, dass von den an diesem Tag 28 gespielten Takes eine Version es auf das *Let It Be*-Album schaffte. Da *Two Of Us* extensiv am Vortag geprobt wurde, gingen sie an diesem Tag den Song eher gelassen an. Lennon und McCartney, die den Song zweistimmig darboten, sangen bei einigen Aufnahmen in übertriebenem deutschen, französischen, schottischen und sogar jamaikanischen Akzent. Bei *Let It Be* spielte Lennon den Bass, McCartney saß am Piano, Ringo und Harrison spielten ihre Instrumente wie immer. Eine dieser Tagesaufnahmen wurde für die *Anthology 3* verwendet, McCartney komplementierte die Aufnahmen allerdings mit weiteren Stimmen und sang andere Strophen auf Wunsch von Glyn Johns später noch dazu.

An diesem Tag holten die Beatles die erste McCartney-Komposition aus der Versenkung: *I Lost My Little Girl.* Lennon war der Leadsänger des Liedes, das aus zwei Akkorden bestand und das sie ingesamt zehn Minuten lang spielten. George Harrison stellte einen neuen Song vor: *Isn't It A Pity*, eine starke Komposition, die die Beatles an diesem und dem folgenden Tag spielten, aber wieder verwarfen. *Isn't It A Pity* fand seinen endgültigen Platz auf dem *All Things Muss Pass*-Album.

Hier ist die Liste aller an diesem Tag gespielten Songs:[33]

Titel	Komponist(en)	Spielversuche
Another Day	McCartney	eine Version
Two Of Us	Lennon/McCartney	sieben Versionen
Act Naturally	Morrison/Russell	eine Version
Nashville Cats	The Lovin' Spoonful	eine Version
I've Got A Feeling	Lennon/McCartney	eine Version

---

33 https://www.beatlesbible.com/1969/01/25/get-back-let-it-be-sessions-day-14/

On The Road Again	Canned Heat	eine Version
I Lost My Little Girl	Lennon/McCartney	eine Version
Bye Bye Love	The Everly Brothers	eine Version
For You Blue	Harrison	28 Versionen
Take This Hammer	Lonnie Donegan	eine Version
Let It Be	Lennon/McCartney	18 Versionen
The Tracks Of My Tears	The Miracles	eine Version
Piece Of My Heart	Erma Franklin	eine Version
Little Yellow Pills	Jackie Lomax	eine Version
Early In The Morning	Darin/Holly	eine Version
Window, Window	Harrison	eine Version
I'm Talking About You	Chuck Berry	eine Version
Martha My Dear	Lennon/McCartney	eine Version
Love Story	Randy Newman	eine Version
Cannonball	Duane Eddy	eine Version
Shazam	Duane Eddy	eine Version
Isn't It A Pity	Harrison	eine Version

Sorry I Left You Bleeding	Lennon	eine Version
Crazy Feet	McCartney	eine Version
Well It's Eight O'Clock	Lennon	eine Version
Fast Train To San Francisco	Beatles	Jam-Session

18 Tag 15, Sonntag, 26. Januar

Das erste Mal seit über einem Jahr trafen sich die Beatles nicht nur am Samstag sondern auch am Sonntag, um ihr Programm zu proben. Billy Preston war an diesem Sonntag wieder mit von der Partie.

Dieser Tag ist bedeutsam, weil die Beatles eine Entscheidung getroffen haben, wie sie das *Get Back*-Projekt enden lassen wollten. Da keiner von ihnen gewillt war, eine längere Reise auf sich zu nehmen, abgesehen von Paul McCartney, einigten sie sich darauf, eine Art Konzert auf dem Dach ihres Hauses abzuhalten. Dies musste noch im Januar geschehen, da Ringo Starr Anfang Februar mit den Dreharbeiten zu *The Magic Christian* begann, ein Film, bei dem Freund Peter Sellers mitwirkte und die bei Apple unter Vertrag genommene Band Badfinger einen großartigen Soundtrack ablieferte. Sie einigten sich für das Rooftop-Konzert auf den 30. Januar!

Die Beatles und Preston fokussierten sich hauptsächlich auf die beiden Songs *Let It Be* und *The Long And Winding Road*. Mit dabei im Studio waren auch Linda McCartney (damals noch Linda Eastman) wie auch ihre sechsjährige Tochter Heather. Ausschnitte davon wurden im Film *Let It Be* verwendet.

George Harrison und Ringo Starr kamen als erste im Apple-Studio an und die Session begann mit *Isn't It A Pity, Let It Down* und *Window,*

Window. Harrison spielte bei den Songs seine Gibson Akustik-Gitarre. Im Film *Let It Be* sieht man auch, wie Harrison Schützenhilfe leistet bei Ringos Versuch, *Octopus' Garden* eine Form zu geben. Als alle vollständig anwesend waren, konzentrierten sie sich auf *Let It Be* wie am Tag zuvor, nur das dieses Mal Preston mithalf, das Arrangement des Songs festzulegen. Am Ende der Session hatten sie die passende Form für das Lied gefunden und Prestons Orgelarbeit tat dem Song gut. Im Anschluss spielten sie eine Stunde nur *The Long And Winding Road*, wobei sie sich von Version zu Version steigerten. Auf *Let It Be* und auf der *Anthology 3* kann man eine der Versionen hören, allerdings wurden dem Song von Produzent Phil Spector später zusätzlich Orchesteraufnahmen zugefügt. Auch *Dig It*, der Lennon Song, wurde mehrmals gespielt und auch von diesen Aufnahmen landete ein Take auf dem *Let-It-Be*-Album. Jedoch nicht in der Originallänge von zwölf Minuten, sondern nur ein Ausschnitt (8:52 min bis 9:41min) von knapp 50 Sekunden. An den beiden nächsten Studiotagen wurde *Dig It* nochmals aufgenommen, aber diese Takes fanden keine Verwendung für das Album. Es folgte eine ausführliche Rock'n'Roll-Session der Songs *Rip It Up, Shake, Rattle & Roll* sowie *Blues Suede Shoes*, die auf der *Anthology 3* landete. Die vielen Verwendungen für das kommende Album zeigt deutlich, dass die Beatles sich spielerisch verbessert hatten. Der mentale Tiefpunkt der *Get-Back-Sessions* war überwunden. Auch Lennon steigerte sich von Session zu Session. McCartney stellte erneut einen alten Song vor, den er als Teenager komponiert hatte: *Suicide.* Einen kleinen Auszug von dieser Aufnahme verwendete er auf seinem Debut-Album *McCartney. I Told You Before (Get Out Of My Door)* war eine Improvisation von Harrison und Preston.[34] Am folgenden Tag spielten die Beatles erneut dieses progressive Jam-Session-Thema, bei dem Harrison mitsang, jedoch war das Mikrofon zu gering ausgesteuert, so dass er sich stimmlich nicht durchsetzen konnte gegenüber den Instrumenten, vor allem gegenüber der dominanten Orgel.

---

34 Zu hören auf: https://www.youtube.com/watch?v=bW7hQxWtjT4

Hier ist die Liste aller an diesem Tage gespielten Songs:[35]

Titel	Komponist(en)	Spielversuche
Isn't It A Pity	Harrison	eine Version
Window, Window	Harrison	eine Version
Let It Down	Harrison	zwei Versionen
Octopus's Garden	Starr	acht Versionen
Little Piece Of Leather	Donnie Elbert	eine Version
Two Of Us	Lennon/McCartney	eine Version
Dig A Pony	Lennon/McCartney	eine Version
Let It Be	Lennon/McCartney	28 Versionen
High School Confidential	Jerry Lee Lewis	eine Version
Great Balls Of Fire	Jerry Lee Lewis	eine Version
Don't Let The Sun Catch You Crying	Ray Charles	eine Version
Do Not Forsake ... . Me Oh My Darling	Tex Ritter	eine Version
You Really Got A Hold On Me	William Robinson Jr.	zwei Versionen

---

35 https://www.beatlesbible.com/1969/01/26/get-back-let-it-be-sessions-day-15/

Like A Rolling Stone	Bob Dylan	eine Version
Twist And Shout	Russell/Medley	eine Version
Dig It	Lennon/McCartney	eine Version
Rip It Up/Shake, Rattle And Roll/Blue Suede Shoes	Carl Perkins	eine Version
Kansas City	Leiber/Stoller	eine Version
Miss Ann	Little Richard	eine Version
Lawdy Miss Clawdy	Lloyd Price	eine Version
The Tracks Of My Tears	The Miracles	eine Version
Agent Double-O-Soul	Edwin Starr	eine Version
SOS	Edwin Starr	eine Version
Rockin' Pneumonia And The Boogie Woogie Flu	Huey 'Piano' Smith	eine Version
I'm Movin' On	Ray Charles	eine Version
Little Yellow Pills	Jackie Lomax	eine Version
It Was So Blue	McCartney	eine Version
The Long And Winding Road	Lennon McCartney	16 Versionen

I Left My Home In The World	McCartney	eine Version
I Told You Before	Beatles	Jam-Session

19 Tag 16, Montag, 27. Januar

Die Beatles diskutierten eifrig, ob sie live auftreten oder nur eine abschlussreife Vorstellung vor laufenden Kameras abgeben sollten. Da Ringo ab Beginn Februar beschäftigt sein sollte, mussten sie sich auf jeden Fall beeilen, die infrage kommenden Songs fertigzustellen.

So konzentrierten sie sich auf *Get Back* und nahmen an diesem Tag den Song insgesamt 32 Mal auf. Sie experimentierten mit verschiedenen Tempi, wechselten den Stil, bei einem Durchgang sang McCartney mit übertrieben deutschem Akzent, und Lennon warf japanische Floskeln ein. Von diesen Versionen wurde nur Lennons Ad-Lib für das Album verwendet: *Sweet Loretta Fart, she thought she was a cleaner, but she was a frying pan.* Dieser Satz ist die Einleitung zu *Get Back* auf dem *Let It Be*-Album. Auch die Songs *Let It Be, The Long And Winding Road, Don't Let Me Down* und *I've Got A Feeling* wurden diverse Male gespielt, allerdings kam von dieser Auswahl keine brauchbare Aufnahme zustande, obgleich in diesem Stadium die Arrangements stimmig waren, hier und da fehlte der letzte Schliff. Aber es ging nur um feine musikalische Nuancen und textliche Feinheiten. Auch der McCartney-Song *Oh! Darling* wurde viermal gespielt, eine Version darunter dauerte ganze sieben Minuten. Eine überarbeitete Version davon erschien auf der *Anthology 3*, vervollständigt mit einer Aussage eines überglücklichen Lennons, der verkündet, dass die Scheidung von Yoko zu ihrem ersten Mann abgeschlossen sei.

Harrison stellte bei dieser Session zum ersten Mal seinen Song *Old Brown Shoe* vor, der später für die B-Seite der Single *The Ballad Of John And Yoko* verwendet wurde. Die Aufnahmen hierfür wurden zu einem späteren Zeitpunkt im Abbey Road Studio aufgenommen. McCartney sang im Anschluss noch *Strawberry Fields Forever*, bis alle zusammen auf *I Told You Before* des Vortages zurückgriffen, ein Beatles-Jam, bei dem Preston an der Orgel dominierte.

Hier ist die Liste aller an diesem Tage gespielten Songs:[36]

Titel	Komponist(en)	Spielversuche
Strawberry Fields Forever	Lennon/McCartney	eine Version
Old Brown Shoe	Harrison	zwei Versionen
Baby, Let's Play House	Elvis Presley	eine Version
Oh! Darling	Lennon/McCartney	vier Versionen
Let It Be	Lennon/McCartney	zwölf Versionen
The Long And Winding Road	Lennon/McCartney	sechs Versionen
Little Demon	Screamin' Jay Hawkins	eine Version
Save The Last Dance For Me	The Drifters	eine Version
Hi Heel Sneakers	Tommy Tucker	eine Version

36 https://www.beatlesbible.com/1969/01/27/get-back-let-it-be-sessions-day-16/

Get Back	Lennon/McCartney	32 Versionen
Don't Let Me Down	Lennon/McCartney	fünf Versionen
Hava Nagilah	traditional	eine Version
I've Got A Feeling	Lennon/McCartney	neun Versionen
You Are My Sunshine	Davis/Mitchell	eine Version
Bring It On Home To Me	Sam Cooke	eine Version
Take These Chains From My Heart	Ray Charles	eine Version
The Walk	Jimmy McCracklin	eine Version
I Told You Before	Beatles	Jam-Session
Water, Water	McCartney	eine Version
You Won't Get Me	McCartney	eine Version

20 Tag 17, Dienstag, 28. Januar

Die Beatles waren schon seit Tagen beim Feinschliff der Lieder, die für das Album in Frage kamen. Billy Preston unterstützte sie bei ihrem Vorhaben. Gleich zu Beginn dieser Session konzentrierten sie sich auf *I've Got A Feeling*, einer kompositorischen Zusammenarbeit von Lennon und McCartney, bei der sie zwei unabhängig von einander entstandene Stücke gekonnt verbanden.

Eine Aufnahme, die sie an diesem Tag von dem Song machten, hatte eine Gesamtlänge von 15 Minuten, wobei sie den Schluss mit drei Akkorden ausdehnten und Lennon den Hauptanteil am Gesang übernahm. An diesem Tag wurde ebenfalls die Single-Version von *Don't Let Me Down* aufgenommen – ein Song, den auch Ringo extrem stark fand. Allerdings nahmen sie später vor der Veröffentlichung noch weitere Gesangsstimmen in den Abbey Road Studios auf. Anschließend folgten sieben verschiedene Versionen von *Get Back*. Ein Outro einer Version wurde ebenfalls für die Single verwendet.

Wie am Tag zuvor probten die Beatles und Preston *Old Brown Shoe*, die neue Komposition von George Harrison, wobei Preston ein Stylophon verwendete - das erste und einzige Mal in der Karriere der Beatles, dass so ein kleiner Synthesizer einen Einsatz fand. Und Harrison lieferte gleich noch einen Klassiker ab, was unter Beweis stellt, wie unglaublich kreativ er in dieser Phase seines Schaffens war. Er stellte an diesem Tag zum ersten Mal *Something* vor. Die Beatles machten davon fünf Aufnahmen, aber der Song hatte noch Textlücken und die Akkordstruktur war noch nicht ganz ausgearbeitet. Während der Aufnahmen äußerte Harrison die Bitte, ihn bei der Gestaltung des Textes zu unterstützen. Man hört, wie er sagt: *Just say what comes into your head each time.* Und Lennon erwiderte: *Attracts me like a cauliflower.* Diesen Vorschlag beherzigte Harrison natürlich nicht – er hat später die aus dem Song bekannte Zeile mit dem Wort „Lover" abgerundet. Liebe ist besser als Blumenkohl. Frank Sinatra hat sich bekanntlich über die Beatles geäußert und meinte, das *Something* das beste Lied sei, das Lennon/McCartney jemals komponiert haben. Diese Aussage hat McCartney zu Denken gegeben.

Auch dem anderen Harrison-Song *All Things Must Pass* gaben die Beatles noch einmal eine Chance. Zum letzten Mal hatten sie den Song am achten Januar geprobt. Sie sollten den Song noch einmal am folgenden Tag spielen, danach nie wieder.

Besser lief es bei dem neuen Lennon-Song *I Want You (She's So Heavy)*. Die ersten Versionen waren rein instrumental, wobei bereits am ersten Tag die markanten Gitarrenriffs gefunden wurden. Vollendung fand der Song erst auf dem *Abbey Road*-Album. Sodann spielten sie zweimal *Teddy Boy*, wobei eine Version mit einer Aufnahme vom 24. Januar gemischt wurde und für die *Anthology 3* Verwendung fand. Lennon kramte sein *Child Of Nature* vor, der unter dem Arbeitstitel *On The Road To Marrakesh* lief, aber seltsamerweise bei den Beatles nicht klappen wollte. In der Endfassung hieß der Song *Jealous Guy* und war ein Hit für John Lennon wie auch in den achtziger Jahren für Brian Ferry. Auch an diesem Tag griffen die Beatles auf ihren riesigen Backkatalog zurück und spielten eine kurze Version von *The Inner Light* – ein Harrison-Song, von dem besonders McCartney beeindruckt war. Er meinte, wenn man die ganzen indischen Instrumente sich wegdenkt, bleibt eine wunderschöne Melodie zurück. Stimmt! Und sie probten nochmals *The One After 909* – diesen Song sollten sie auch auf dem Rooftop spielen.

Hier die Liste aller an diesem Tag gespielten Songs:[37]

Titel	Komponist(en)	Spielversuche
Shazam	Duane Eddy	eine Version
The Long And Winding Road	Lennon/McCartney	eine Version
I've Got A Feeling	Lennon/McCartney	17 Versionen
Rainy Day Women #12 & 35	Bob Dylan	eine Version
The Inner Light	Harrison	eine Version
Blue Yodel No. 1 (T For Texas)	Jimmie Rodger	eine Version
Dig It	Lennon/McCartney	eine Version
Child Of Nature	Lennon	zwei Versionen
Dig A Pony	Lennon/McCartney	zwölf Versionen
Get Back	Lennon/McCartney	sieben Versionen
Love Me Do	Lennon/McCartney	eine Version
Teddy Boy	McCartney	zwei Versionen

37 https://www.beatlesbible.com/1969/01/28/get-back-let-it-be-sessions-day-17/

Don't Let Me Down	Lennon/McCartney	vier Versionen
One After 909	Lennon/McCartney	vier Versionen
Old Brown Shoe	Harrison	acht Versionen
I Want You (She's So Heavy)	Lennon/McCartney	vier Versionen
Sticks And Stones	Ray Charles	eine Version
Something	Harrison	fünf Versionen
Bo Diddley	Bo Diddley	eine Version
Two Of Us	Lennon/McCartney	fünf Versionen
All Things Must Pass	Harrison	vier Versionen
Positively 4th Street	Bob Dylan	zwei Versionen
I Will Always Look For You	McCartney	eine Version
Unless He Has A Song	Billy Preston	eine Version
How Do You Tell Someone?	Harrison	eine Version
Greasepaint On Your Face	McCartney	eine Version

21 Das Treffen mit Allen Klein

Im Anschluss an die Session fand abends um 21 Uhr ein Treffen mit Allen Klein statt. Es war das erste Mal, dass die Beatles gemeinsam dem Manager begegneten. Lennon hatte Klein bereits zuvor bei einem Abendessen kennengelernt und war beeindruckt, welches Wissen Klein an den Tag legte. Er kannte alle Lennon/McCartney-Texte auswendig, was Lennon schmeichelte. Yoko war bei diesem Abendessen ebenfalls zugegen und war wie Lennon überzeugt, dass dieser amerikanische Geschäftsmann die finanziellen Angelegenheiten bestens regeln könnte.

Die Beatles suchten schon länger professionelle Unterstützung bei der Sanierung der finanziell aus dem Ruder geratenen Firma Apple. Sie hatten längst die Kontrolle verloren und der von Apple angestellte Buchhalter verzweifelte angesichts der Zahlen. Zudem stand die Diskussion im Raum, die Firma NEMS aufzukaufen, die ursprünglich Brian Epstein gehörte und die nach seinem Tod im August 67 sein Bruder Clive übernommen hatte. Im Januar 67, als Brian Epstein noch lebte, fusionierte NEMS mit der Firma von Robert Stigwood, der unter anderem die Bee Gees unter Vertrag hatte. Der Grund, warum Epstein diesen Schritt ging, ist nicht ganz klar. Er hatte mit NEMS zu diesem Zeitpunkt viele Rechtsstreitigkeiten und den Überblick über seine Künstlerriege verloren. Die Beatles jedenfalls lehnten Stigwood ab. So galt der Deal zwischen NEMS und RSC für alle Künstler von Epstein außer den Beatles. McCartney erzählte zur Millenniumswende dem Journalisten Greil Marcus in einem Interview, wie die Beatles reagierten gegenüber Epstein, als sie von dem Deal hörten: *We said, 'In fact, if you do, if you somehow manage to pull this off, we can promise you one thing. We will record "God Save the Queen" for every single record we make from now on and we'll sing out of tune. That's a promise. So if this guy buys us, that's what he's buying.'*[38] So

---

38 https://beatleshistorian.com/?p=70

war verständlich, dass sich die Beatles nach dem Tod von Brian Epstein von NEMS und Clive Epstein lösten und eigene Wege gingen. Anfang 1969 ergab sich nun die Gelegenheit, NEMS aufzukaufen. Für eine Million Pfund hätten die Beatles NEMS in Besitz nehmen können. Doch die eigenen Finanzlage bei Apple Corps war verheerend. Die Beatles waren de facto nicht in der Lage, diesen Betrag aufzubringen. Die EMI, zu diesem Zeitpunkt der Vertriebspartner von Apple Corps, wäre jedoch bereit gewesen, einzuspringen. Sie hätten den Beatles einen entsprechenden verrechenbaren, nicht rückzahlbaren Kredit gewährt. Dieser Kredit sollte über die Tantiemen-Einnahmen abgerechnet werden. Kein besonders großes Risiko angesichts der gigantischen Verkaufszahlen.

Bei solchen Großdeals in der Musikbranche wird die Geschäftswelt natürlich hellhörig. Kein Wunder, dass sich Allen Klein hier einschaltete, um über dieses Thema mit den Beatles zu sprechen. Auch John Eastman, der zukünftige Schwager Paul McCartneys, hatte sich ebenfalls angemeldet, um die Rolle des Managers zu übernehmen.

Doch an diesem Abend war nicht Mr. Eastman, sondern Allen Klein in die Savile Road 3 gekommen und gab den Beatles den Rat, den NEMS-Deal abzublasen, solange die finanzielle Lage bei Apple Corps nicht geklärt ist. Er rechnete vor, dass zwei Millionen Pfund nötig seien, um die Steuern begleichen zu können. Angesichts dieser düster skizzierten Aussicht baten Ringo Starr und auch George Harrison Manager Klein um Hilfe, Lennon hatte zuvor Klein schon zugesagt. McCartney war als einziger der Beatles nicht einverstanden, dass Allen Klein die finanziellen Angelegenheiten der Beatles übernehmen sollte. Er blieb unbeeindruckt von Allen Kleins Auftritt und er sollte Recht behalten, als Jahre später gerichtlich festgestellt wurde, dass Allen Klein im großen Stil betrogen hatte. McCartney verließ die Sitzung, wohl wissend, dass ein Fall eingetreten war, den es in der Geschichte der Beatles noch nie zuvor gegeben hatte. Bislang wurde bei jeder

Entscheidung beratschlagt und abgestimmt. Wann immer einer von den Vieren dagegen war, wurde das Vorhaben fallengelassen. Dieses Mal wurde entschieden ohne Rücksicht, dass McCartney sein Veto eingelegt hatte. McCartney wollte sich von Allen Klein nicht vertreten lassen und er wollte unbedingt mit den Beatles NEMS aufkaufen, weil er sich davon einen großen Gewinn versprach. Bevor er das Meeting verließ, einigte er sich mit Allen Klein und den anderen, dass sie am ersten Februar sich zusammen mit John Eastman treffen sollten. Denn auch Eastman war der Ansicht, dass der Deal mit NEMS gemacht werden sollte. Doch sein zukünftiger Schwager John Eastman hatte bei den restlichen Beatles keinen guten Stand. Die anderen drei befürchteten, dass Eastman aufgrund der familiären Verbundenheit zu McCartney zu voreingenommen sei. McCartney fragte auch noch einmal Mick Jagger, der Lennon den Tipp gab, Allen Klein als Manager zu nehmen, was er von ihm hielt. Doch Jagger wich aus und meinte nur lakonisch, Allen Klein sei OK, man müsse nur mögen, was er macht. Jagger sprach keine explizite Warnung aus, doch das war auch nicht nötig. McCartney hatte sich bereits entschieden – gegen Allen Klein und gegen die anderen drei. Eine spannungsreiche Situation, die sich im Laufe der nächsten Monate immer weiter zuspitzte.

22 Tag 18, Mittwoch, 29. Januar

Producer: George Martin, Engineer: Glyn Johns

An diesem Tag beschlossen die Beatles endgültig, auf dem Flachdach ihres Hauptquartiers in der Savile Road 3 aufzutreten. Der Auftritt war geplant für den folgenden Tag. Für das stattzufindende Konzert wählten sie fünf Lieder aus: *Get Back, Don't Let Me Down, I've Got A Feeling, One After 909* und *Dig A Pony* spielten sie jeweils ein Mal, dann wandten sie sich anderen Liedern zu. Sie waren sich, was die Auswahl und das Arrangement der Songs anbelangte, sicher genug. Die meiste Zeit des Tages verbrachten sie mit Harrisons *For You Blue*, einem Song, den sie bereits am 25. Januar aufgenommen hatten. Sie nahmen an diesem Tag drei weitere Versionen dieses Songs auf. Ebenso spielten sie *Something, All Things Must Pass, Let It Down* und *Old Brown Shoe,* obgleich keines dieser gespielten Lieder in diesem Produktionsstand überzeugend genug klang, um aufgenommen zu werden. Anschließend arbeiteten sie erneut an *I Want You (She's So Heavy),* auf diesen Song sollten sie während der *Abbey Road*-Aufnahmen zurückgreifen. Die Jamsession des letzten Tages hatte vor allem Billy Preston sehr gut gefallen. Danach spielten sie *Dig It* – diesen Song hatten sie bereits am 26. Januar aufgenommen. Allerdings wurden Textzeilen von dieser Session übernommen. Zum Ende der Session hin stürzten sich die Musiker wieder auf Oldies. Darunter waren zwei Songs von Buddy Holly. Zum einen *Not Fade Away* sowie *Mailman, Bring Me No More Blues.* Beide Songs waren B-Seiten zu den Singles *Oh Boy* und *Words Of Love.* Die Aufnahme von *Mailman, Bring Me No More Blues* war so gelungen, dass sie auf der Anthology 3 zu finden ist. Sie spielten auch *Besame Mucho*, eine Nummer, die sie in Hamburg im Repertoire hatten und auch bei der Decca Session am zweiten Januar 1961aufgenommen worden war. Diese Version wurde ausschnittsweise im Film *Let It Be* verwendet, weil der Gesang von Paul McCartney mitreißend war. Sie beendeten die Session mit den beiden McCartney-Songs *Teddy Boy* und *Two Of Us*, wobei deutlich zu erkennen war, dass die anderen ihr Interesse besonders an *Two Of Us* verloren hatten.

Hier ist die Liste aller an diesem Tag gespielten Lieder:[39]

Titel	Komponist(en)	Spielversuche
Singing The Blues	Guy Mitchell	fünf Versionen
Rule Britannia	traditional	eine Version

---

39 https://www.beatlesbible.com/1969/01/29/get-back-let-it-be-sessions-day-18/

I Walk The Line	Johnny Cash	eine Version
Dig A Pony	Lennon/McCartney	eine Version
I've Got A Feeling	Lennon/McCartney	eine Version
Don't Let Me Down	Lennon/McCartney	eine Version
Get Back	Lennon/McCartney	eine Version
One After 909	Lennon/McCartney	drei Versionen
She Came In Through The Bathroom Window	Lennon/McCartney	drei Versionen
Two Of Us	Lennon/McCartney	drei Versionen
Let It Be	Lennon/McCartney	eine Version
The Long And Winding Road	Lennon/McCartney	zwei Versionen
For You Blue	Harrison	drei Versionen
Something	Harrison	zwei Versionen
All Things Must Pass	Harrison	vier Versionen
Let It Down	Harrison	vier Versionen
I Want You (She's So Heavy)	Lennon/McCartney	zwei Versionen
Sexy Sadie	Lennon/McCartney	eine Version

Old Brown Shoe	Harrison	eine Version
Dig It	Lennon/McCartney	eine Version
Besame Mucho	Consuelo Velázquez	eine Version
Three Cool Cats	The Coasters	eine Version
I Got To Find My Baby	Joe F. Clayton	eine Version
Some Other Guy	Richard Barrett	eine Version
Honky Tonk	Bill Doggett	eine Version
Vacation Time	Chuck Berry	eine Version
Cannonball	Duane Eddy	eine Version
Not Fade Away	Buddy Holly	eine Version
Hey Little Girl (In The High School Sweater)	Dee Clark	eine Version
Bo Diddley	Bo Diddley	eine Version
Maybe Baby	Buddy Holly	eine Version
Peggy Sue Got Married	Buddy Holly	eine Version
Thinking Of Linking	Lennon/McCartney	eine Version
Crying, Waiting, Hoping	Buddy Holly	eine Version
Mailman, Bring Me No More	Buddy Holly	eine Version

... Blues		
Teddy Boy	McCartney	eine Version
Bring Your Own Band	McCartney	eine Version
Lotta Lovin'	Gene Vincent	eine Version
Sorry Miss Molly	McCartney	eine Version
Also	McCartney	eine Version
She Gets Heavy	Lennon	eine Version

23 Rooftop, Tag 19, Donnerstag, 30 Januar

Produzent: George Martin, Engineer. Glyn Johns, Tape-Operator: Alan Parsons

Endlich war es soweit. Die Beatles sollten wieder einmal auftreten. In gewisser Weise eine bizarre Situation. Während der Beatlesmania konnten die meisten Fans die Beatles zwar sehen, aber nicht hören wegen ihres ohrenbetäubenden Gekreisches, an diesem Tag konnte man die Beatles sehr wohl hören, aber die wenigsten bekamen sie zu Gesicht.

Am Vortag erfuhren die Tontechniker von dem Vorhaben, auf dem Dach zu spielen. McCartney informierte sie. Die Pläne McCartneys sahen etwas anderes vor: Marrakesch, die Sahara, Kalifornien, ein Luxusdampfer, eine weltweite Fernsehshow, doch nun kam die nächstgelegene Möglichkeit zum Tragen: das Dach des Apple Hauses.

Bereits um fünf Uhr morgens begannen die Vorbereitungen für den Auftritt. Die beiden Toningenieure Dave Harries und Keith Slaughter karrten das Studio-Equipment heran. Fünf Kameras wurden auf dem Dach installiert, zusätzliche Kameras in der Straße aufgestellt. Auch hier sollte gefilmt werden, um die Stimmung der Leute einzufangen. Sogar hinter dem Fenster der Rezeption im Erdgeschoss des Apple-Gebäudes wurde eine versteckte Kamera aufgebaut. Hier sollte festgehalten werden, wie die Polizei das Gebäude stürmt, um den Beatles-Auftritt zu stoppen. Im Keller wurden zwei Achtspurmaschinen von der EMI installiert, von denen die Kabel nach oben aufs Dach verlegt wurden. Es gab sieben Spuren für die Aufnahmen. Kanal eins war für den Gesang von Paul McCartney bestimmt, Kanal zwei wurde belegt mit dem Gesang von John Lennon, Harrisons Mikrofon war mit Lennon Spur verbunden, doch Harrison sollte an diesem Tag nur bei einem Lied mitsingen. Kanal drei war für die Orgel von Preston vorgesehen, auf Kanal vier lag der Bass von McCartney, das Mikrofon von Kanal 5 wurde an Ringos Schlagzeug positioniert, über die Kanäle fünf und sechs wurden die beiden Gitarren aufgenommen; die achte Spur diente zur Synchronisation der Filmkameras mit dem Achtspurgerät. Da es an diesem Tag sehr windig war, beauftragte Glyn Johns seinen Tontechniker Alan Parsons, Strumpfhosen zu besorgen, die über die Kapsel der Mikrofone gestülpt werden sollten, um die Windgeräusche zu minimieren. Parsons, der später sagte, das Rooftop-Konzert sei einer seiner größten Momente im Leben gewesen, rannte in den nächsten Marks and Spencer-Laden und besorgte ein ganze Packung Damenstrümpfe. Er wurde im Geschäft gefragt, welche Größe er brauche, worauf er sagte, das spiele keine Rolle. Parsons, wie auch Glyn Johns bedauerten, dass sie das Konzert nur über die Studiomonitore mitverfolgen konnten. Ebenso bedauerte es Derek Taylor, der im unteren Büro Telefongespräche annehmen musste und feststellte, dass sich das unangekündigte Beatleskonzert wie ein Lauffeuer verbreitet hatte. Innerhalb kürzester Zeit wusste es die Presse und ganz London. Das Telefon stand nicht mehr still.

George Martin war als Produzent natürlich auch zugegen. Er saß bei den beiden Tontechnikern Johns und Parsons und koordinierte die Aufnahmen.

Das Konzert dauerte insgesamt 42 Minuten. Mal Evans und Neil Aspinall bauten die Verstärker und das Schlagzeug auf, stellten die Gitarren bereit. Die Technik wurde überprüft, dann konnte es losgehen. Gegen Mittag tauchten die Beatles samt Frauen auf dem Dach des Apple-Gebäudes auf. Die meisten Firmen in der Straße hatten gerade Mittagspause, was dazu führte, dass sich sofort eine große Menschenmenge vor dem Apple-Gebäude versammelte. Da es sehr kalt und windig war, lieh sich Ringo den roten Regenmantel von Maureen aus, während sich Lennon Yokos Pelzjacke schnappte. McCartney hatte einen Anzug an und trotzte der Kälte, Harrison hatte wohlweislich eine dickere Pelz-Jacke angezogen. Sie nahmen ihre Positionen ein, und zwar nicht wie aus den Live-Tagen üblich, dass Harrison in der Mitte stand, flankiert von Lennon und McCartney. Dieses Mal stand McCartney in der Mitte, Lennon links und Harrison rechts von ihm (von vorne betrachtet). Michael Lindsay Hogg, der Regisseur des Films, schrie: *all cameras, take one* und die Beatles legten los.

Das erste Stück, das sie spielten, war zugleich der Soundcheck, bei dem alle Pegel nochmals überprüft wurden. Sie spielten *Get Back* und am Ende des Liedes hörte man verhaltenen Applaus, der McCartney an die Atmosphäre eines Cricket-Spiels erinnerte, da er ans Mikrofon zurückkehrte und etwas über Ted Dexter murmelte, der zu dieser Zeit ein populärer Spieler war. John Lennon sagte über das Mikrofon: *We've had a request from Martin Luther!*

Danach spielten sie Get back erneut – im Film *Let It Be* wurden beide Versionen geschickt ineinander kopiert. Lennon sagte am Ende des Songs: *Had a request for Daisy, Morris and Thommy.* Als dritter Titel folgte *Don't Let Me Down* - diese Version wurde im Film wie auch auf der LP verwendet, die nahezu nahtlos in *I've Got A Feeling* überging. Dies ist der einzige Song, bei dem Harrison an diesem Tag mitsang. Auch diese Version wurde sowohl für den Film als auch für die LP von *Let It Be* verwendet. Am Ende hört man Lennon mit sonorer Stimme ins Mikro singen: *Oh my soul … so hard* (von Applaus unterbrochen). Es folgte *The One After 909,* diese Version ist im Film zu sehen und war auch in der Auswahl von Glyn Johns für das *Get Back*Album. Auch hier fügte Lennon an: *Danny Boy*, was eine Anspielung war auf den gleichnamigen Hit von Conway Twitty aus dem Jahr 1959 (Album *Saturday Night*). Für den nächsten Song machten die Beatles einen Probedurchlauf: *Dig A Pony*. Lennon hatte Probleme mit dem Text. Daher musste ein Assistent vor Lennon knien und ihm den Text halten. Dann sollte der Song richtig starten. Aber auch den größten Bands passiert es, dass sie in einen Song falsch einsteigen. So auch den Beatles. Ringo Starr zählt für den Song ein: one, two, three, schrie HALT!, schnäuzte sich die Nase, dann erst ging es nach dem zweiten Einzählen los. Nach dem Song klagte Lennon, dass es zu kalt sei, die Akkorde auf der Gitarren richtig zu greifen. Dennoch wurde diese Version für den Film verwendet und auch Phil Spector benutzte den Anfangs- und Endteil des Songs für das Album *Let It Be.*

Nach diesen bisherigen Durchgängen musste das Achtspurband gewechselt werden, was die Beatles jedoch nicht mitbekamen. Sie spielten eine kurze Version von *God Save The Queen*, wovon jedoch auf dem neu eingelegten Band nur ein paar Sekunden zu hören sind. Diese Szene wurde nicht für den Film verwendet. Anschließend spielten die Beatles erneut *I've Got A Feeling,* diese Version fand ebenfalls keine Verwendung, weder für den Film noch für die LP. Und ebenfalls zum zweiten Mal folgte *Don't Let Me Down*. Auch diese Aufnahme wurde nicht hergenommen. Zum Finale spielten die Beatles zum dritten Mal *Get Back*, just als die Polizei auf dem Dach erschien. Die Beatles waren kurzeitig irritiert von der Anwesenheit der Polizei, doch spielten weiter. Mal Evans wurde von der Polizei aufgefordert, die

Fender Twin-Verstärker abzuschalten, was er tat, doch Harrison drehte sich um und schaltete geistesgegenwärtig seinen Verstärker wieder ein, um weiterzuspielen. Mal Evans erkannte seinen Fehler und schaltete darauf unverzüglich Lennons Verstärker wieder an. Nach ein paar Sekunden brüllten die Gitarren wieder auf und sie spielten *Get Back* bis zum Ende, an dem McCartney zu improvisieren beginnt: *You've been playing on the roofs again, and that's no good, and you know your Momma doesn't like it... she's gonna have you arrested.* Der Song schloß und Lennon brachte den Schlusssatz, der im transgenerationellen Gedächtnis nachfolgender Generationen haften geblieben ist: *I'd like to say thank you on behalf of the group and ourselves and I hope we passed the audition. (Ich bedanke mich im Namen der Gruppe und unserer selbst, und ich hoffe, wir haben das Vorspielen bestanden).* Mit dem Vorspielen spielte Lennon sicherlich auf die Absage an, die die Decca den Beatles erteilte.

Lennons und McCartneys Kommentare waren zu gut, als dass man sie nicht verwertet hätte. Allerdings wurde die letzte Songversion nicht hergenommen. Auf der *Get Back*-LP verwendete Glyn Johns eine Version vom 27. Januar und integrierte die Textzeilen aus der finalen Rooftop-Vorstellung. Jedoch ist im Film zum Glück der letzte Song in seiner ganzen Dramaturgie festgehalten.

Das Rooftop-Konzert war eine spontane Idee, die bei vielen Fans die Hoffnung erweckte, dass die Beatles wieder öfter live zu sehen wären. Die Stimmung war durchwegs positiv. Während die Beatles spielten, kletterten britische Gentlemen würdevoll die Notleitern an der Außenwand der Häuser hoch, um einen Blick auf die größte Popgruppe der Welt werfen zu können. Überall in der Straße waren trotz der Kälte die Fenster geöffnet. Unten auf der Straße brach der Verkehr zusammen. Das Auftreten der Polizei war in gewisser Weise der Höhepunkt der Show. Noch dazu, dass die Beatles einfach weiter spielten, bis das Lied zu Ende war. McCartney hätte eine Festnahme durch die Polizei und die Abführung in Handschellen großartig gefunden – es wäre ein für ihn brillanter Abschluss des Films gewesen. George Martin erblasste, als er die Polizei kommen sah, er war anders gestrickt als McCartney.

Es war die letzte Sternstunde der Beatles in der Öffentlichkeit, denn es waren 42 Minuten, in denen die Beatles ihre Querelen und belastenden Gedanken, auch im Hinblick auf die finanzielle Situation vergaßen.

24 Tag 20, Freitag, 31. Januar

Apple Studios, Savile Row, London

Producer: George Martin, Engineer: Glyn Johns

Dies war der letzte Tag der *Get Back*-Sessions. Ziel war, das Material zu sichten, das am Vortag beim Rooftop-Konzert aufgenommen worden war. Gegebenenfalls sollten die Stücke, die nicht gelungen waren, neu eingespielt werden. Auch das Filmteam bat um neue Versionen der Stücke *Let It Be, The Long And Winding Road* und *Two Of Us*, Stücke, die am Vortag nicht gespielt worden waren. Die Beatles starteten mit *Two Of Us* und nach sieben Aufnahmen waren sie zufrieden. Danach alberten sie herum und spielten, was ihnen in den Sinn kam. Darunter war auch *Step Inside Love*, ein Song, den Paul McCartney ein Jahr zuvor der Sängerin Cilla Black kredenzt hatte. Sie spielten auch *Lady Madonna*. Bei dieser Version sang McCartney die nicht in den Song gehörenden Textzeilen: *Lord and lady docker, in your private yacht, all the people wonder why you have such a lot.* McCartney interpretierte auch den Lennon-Song *I Want You (She's So Heavy)*, ein Lied, an dem sie im Rahmen der Aufnahmen für das Abbey Road-Album weiterarbeiteten. Nach der Mittagspause konzentrierten sich die Beatles auf *The Long And Winding Road*. Unter den 19 Versionen, die sie an an diesem Tag aufnahmen, wurde eine Version verwendet für das 2003 erschienene Album *Let It Be naked*. Schwieriger wurde es beim Song *Let It Be*, den sie insgesamt 22 Mal aufnahmen. Sie begannen mit einer Skiffle-Version, bei der Lennon den Text sang, jedoch eine andere Melodie verwendete.[40]

Doch so kreativ Lennon bei dem Song begann, so schnell verlor er das Interesse und zeigte sich gelangweilt. Er warf die Textzeile ein: *And in my hour of darkness, she is standing left in front of me, squeaking turds of whisky over me.* McCartney blieb ihm nichts schuldig und erwiderte: *Brother Malcolm* (er meinte damit Mal Evans), und veränderte *times of trouble* zu *times of heartache.* Doch bekam die Gruppe eine verwendbare Aufnahme von *Let It Be* hin, die später sowohl für die Single wie auch für das Album verwendet werden konnte. Allerdings wurden zu einem späteren Zeitpunkt Overdubs vorgenommen. Und auch im Film wurde dieser Take gezeigt.

Hier ist die Liste der an diesem Tag gespielten Songs:[41]

Titel	Komponist(en)	Spielversuche
Two Of Us	Lennon/McCartney	sieben Versionen
Hey Good Lookin'	Hank Williams	eine Version
Take This Hammer	Lonnie Donegan	eine Version
Lost John	Lonnie Donegan	eine Version

---

40 Zu hören ist dieser Take auf youtube:

https://www.youtube.com/watch?v=trpScuGNBfw, ab 13.28 Minuten)

und: https://www.youtube.com/watch?v=3E0MaIAYQ5Y (let it A, let it B, let it C, let it D)

41 https://www.beatlesbible.com/1969/01/31/get-back-let-it-be-sessions-day-20/

Five Feet High And Rising	Johnny Cash	eine Version
Bear Cat Mama	Jimmie Davis	eine Version
Black Dog	Koerner, Ray & Glover	eine Version
Right String, Wrong Yo-Yo	Carl Perkins	eine Version
Run For Your Life	Lennon/McCartney	eine Version
Step Inside Love	Lennon/McCartney	zwei Versionen
Friendship	Cole Porter	eine Version
Turkey In The Straw	traditional	eine Version
Tales Of Frankie Rabbit	Lennon/McCartney	eine Version
'Deed I Do	Rose/Hirsch	eine Version
I Got Stung	Elvis Presley	eine Version
Let It Be	Lennon/McCartney	22 Versionen
The Long And Winding Road	Lennon/McCartney	19 Versionen
Lady Madonna	Lennon/McCartney	eine Version
I Want You (She's So Heavy)	Lennon/McCartney	eine Version

Build Me Up Buttercup	The Foundations	eine Version
Party	Elvis Presley	eine Version
Twelfth Street Rag	Euday L Bowman	eine Version
Oh! Darling	Lennon/McCartney	zwei Versionen

25 Das zweite Treffen mit Allen Klein

Wie vereinbart trafen sich die Beatles zum zweiten Mal mit Allen Klein. Diesmal kam auch John Eastman hinzu, da es der ausdrückliche Wunsch McCartneys war, dass sein Schwiegervater in spe teilnahm, zumal er ein Fürsprecher des Kaufes der Firma NEMS war, da diese immer noch wie aus den Tagen Brian Epsteins ein Viertel der Beatles-Einnahmen absahnte – und darum ging es an diesem Tag: Für oder Wider den Kauf von NEMS. Das Treffen fand erneut im Apple Headquarter in der Savile Road 3 statt.

Allen Klein hatte sich bis dato eine grobe Übersicht über die finanziellen (Miss)Verhältnisse der Beatles verschafft und plädierte auf dieser Grundlage gegen einen Kauf der ehemaligen Firma Brian Epsteins. Als Argument brachte er abermals an, dass die Kaufsumme von einer Million Pfund vor den steuerlichen Abzügen doppelt hoch bemessen werden müsste, die Beatles also deutlich mehr zahlen würden, als die Firma Wert ist. John Eastman hielt dagegen und erklärte, dass NEMS zudem mit 237.000 Anteilen bei Northern Songs Limited beteiligt war, ein Verlag, der alle Lennon/McCartney-Kompositionen verlegte. McCartney legte dar, dass er nicht nur NEMS, sondern auch die Verlagsrechte von Northern Songs übernehmen würde. Allen Klein schlug vor, dass diese Absichten so lange zurückgehalten werden sollten, bis die finanzielle Situation der Beatles geklärt sei. Damit waren die Beatles einverstanden und einigten sich darauf, dass Klein weiterhin die finanziellen Angelegenheiten überprüfen sollte. Doch John Eastman bezweifelte die Integrität Kleins, indem er auf dubiose Geschäftsgebaren Kleins bei seiner Firma Cameo-Parkway aufmerksam machte. Diese Firma kaufte Allen Klein zusammen mit seinem Geschäftspartner Abbey Butler auf. Cameo Parkway war eine aktienbasierte Firma und durch geschicktes Umverteilen und Investieren schoss der Aktienkurs in die Höhe, bis SEC, die amerikanische Börsenaufsichtsbehörde dem Treiben ein Ende bereitete. Klein hatte mit den Stones und anderen Künstlern einen Vertrag, der vorsah, dass alle Einnahmen auf sein Konto in Amerika eingingen und er jährlich die Künstler auszahlte. Mit diesem Schachzug konnten die Künstler die Steuerausgaben minimieren – und Klein wurde durch geschicktes Umverteilen des geborgten Geldes vermögend.

Allen Klein war gewohnt, auf Konfrontationskurs zu gehen und konnte durch geschicktes Argumentieren die Bedenken der Beatles zerstreuen. Das Meeting wurde auf den dritten Februar vertagt. ...

Beim dritten Anlauf wurde Kleins Aufgabe festgelegt. Er sollte den Vermögensstand der Beatles feststellen und vor allem die Beatles aus dem Vertrag mit NEMS lösen, denn Clive Epstein, Bruder des verstorbenen Brian Epstein, erhielt nach wie vor 25 Prozent der Beatles-Erlöse. Hierfür wurde Klein zugestanden, dass er das Management übernehmen konnte. John Eastman seinerseits beteuerte, dass er zukünftig als Rechtsberater für die Beatles fungieren würde. Zuständig sei hierfür seine Firma Eastman & Eastman. Am selben Tag gab Apple eine Pressemitteilung über diese beiden Maßnahmen heraus. Auch Kleins Firma Cameo-Parkway informierte ebenfalls die Presse. Dass gleich zwei Parteien die festgefahrenen Angelegenheiten der Beatles übernehmen sollten, zeigte die Uneinigkeit untereinander auf. Nach wie vor plädierten John, George und Ringo für Klein, während Paul seinen zukünftigen Schwiegervater vorzog. Lennon wusste, dass die Rolling Stones durch die Unterstützung Kleins wesentlich mehr Geld verdienten als die Beatles – ungeachtet der gigantischen

Verkaufszahlen der Fab Four. Dass Mick Jagger, der vor seiner Karriere Betriebswirtschaft studiert hatte, schon längst misstrauisch geworden war und die Geschäftspraktiken Kleins durchschaute, ließ er bei den Beatles nicht erkennen. Nicht nur die Beatles landeten mit Klein vor Gericht. Auch die Rolling Stones versuchten sich von Klein zu lösen, was ihnen jedoch nicht gelang.

Am Abend des gleichen Tages traf Allen Klein den NEMS-Inhaber Clive Epstein sowie Harry Pinsker von der Firma Bryce Hammer & Co. im Dorchester Hotel in Mayfair, London. Beide Firmen betreuten die Buchhaltung der Beatles.

Klein bat Epstein um einen Aufschub der Entscheidung des Verkaufs von NEMS um drei Wochen. Diese Zeit sei nötig, um einen Überblick über die Finanzlage zu gewinnen. Clive Epstein stimmte dem Vorschlag zu.

Am nächsten Tag flog Klein zurück nach New York und begann mit seinen Untersuchungen. Es gab drei Hauptquellen, aus denen die Gelder zuströmten: United Artists Corporation, diese Firma wickelte die Filmrechte zu den Beatlesfilmen ab. Dann gab es General Artists Corporation, die die Amerikanischen Touren abrechneten sowie EMI und den amerikanischen Ableger Capitol Records, die für die Plattenverkäufe zuständig waren. Um Zugang zu den vertraulichen Details zu bekommen, schickten die Beatles ihm Einwilligungserklärungen zu.

Interessant ist, wie und warum Klein die Beatles überhaupt kontaktiert hatte. Bereits 1964 hatte er versucht, Brian Epstein zu sprechen. Er wollte ihn überreden, die Plattenfirma zu wechseln, um mehr Tantiemen-Anteile herauszuschlagen. Brian Epstein lehnte ab. Woraufhin sich Klein wieder zurückzog und sich auf die Rolling Stones und The Who u. a. konzentrierte. Ende 1968 gab Lennon ein Interview, in dem er beiläufig erwähnte, dass die Beatles, wenn es mit den finanziellen Verlusten bei Apple so weiter ginge, in sechs Monaten pleite wären. Dies war der Anlass für Klein, sich erneut den Beatles zu nähern ...

III Nach dem Rooftop-Konzert ...

Aber auch auf künstlerischer Ebene ging es weiter. Ringo drehte mit Peter Sellers den Film *The Magic Christian* und George Martin und Glyn Johns hörten sich durch die Aufnahmen des Rooftop-Konzertes. Am fünften Februar arbeiteten sie an den ersten Stereo-Mixen von *I've Got A Feeling* (zwei Versionen), *Don't Let Me Down* (ebenfalls zwei Versionen) sowie *The One After 909* und *Dig A Pony*. Allerdings wurde später nur die Version von *The One After 909* für den ersten Albumentwurf von *Get Back* hergenommen.

Ende Februar – der genaue Termin lässt sich nicht mehr feststellen – trafen sich die Beatles im Trident-Studio. George Harrison hatte eine Mandeloperation hinter sich, und Ringo hatte drehfrei. Sie nahmen *I Want You (She's So Heavy)* auf. Zum anderen erneuerten McCartney und Lennon Gesangsparts für *Don't Let Me Down*. Lennon doppelte seine Stimme zusätzlich im Mittelteil wie auch am Ende des Songs. Auffällig ist, dass die Beatles, bevor überhaupt das *Get Back*-Album inklusive Mixing abgeschlossen war, sich neuen Songs zuwendeten. So nahmen sie ein paar Tage später *Old Brown Shoe, All Things Must Pass* und *Something* auf. Es lässt sich feststellen, dass es nach den *Get Back*-Aufnahmen fast nahtlos überging zu den Abbey Road-Sessions.

1 *Goodbye* für Mary Hopkin

Im März 69 nahmen die Solo-Aktionen wieder Fahrt auf. Paul Mc-Cartney war beschäftigt mit Mary Hopkin, für die er am ersten und zweiten März in den Morgan Studios in London die Nachfolgesingle produzierte. Die erste Single *Those Were The Days* war sehr erfolgreich, die zweite Single sollte ihr in nichts nachstehen. Da McCartney keine weitere Ballade im russischen Stil kannte, die die die erste Single hätte toppen können, schrieb er selber einen Song für die Künstlerin. *Goodbye* hieß der Song und war deklariert als Lennon/McCartney-Komposition, obgleich McCartney ihn allein komponiert und davon im Februar eine Demo-Version in der Cavendish Road 7 aufgenommen hatte. Diese Aufnahme wurde 2019 veröffentlicht im Rahmen der *Abbey Road 50th Anniversary Deluxe Box.*

McCartney sang den Song für seine Verhältnisse hoch in C-Dur, Hopkin transponierte ihn auf E-Dur, also noch eine große Terz höher. Auf den Aufnahmen spielte McCartney Akustikgitarre, Ukulele und sogar Schlagzeug. Für die B-Seite war *Sparrow* vorgesehen, ein Song der beiden Komponisten Benny Gallagher und Graham Lyle, die bei Apple Publishing unter Vertrag standen. Die Aufnahmesessions wurden von Tony Bramwell als Promotionfilm festgehalten.[42]

Mary Hopkin fühlte sich geschmeichelt, dass Paul McCartney eigens für sie einen Song komponiert hatte. Jedoch war sie viele Jahre später – 2007 – der Ansicht, dass *Goodbye* zu stark den Spirit der 60's ausstrahlte, hingegen die erste Single, ursprünglich eine ukrainische Volksweise, zeitlos war. Immerhin schaffte die Single Platz zwei in den englischen Single-Charts, in Amerika immerhin Platz 13, dafür in Irland und den Niederlanden mühelos Platz eins.

Erstaunlich ist, dass Paul McCartney nach dieser Single nie wieder mit Mary Hopkin zusammenarbeitete. Sie hätte gerne McCartneys Unterstützung in der Produktion eines Folk-Albums gewonnen, doch McCartney hatte ab diesem Zeitpunkt wohl das Interesse verloren.

Am vierten März gab George Harrison in der Savile Road 3 ein Interview für die BBC-Radio-Sendung *Scene And Heard*. Interview-Partner war David Wiggs. Das Gespräch dauerte ca. eine Stunde von 13 bis 14 Uhr, jedoch wurde nur ein Teil davon am achten März gesendet in einer Länge von fünf Minuten und 13 Sekunden. Ein zusätzlicher

---

42 https://www.youtube.com/watch?v=YbMJGLSVwl0

Ausschnitt von vier Minuten und zehn Sekunden wurde Samstag, den zwölften April, nachgeliefert.

Harrison bestätigte in diesem Interview, dass er während der Aufnahmen zu *Get Back* die Beatles verlassen hatte. David Wiggs fragte, ob dem Weggang ein Streit mit John Lennon vorausgegangen wäre, was Harrison jedoch verneinte. Harrison wollte mit seiner Erklärung den Gerüchten vom Ende der Beatles entgegentreten. Auch fragte Wiggs, ob und wann die Beatles wieder auftreten würden, woraufhin Harrison erklärte, dass erst einmal die finanziellen Schwierigkeiten bei Apple aus dem Wege geräumt werden müssten. Danach würden die Beatles erneut im Apple-Studio aufnehmen – was jedoch nie wieder passierte. Die Frage also, ob die Beatles wieder auf Tour gingen, ließ Harrison unbeantwortet.

2 Phase 1 der *Get Back*-Abmischung

Anfang März erhielt Glyn Johns eine Einladung ins Abbey Road Studio. Dort händigten ihm McCartney und Lennon sämtliche Achtspurbänder aus, die an den elf Tagen in der Savile Road 3 inklusive dem Rooftop-Konzert aufgenommen worden waren. Die beiden Beatles baten Johns, aus den Bändern ein Album zusammenzustellen, woraufhin Johns unverzüglich sein Lieblingsstudio, die Olympic Studios in Barnes, London, für den 10., 11. und 12. März mietete. Er wählte 13 Songs aus und mischte sie am ersten Tag ab: *Get Back, Teddy Boy, Two Of Us, Dig A Pony, I've Got A Feeling, The Long And Winding Road, Let It Be, Rocker, Save The Last Dance For Me, Don't Let Me Down, For You Blue* und *The Walk*. Bei letztem Song handelte es sich um eine Coverversion von Jimmy McCracklin aus dem Jahr 1958. Dass Glyn Johns Interesse fand, die Beatles von ihrer rohen Seite zu präsentieren, zeigte deutlich, dass er sich an den Auftrag hielt, den er von McCartney bekam: Die Beatles sollten ungefiltert zu hören sein, ohne Playbacks, ehrlich. Aber einen Song auszusuchen wie *The Walk*, den die Beatles zum Spaß spielten, um sich zu entspannen, der starke wie auch schwache Passagen enthält, zeigt Johns Nähe zu den Rolling Stones. Vermutlich hat ihn die Aufnahme dieses Songs an seine Arbeit mit der Londoner Superband erinnert.

Am darauffolgenden Tag mischte er weitere Songs ab, diesmal war auch George Martin zugegen. Sie produzierten drei Stereo-abmischungen von *Two Of Us, The Long And Winding Road* und seltsamerweise *Lady Madonna*. Diesen Song spielten die Beatles zwar auch bei den *Get Back*-Sessions, jedoch mehr in Form einer Jam-Session. Darüberhinaus war der Song bereits veröffentlicht worden. Warum George Martin damit einverstanden war, muss unklar bleiben. Musikalisch lag kein Grund vor.

Am dritten Tag nahmen sich Martin und Johns nochmals *The Long And Winding Road* vor und bearbeiteten *Let It Be*, beide Versionen stammten von der Aufnahmesession im Apple-Studio am 31. Januar.

3 Ehelichung und Drogenfahndung

An diesem Tag – 12. März – heiratete Paul McCartney seine große Liebe Linda Eastman auf dem Standesamt in Marylebone. Wie McCartney in der Biografie von Barry Miles gestand, hatte er am Vorabend einen gewaltigen Streit mit Linda und sie hätten die Hochzeit beinahe abgeblasen. Keiner der anderen Beatles war bei der standesamtlichen Trauung anwesend. Nur McCartneys Bruder Michael sowie Mal Evans waren Zeugen der Eheschließung. McCartney erklärte Jahre später, als er gefragt wurde, warum keiner der Beatles bei der Trauung anwesend waren, dass er vermutlich „ein Bastard" gewesen sei und zu diesem Zeitpunkt die Gruppe schon am Auseinanderbrechen war. Fakt ist, dass McCartney keinen der Beatles eingeladen hatte. Sie wären bestimmt gekommen. Obgleich die Trau-ung geheim gehalten wurde, stand eine riesige Fanmenge vor dem

Standesamt. Das Event wurde auf Film festgehalten – inklusive Mini-Interview.[43]

Die Harrisons hätten, auch wenn sie von McCartney eingeladen worden wären, nicht auf die Trauung kommen können. Just an diesem Tag – und Harrison schwor, dass dieses Timing Absicht war, tauchte die Drogenfahndung bei ihm zu Hause auf. Wie bereits bei John Lennon, Eric Clapton und Mick Jagger war auch diesmal wieder der FBI-Agent Norman Pincher aktiv. Zusammen mit acht Polizisten, einer Polizistin und einem Polizeihund namens Yogi kamen sie in Esher, Surrey, an und besetzten die Villa der Harrisons. Die Tatsache, dass der Hund den indischen Namen eines gelehrten Mannes trug, war für Harrison ein deutliches Zeichen, dass Pilcher ihn demütigen wollte. Nur Patty war anwesend, als die Polizei aufkreuzte. Zuerst dachte sie, es seien die McCartneys, die zum Feiern kämen. Als ihr klar war, dass es sich um die Drogenfahndung handelte, rief sie sofort George an, der sich zu diesem Zeitpunkt in seinem Büro in der Savile Road 3 aufhielt. Harrison rief unverzüglich Pete Shotton an, den Schulfreund John Lennons, und bat ihn, Patty beizustehen. Dann kontaktierte er seinen Anwalt Martin Polden. Gemeinsam fuhren Harrison und Polden nach Esher, um sich der Polizei zu stellen. Als Harrison auftauchte, wurden einige Polizisten nervös, da sie einem leibhaftigen Beatles gegenüberstanden. Norman Pilcher hingegen blieb eiskalt und zog eine Packung mit Haschisch hervor, das er angeblich in einer Socke von Harrison gefunden hatte. Die Harrisons bestritten diesen Besitz, wurden jedoch festgenommen und auf die nächstgelegene Polizeistation in Esher gebracht, wo Fingerabdrücke angefertigt und ein Protokoll aufgenommen wurde. Gegen Kaution wurden sie freigelassen. Am nächsten Tag wurden die Pässe der Harrisons von der amerikanischen Botschaft beschlagnahmt und mit einem Vermerk auf ein Vorstrafenregister versehen. Seitdem hatten die Harrisons

43   https://www.beatlesbible.com/1969/03/12/paul-mccartney-marries-linda-eastman/

Schwierigkeiten, ein Visum für die Vereinigten Staaten zu bekommen – so wie die Lennons. Norman Pilcher hatte ganze Arbeit geleistet. Eine weitere Anhörung erfolgte am 18. März 1969 und vier Tage später fand im Walton Magistrates Court die Urteilsverkündung statt: schuldig wegen illegalen Besitzes von Haschisch. Jeder der beiden musste eine Strafe von über 250 Pfund hinnehmen, damit war der Fall abgeschlossen. Für die Harrisons war es ein traumatisches Erlebnis, das sie schon länger erwartet hatten. Es war nur eine Frage der Zeit, dass nach Lennon auch ein anderer Beatle samt Frau von Norman Pilcher vorgeführt wurde.

4 Kampf um *Get Back, Heirat und Bed-In*

Den Tag darauf arbeiteten George Martin und Glyn Johns erneut an Stereo-Abmischungen für das geplante *Get Back*-Album. Es war der vierte Abmisch-Tag und sollte der letzte bis zum siebten Mai dieses Jahres bleiben. Denn gleich im Anschluss konzentrierten sich die Beatles auf die Single *The Ballad Of John And Yoko* sowie auf das *Abbey Road*-Album. An diesem Tag jedoch arbeiteten Martin und Johns an Rock'n'Roll-Cover, die die Beatles bei den *Get Back*-Sessions gespielt hatten. Es war aufwändig, aus den unzähligen Songfragmenten die passenden Versionen herauszufiltern. Bei dieser Suche kam die Idee auf, ein Album mit Oldies zu veröffentlichen, dieses Vorhaben wurde jedoch nie realisiert. Folgende Stücke wurden bearbeitet und gemischt: *Maggie Mae, Shake, Rattle And Roll, Kansas City, Miss Ann, Lawdy Miss Clawdy, Blue Suede Shoes* und *You Really Got A Hold On Me.* Lediglich die alte Lennon/McCartney-Komposition *Maggie Mae* wurde verwendet. Alle anderen Songs fanden keine weitere Beachtung. Es wurden auch aktuelle Beatles-Nummern bearbeitet: Von *I've Got A Feeling* gab es einen neuen Stereo-Mix und von *Dig It* gleich zwei.

Den restlichen März verbrachten die Beatles fernab ihrer Band-
verpflichtungen. Lennon und Yoko flogen nach Paris, wo sie heiraten
wollten. McCartney und Linda reisten in die Flitterwochen nach
Amerika. Am 20. März charterte Lennon eine Maschine nach Gibraltar,
um dort auf Anraten von Peter Brown endlich Yoko Ono zu ehelichen.
Das wissen wir aus dem Song *A Ballad Of John And Yoko* von der
Strophe:

*... Finally made the plane into Paris, Honeymooning down by the
Seine, Peter Brown called to say, You can make it OK,
You can get married in Gibraltar near Spain...*

Beide waren geschieden. Nichts stand mehr im Wege. Sie gingen
stracks ins britische Konsulat. Innerhalb von zehn Minuten waren die
Formalitäten abgeschlossen und die beiden glücklich vermählt. Damit
waren zum ersten Mal alle Beatles verheiratet. Nachdem die beiden
den in seiner Exzentrik in nichts nachstehenden Künstler Dali in Spanien getroffen hatten, ging es gleich weiter nach Amsterdam. Dort
checkten sie im Hilton-Hotel ein, belegten die Präsidenten-Suite,
Zimmer 902, und legten sich dort für eine Woche ins Bett, um auf
diese Weise den Frieden zu proklamieren. Es war nicht deren erstes
avantgardistische Event, jedoch das erste sogenannte Bed-In, dem ein
weiteres in Montreal folgen sollte. Auch hier gibt uns eine Strophe aus
der Lennon-Ballade Auskunft: *... Drove from Paris to the Amsterdam
Hilton, Talking in our beds for a week, The newspapers said, say what
you doing in bed? I said, were only trying to get us some peace ...*

Nach sieben Tagen Amsterdam jetteten Lennon und Ono weiter nach
Wien, logierten dort im Sacher-Hotel und präsentierten sich in einem
weißen Sack, um dort unprätentiös und unvoreingenommen alle
Fragen der herumstehenden Journalisten zu beantworten. Natürlich
wurden sie gefragt, warum sie sich in einem weißen Sack verstecken.
Und ihre jähe Antwort war, dass dies die absolute Kommunikation sei,
ohne jeglichen Vorurteile. Dieses Bag-In erzeugte weltweites

Aufsehen. Zudem wurde *Rape* vorgestellt, ein 70-mimütiger Film, den Lennon und Ono produziert hatten. Natürlich genossen die beiden neben dem großen Aufsehen auch die berühmte Sachertorte. Auch hiervon erzählt *The Ballad Of John And Yoko*: *Made a lightning trip to Vienna, Eating chocolate cake in a bag. The newspapers said, she's gone to his head, They look just like two gurus in drag...*

Das frisch gebackene Ehepaar flog zurück nach London und folgten am selben Tag einer Einladung von Thames Television, einer News-Show, die Eamonn Andrews moderierte. Die Lennons berichteten von ihrer Hochzeit in Gibraltar, ihren Bed-In-Erfahrungen. Lennon gab wie zuvor in Wien zu, dass er bereit sei, den Clown der Welt abzugeben, wenn dadurch der Friede gewährleistet sei. Wie einen Tag zuvor im Hotel Sacher verkrochen sich die beiden erneut in einem weißen Sack. Moderator Andrews wurde eingeladen, mit ihnen unter dem Sack Platz zu nehmen. Andrew folgte der Einladung. Zudem wurde ein behelfsmäßiges Bett im Studio aufgebaut, über dem ein Friedenszeichen prangte. Die drei nahmen auf dem Bett Platz. Zwei Tage später wurden die beiden erneut zu dieser Fernsehshow eingeladen.

Auch Harrison war aktiv. Er folgte einer Einladung zu einer Rundfunksendung im Rundfunkhaus der BBC. Die Sendung wurde in Studio 3B aufgezeichnet für die Show *The World At One.* Das Interview fand am Morgen statt und wurde am selben Tag nachmittags von 13 bis 13.30 Uhr ausgestrahlt. Harrison erzählte ausschließlich von der Arbeit seines Freundes und Lehrers Ravi Shankar, die Person, die ihn, den eigenen Aussagen nach, am meisten nachhaltig beeinflusst hatte. Anwesend war auch der Geigenspieler Yehudi Menuhin, der ebenfalls interviewt wurde.

Der Tag darauf, es war der dritte April, blieb John Lennon und Yoko Ono schmerzhaft in Erinnerung. Abermals wurden sie von „Thames Television" eingeladen. Dieses Mal wurde im Café Royal in der Regent

Street aufgenommen und es waren neben John und Yoko noch der Sänger Rolf Harrison, der amerikanische Komödiant Jack Benny, Yehudi Menuhin, der tags zuvor mit George Harrison zusammen war, sowie die Sängerin Gaynor Jones anwesend. Diesmal wurde vor Live-Publikum gedreht. Wie bereits am ersetn April präsentierten sich John und Yoko in einem Bett. Schnell kippte die Stimmung, weil die Anwesenden sich die Frage stellten, für welchen Zweck die Bed-In und Bagism-Inszenierungen von John und Yoko gut sein sollten. Wie kommt man von einem Bed-In zum proklamierten Frieden, war der Tenor der Show. Es kam zu hitzigen Diskussionen, zuerst mit Jack Benny, der offen die Aktionen von Lennon und Ono kritisierte, auch Menuhin griff Lennon an. Zum Schluss kam es sogar zu einem Schlagabtausch mit Zuschauern aus dem Publikum, die ebenfalls keinen Sinn in den Friedensaktionen des Paares sahen. Lennon wurde bei dieser Show schmerzlich bewusst, dass weder Yoko Ono noch deren avantgardistische Aktionen in seinem Mutterland geschätzt oder verstanden wurden.

5 Die Single *Get Back*

Währenddessen wurde in London gearbeitet. EMI war sehr interessiert daran, dass die Beatles eine neue Single herausbrachten und sie sollten sich überlegen, welcher Song aus dem *Get Back*-Aufnahme Fundus hierfür in Frage käme. Hierfür wurde der Titelsong *Get Back* ausgesucht und von George Martin in Mono abgemischt. Toningenieur an diesem Tag war Jeff Jarratt.

Es wurden von Jarratt vier Mixe angefertigt, von denen Acetate geschnitten wurden. Acetate oder Dubplates waren spezielle Schallplatten, die aus einer dünnen Metallplatte entstanden, die mit Acetat beschichtet waren, in die das Audiomaterial eingraviert wurde. Diese so hergestellten Platten hatten eine geringe Lebensdauer. - Paul McCartney war von den Mixen nicht überzeugt, so war die Arbeit dieses Tages wertlos. Die Mixe mussten wiederholt werden.

Ein paar Tage später, am siebten April 1969, wurden also nochmals im Olympic Studio Mono-Mixe von *Get Back* und *Don't Let Me Down* erstellt. Neben George Martin und Glyn Johns war als einziger Beatle Paul McCartney anwesend, dem die ersten Mixe vom 26. März nicht gepasst hatten. Das zuvor angefertigte Acetat wurde vorab bei der BBC im Radio vorgestellt und McCartney, der die Vorstellung im Radio hörte, war der Ansicht, dass der Mix noch verbessert werden müsste. So kam es, dass an diesem Tag der fünfte Mono-Mix von *Get Back* erstellt wurde. Als das Resultat dieses Mixes mit dem vom 26. März verglichen wurde, konnte man kaum einen Unterschied feststellen. Dass McCartney unzufrieden mit dem Mix war, lag daran, dass der Mitschnitt auf Acetat nur unzureichend die Dynamik des Mixes wiedergab. Ein Mitarbeiter der Olympic Studio hatte zufällig einen kleinen mobilen Plattenspieler im Auto. Auf diesem Gerät spielten sie die Acetate von diesem Tag und vom 26. März ab und konnten keinen gravierenden Unterschied feststellen. Dennoch nahmen sie für die Single den Mix dieses Tages. Zusätzlich wurde noch ein neuer Mono-Mix von *Don't let Me Down* erstellt. Und für die US-Veröffentlichung gab es noch für beide Songs Stereo-Abmischungen.

Für die neue Single brauchte Apple und EMI Promotion-Bilder. Aus diesem Anlass trafen sich die Beatles am neunten April. Es sollte ihre drittletzte Fotosession sein. Sie wurden an zwei Plätzen von drei Fotografen in London fotografiert. Zuerst wurden Bilder im Madingley Club in der Willoughby Street in East Twickenham, London, geschossen, gefolgt von einer größeren Session Duck Walk 4, wo sie ein Boot auf der Themse mieteten. Zuvor wurden die Beatles vor John Lennons Rolls Royce abgelichtet, hinter ihnen erkennt man die Themse. Schnell sammelte sich eine Menschenmenge, die Beatles gaben bereitwillig Autogramme. Dann bestiegen sie ein Ruderboot, das wohl deutscher Herkunft war, denn es hieß *Fritz Otto Maria Anna*, mit dem sie zu einer kleinen Insel mitten auf der Themse ruderten und von dort den Kameras am Flussufer zuwinkten.

Am elften April kam *Get Back*, die 19. Beatles-Single, in England auf den Markt. Es war die erste Veröffentlichung, die aus den schwierigen *Get Back*-Sessions hervorging. Für die B-Seite der Single wurde *Don't Let Me Down* verwendet. Die zwei Titel wurden unzählige Male aufgenommen, bis sie die richtige Form gefunden hatten. Beide Songs stammten von den Aufnahmen, die am 28. Januar im Apple Studio erstellt worden waren.

Die Single war erneut eine Apple-Veröffentlichung und trug die Katalognummer Apple R 5777. Obwohl der elfte April der Veröffentlichungstermin war, wurden an diesem Tag noch nicht alle Händler bemustert. Dies lag daran, dass McCartneys einen neuen Mixtermin anberaumt hatte, der den Zeitplan durcheinanderbrachte. Die Vorab-Präsentation der Single auf BBC Radio eins von Alan Freeman und John Peel löste dieses Chaos aus. Dennoch schoss *Get Back* am 23. April mühelos an die Spitze der Charts, wo sie sich sechs Wochen hielt. Insgesamt blieb die Single 17 Wochen in den Charts. Auf dem Cover der Single war Billy Preston als Gastmusiker prominent vertreten. Diese Ehre wurde zuvor nur Tony Sheridan zuteil. *Get Back* war die letzte Single, die in Mono abgemischt worden war. Die Nachfolge-Single *The Ballad Of John And Yoko* wurde, wie alle weiteren Single, in Stereo abgemischt. Witzigerweise lieferte McCartney den Pressetext zur Single: *„Get Back is The Beatles' new single. It's the first Beatles record which is as live as live can be, in this electronic age. There's no electronic whatchamacallit. „Get Back" is pure spring-time rock number. On the other side there's an equally live number called „Don't Let Me Down".*

In Amerika erschien die Single erst am fünften Mai und auch dort erreichte die Scheibe Platz eins der Charts und blieb dort fünf Wochen. Es war in Amerika die erste Single-Veröffentlichung in Stereo.

Abgesehen von der Rückkehr zum perfekten Studiosound bei der Produktion des *Abbey Road*-Albums wurde die einfach gehaltene Aufnahmetechnik im Live-Verfahren für die nächsten Jahre zur Regel für Lennons und auch McCartneys Soloprojekte.

Am 22. April ließ Lennon seinen Mittelnamen ändern. Die kurze Zeremonie wurde – wie das Konzert zuvor – auf dem Dach des Apple-Gebäudes abgehalten. Zugegen war Bueno de Mesquita, ein Anwalt für eidesstattliche Erklärungen. Lennon mochte seinen Mittelnamen Winston nie leiden, da er patriotischen Gefühlen aus den Wirren des zweiten Weltkriegs entsprang. Er wollte den Mittelnamen Ono stattdessen annehmen, da Ono auch seinen Namen angenommen hatte. Durch diese Verbindung, so Lennon, käme er bei der Zusammenstellung beider Namen auf die Zahl neun bei der Anzahl des Buchtaben O. Mit dem Mittelnamen Winston wären es zehn Buchstaben, was für ihn nicht gut wäre, da neun seine Glückszahl sei. Allerdings war es in England per Gesetz nicht möglich, einen Namen, der bei Geburt gegeben worden war, abzulegen. Er konnte nur einen Namen hinzufügen, aber keinen Namen ablegen. Also blieb es bei der unliebsamen Zahl zehn.

Drei Tage später, am 25. April, wurde im Raum vier des Abbey Road Studios ein vorläufiger Mono-Mix von *Two Of Us* erstellt. Der Tontechniker war Peter Mew. Ein Acetat dieses Mixes gab McCartney dem amerikanischen Trio Mortimer, das bei Apple unter Vertrag stand. Im Mai 69 produzierte McCartney den Song mit der Band, die Single wurde jedoch erst 2017 veröffentlicht.[44] Eine Woche später folgte eine Aufnahme-Sitzung in den Abbey Road Studios. Produzent des Tages war Chris Thomas, Aufnahmeingenieur Jeff Jarratt. George Harrison spielte eine zusätzliche Sologitarre auf eine Version von *Let It Be* vom 31. Januar. Dieses Solo wurde später für die Single-Version verwendet. Für die Album-Version wurde eine andere Spur von

---

44 https://www.youtube.com/watch?v=vLEdAk4NAt4

Harrison hergenommen. Dieses Solo präferierte auch Glyn Johns für seine zweite Version des *Get Back*-Albums.

6 Ein Streit

Auffällig ist, wie bereits ein Jahr zuvor, dass die meisten Aktivitäten der einzelnen Beatles sich nicht auf die Beatles bezogen. Und wenn, dann nicht mehr auf das *Get Back*-Album, sondern sie konzentrierten sich auf Aufnahmen, die für Abbey Road gedacht waren. Im Frühsommer nahmen sie u. a. *Oh! Darling, Something, Octopus' Garden* auf, um nur einige Songs zu nennen. Lennon und Yoko waren in Shows eingeladen, wie z. B. *How Late It Is* und *Scene And Heard* von der BBC, in denen sie lediglich über ihren Film *Rape*, über das Solo-Album *Unfinished Music No. 2 – Life With The Lions by John Lennon And Yoko Ono und über* Yokos Fehlgeburt redeten. Von Beatles keine Spur, obwohl *Get Back* die Charts dominierte. George Harrison veröffentlichte sein Soloprojekt *Electronic Sound* und spielte mit Jack Bruce auf einer Session. McCartney hingegen spielte für den Song *My Dark Hour* von Steve Miller das Schlagzeug ein.

Dieser Aktion ging ein großer Streit voraus. Freitag, neunter Mai, trafen sich alle vier Beatles im Olympic Sound Studio, um Sprach-schnipsel für die Intros und Outros der Songs vom *Get Back*-Album festzulegen. Mit losen Zitaten zwischen den Songs sollte der Live-Charakter des Albums verstärkt werden. George Martin und Glyn Johns kümmerten sich um die Technik. Ebenfalls anwesend war auch der zu kürende Manager Allen Klein, der gekommen war, damit alle vier Beatles seinen Managervertrag unterschrieben. Lennon, Harrison und Starr hatten bereits am Vortag den Vertrag unterzeichnet. Nur fehlte noch Paul McCartneys Unterschrift. Allen Klein sagte, er brauche unbedingt die vierte Unterschrift, das würde der Vorstand seiner Firma ABKCO einfordern, dem er am folgenden Tag, also an einem Samstag, alle vier Unterschriften vorlegen sollte. McCartney lehnte ab zu unterschreiben und meinte, das habe Zeit. Er wusste, dass dies eine

Lüge war. Klein musste keine Rechenschaft vor einem Vorstand ablegen. Er war ja selbst der Vorstand. Der Vertrag sollte vorsehen, dass Klein 20 Prozent der Tantiemen zugesprochen bekommt. Auch das war McCartney entschieden zu viel. Er sagte den anderen, die Beatles seien ein Riesenakt. 15 Prozent wären genug. Darauf gingen die anderen drei nicht ein und warfen McCartney vor, er würde den ganzen Prozess aufhalten. Es kam zu einem argen Streit, und Harrison, Starr und Lennon verließen das Studio.

Es war tatsächlich eine dunkle Stunde – *My Dark Hour* – so hieß der Song von Steve Miller, dessen Album von Glyn Johns produziert wurde. McCartney dürfte sich dem Songtitel entsprechend gefühlt haben. Es gab einen Manager, der nur dreiviertel der Stimmen für sich hatte. Die Band war untereinander zerstritten. Das Zerwürfnis nahm seinen Lauf.

Was McCartney jedoch nicht davon abhielt, für gute Publicity zu sorgen. Dafür war er Profi genug und mit ganzem Herzen ein Beatle. Am 15. Mai gab er der BBC ein Interview für die Sendung *Radio Merseyside's Light And Local*. Das Interview wurde in Cheshire abgehalten. Interviewpartner war Roy Corlett. McCartney erzählte, dass die Beatles im Studio sehr aktiv seien und sich daher nicht so sehr in der Öffentlichkeit zeigen. Er erwähnte auch, dass zu viel Zeit in die Firma Apple investiert wurde und ließ erkennen, dass ihm diese Art von Arbeit nicht zusagte. Es wurden noch weitere Themen besprochen wie der Film *The Magical Mystery Tour* und seine Beziehung zu John und Yoko. Auffallend ist, dass McCartney bemüht war, ein gutes Licht auf die Beatles zu werfen. Anschließend fuhren er und Linda in den Urlaub nach Korfu und verbrachten ein paar Tage auf den Bahamas. Ringo unternahm mit Frau Maureen eine Reise auf dem Luxusdampfer Elizabeth II.

7 *Give Peace A Chance*

Auch John und Yoko reisten zu den Bahamas, von dort weiter nach Montreal, um in dieser Stadt im Queen Elizabeth Hotel ihr zweites Bed-In abzuhalten. Ursprünglich wollten sie ihren Bett-Protest in New York zelebrieren, dieses Vorhaben scheiterte jedoch, weil ihnen die Einreise wegen Drogendelikte untersagt worden war. So belegten sie für acht Tage die Suiten 1738, 1740 und 1742, wurden von unzähligen Leuten besucht, beantworteten unentwegt Fragen und am ersten und zweiten Juni nahmen sie dort im Bett den coolen Song *Give Peace A Chance* auf. Bei den Aufnahmen nahmen viele Personen teil: Tommy Smothers von den Smoother Brothers spielte neben Lennon Gitarre, im Refrain mitgesungen haben: der Beatpoet Allen Ginsberg, der Drogen-Guru Timothy Leary mit seiner Frau Rosemary Woodruff, die Sängerin Petula Clark, der Beatles Pressesprecher Derek Taylor, der DJ Murray the K, Dick Gregory, der Rabbi Abraham Feinberg sowie der kanadische Radha Krishna Tempel, der nicht nur mitsang, sondern für die Perkussion sorgte. Mit den Auf- und zuschlagen des Kleiderschrankes erzeugten sie den Beat. Der Song entstand während der ersten Tage im Bett. John Lennon antwortete bei den Interviews am ersten Tag oft mit der Zeile *All we are saying is give peace a chance,* daraus entstand nach ein paar Tagen der Song, der am letzten Tag der Bed-In-Sessions aufgenommen werden sollte. Derek Taylor wurde gebeten, Equipment für eine professionelle Aufnahme zu beschaffen. Der Beatles-Pressesprecher telefonierte mit André Perry, dem Besitzer eines kleinen Studios vor Ort. Er stellte vier Mikrofone und eine Vierspurmaschine zur Verfügung, alles wurde im Raum 1742 installiert. So konnte es losgehen. Es gab einen Probedurchgang und danach nur noch einen Durchlauf, der auf Anhieb passte. Lennon war begeistert vom Ergebnis. Da der Raum relativ klein war, hatte Perry jedoch die Angst, dass die Aufnahme übersteuert war und die Stimmen verzerrten. Aus diesem Grund kontrollierte er die Spuren sicherheitshalber, um sie dann in seinem Studio auf eine Achtspurmaschine zu überspielen. Wie er befürchtet hatte, war der Sound leicht verzerrt und verrauscht. Aus diesem Grund heuerte er auf eigene Faust einen Trupp Sängerinnen und Sänger an, die in einer Nachtaktion nochmals dazu sangen, damit der Sound tragbar für eine Single wäre. Am nächsten Morgen kam Perry mit einem Mix davon ins Hotel. Lennon schickte alle Leute, die soeben im Raum waren, raus, damit er und Yoko in Ruhe das Band anhören konnten. Lennon war hin und weg und sagte ihm, dass er es genau so, wie es jetzt klingt, haben wolle. *Give Peace A Chance* sollte die erste Single von Lennon werden, die er ohne Beatles aufgenommen hatte und ohne Beatles auf den Markt werfen sollte. Ursprünglich sang Lennon in der dritten Strophe „Masturbation", was er jedoch abänderte in „Mastication" (Kauen), da er Ärger mit den Behörden vermeiden wollte. Die komplette Aufnahmesession wurde gefilmt und später als Promotionfilm eingesetzt. Auf dem später folgenden Live Peace-Festival in Toronto sang er Masturbation. Da hatte Lennon keine Bedenken.

8 Die *Get Back*-Mixe

Am 28. Mai war wieder eine Beatles-Aktion angesagt. Erneut waren George Martin und Glyn Johns in den Olympic Studios in London, um *Let It Be* in Stereo abzumischen. Johns hatte die Tage zuvor schon fleißig an den Mixen für das komplette *Get Back*-Album gearbeitet und wollte gemeinsam mit Martin die Lieder ordnen. Die Beatles waren an diesem Prozess nicht beteiligt. Folgende Lieder wurden ausgesucht und in dieser Reihenfolge festgelegt:

• *One After 909* (Aufnahme vom 30. Januar)
• *I'm Ready* (Aufnahme vom 22. Januar)
• *Save The Last Dance For Me* (Aufnahme vom 22. Januar)
• *Don't Let Me Down* (Aufnahme vom 22. Januar)
• *Dig A Pony* (Aufnahme vom 23. Januar)
• *I've Got A Feeling* (Aufnahme vom 22. Januar)

- *Get Back* (Single-Schnitt vom 27./28. Januar)
- *For You Blue* (Aufnahme vom 25. Januar)
- *Teddy Boy* (Aufnahme vom 24. Januar)
- *Two Of Us* (Aufnahme vom 24. Januar)
- *Maggie Mae* (Aufnahme vom 24. Januar)
- *Dig It* (Aufnahme vom 24. Januar)
- *Let It Be* (Aufnahme vom 31. Januar)
- *The Long And Winding Road* (Aufnahme vom 26. Januar)
- *Get Back* (Reprise, Aufnahme vom 28. Januar)

9 The Ballad Of John And Yoko

Am Freitag, den 30. Mai, wurde *The Ballad Of John And Yoko* als zweite Beatles-Single 1969 veröffentlicht. Es war die Nachfolge-Single der Beatles nach *Get Back*. Auf der B-Seite der Single landete *Old Brown Shoe*, eine Kompostion von George Harrison. *The Ballad Of John And Yoko* nahmen Lennon und McCartney am 14. April im Alleingang auf. Harrison war an diesem Tag im Ausland und Starr filmte für *The Magic Christian.* Die beiden buchten Raum drei der Abbey Road-Studios und nahmen von 13.30 bis 21 Uhr insgesamt elf Takes von dem Lied auf. Produzent war, wie in alten Tagen, George Martin, und als Tontechniker war wieder einmal nach neun Monaten Beatles-Abstinenz Geoff Emerick zugange. Die Achtspurbänder legte John Kurlander ein. Die Unstimmigkeiten und Animositäten waren an diesem Tag wie weggefegt. Die beiden zeigten sich humorvoll und in bester Spiellaune. Vor der Aufnahme des dritten Durchgangs sagte John zu Paul, der bei dem Song das Schlagzeug spielte: Spiel etwas schneller, Ringo!" und Paul antwortete: „OK, George!" Der zehnte Take war mit Abstand der beste. Sicherheitshalber setzten sie noch einen Take um drei Halbtöne höher gespielt (in G-Dur) drauf, was aber nicht überzeugender klang.

So spielten sie die übrigen Instrumente auf den zehnten Take: McCartney spielte den Bass, Lennon die Lead-Gitarre, dann nahm

McCartney die Rumba-Kugeln auf und Lennon spielte die zweite Lead-Gitarre. Abschließend sang Lennon die Lead-Stimme ein und Paul vervollständigte den Song mit seiner zweiten Stimme.

Zum Schluss wurde der Song abgemischt. Es sollte die erste Stereo-Single der Beatles werden. Unverständlich bleibt, warum die Beatles diese Single so kurz nach *Get Back* veröffentlichten. *Get Back* belegte zu diesem Zeitpunkt immer noch Platz eins der Charts. Am vierten Juni 1969 stieg *The Ballad Of John And Yoko* in den UK-Charts ein, erreichte eine Woche später Platz eins und löste dort die Vorgänger-Single ab. Für drei Wochen blieb die zweite Single Platz eins, insgesamt war der Song 14 Wochen in den Charts vertreten.

Die Aufnahmen für *Old Brown Shoe* waren im Gegensatz zur A-Seite aufwändiger. Bereits bei den *Get-Back*-Sessions gab es unzählige Versuche, den Song aufzunehmen, aber keine Version konnte Harrison überzeugen. Am 16. April wagten sich die Beatles erneut an den Song heran. Auch an diesem Tag fehlte Ringo, der bei den Drehs zu *The Magic Christian* unabkömmlich war. Wie für die A-Seite spielte auch hier McCartney das Schlagzeug ein. Nach dem vierten Durchlauf war der Song im Kasten. Den exzellenten Bass-Part mit den schnellen und sauber gespielten 16tel-Läufen spielte allem Anschein nach Harrison ein. Zwei Tage später addierte Harrison noch eine Solo-Gitarre und Orgel, bevor es ans Mischen ging. Es wurden 19 Stereomixe angefertigt. Erst der letzte Mix fand Gnade vor Harrisons Ohren. Somit war auch dieser Song fertig zur Veröffentlichung. Ein immens unterschätztes Kleinod Harrisons, das locker mit Meisterwerken Lennons und McCartneys konkurrieren kann.

10 Unfall in Schottland

Ende Juni machten die Lennons Urlaub. Zuerst verbrachten sie ein paar Tage in Wales, dann ging es weiter Richtung Schottland. Sohn Julian aus erster Ehe, sowie Tochter Kyoto, ebenfalls Kind aus erster Ehe, waren dabei. Lennon war ein lausiger Autofahrer, der, seitdem er

1965 mit Mühe die Führerscheinprüfung abgelegt hatte, wenig Fahrpraxis hatte. Das sollte sich bemerkbar machen. Am ersten Juli fabrizierte Lennon mit seinem Leyland Austin Maxi in der Nähe von Durness in den Highlands einen Unfall. Die Straße war eng, das Wetter schottisch-schlecht, dadurch die Sicht begrenzt, ein anderes Auto irritierte Lennon, er bekam Panik und setzte das Auto in den Graben. Lennon und Kyoto wurden im Gesicht verletzt, Yoko im Gesicht und am Rücken. Julian kam mit dem Schrecken davon. Sie kamen alle ins Golspie's Lawson Memorial Krankenhaus, wo Lennon im Gesicht mit 17, Ono mit 14 und Kyoto mit vier Stichen genäht wurden. Nachdem die Schockwirkung bei Julian ausgestanden war, kam er zu Lennons Tante Mimi in das 70 km entfernte Durness, wo er von seiner Mutter Cynthia abgeholt wurde. Sie fuhr auch ins Krankenhaus, um von Lennon einer Erklärung zu erhalten, jedoch weigerte sich Lennon, seine Ex-Frau zu empfangen. Sie fuhr unverrichteter Dinge nach London zurück mit Julian im Gepäck.

Der geschrottete Austin Maxi kam später in das kurz zuvor gekaufte Anwesen Tittenhurst Park und wurde dort in der Parkanlage als Mahnmal positioniert. Es gibt ein Foto von John und Yoko, wie sie beide lächelnd vor dem Wrack posieren. Erwähnenswert ist dieser Vorfall, weil die Beatles zuvor beschlossen hatten, ab ersten Juli wieder ins Studio zu gehen, um das Abbey Road-Album aufzunehmen, vielmehr abzurunden. Im Grunde liefen seit den *Get Back*-Sessions in einer losen Folge die Aufnahmen für das Album. Lennon war es egal. Nach dem Krankenhausaufenthalt verbrachte er noch drei Tage im neuen Zuhause in Tittenhurst und schloss sich der Band erst am neunten Juli an. Da Yoko erneut schwanger war, und er Angst hatte, dass Yoko durch den Unfall nochmals eine Fehlgeburt erleiden könnte, organisierte Lennon ein Bett von Kaufhaus Harrods, ließ es im Abbey Road Studio aufbauen und installierte eigens eine Sprechanlage für seine Frau, damit er während der Aufnahmen sofort für sie erreichbar war.

11 *Abbey Road* – und die vorletzte Fotosession der Beatles

Den ganzen Juli waren die Aufnahmen für das *Abbey Road*-Album im Gange. Es war, im Gegensatz zu den *Get Back*-Sessions, ein durchaus konzentriertes Aufnehmen, das von George Martin fest geführt wurde. George Martin war überrascht, als Paul McCartney ihn anrief und fragte, ob er Lust hätte, das neue Album der Beatles zu produzieren. Nach dem desaströsen Verlauf der *Get Back*-Sessions dachte Martin insgeheim, dass es kein weiteres Album geben würde. Er sagte McCartney zu, jedoch nur unter der Voraussetzung, dass wie die Jahre zuvor die Produktion nach seinen Maßstäben ablaufen sollte. McCartney stimmte zu. Martin fragte nach, ob auch Lennon dazu bereit wäre, auch das bestätigte McCartney. Und tatsächlich, es war so, als ob sich alle vier Beatles noch einmal zusammenrissen und ihre Streitigkeiten ad acta legten. Zu diesem Zeitpunkt war noch alles in der Schwebe. Keiner von ihnen wusste, dass es das letzte Album sein würde, das sie aufnahmen. Vielleicht ahnten sie es insgeheim …

Freitag, der achte August 1969, war ein heißer Tag in London, mit einer großartigen Sicht. Der perfekte Tag für die vorletzte Fotosession der Band. Am Morgen dieses Tages trafen sich die Beatles im Abbey Road-Studio, jedoch nicht nur, um einen weiteren Song für das Album aufzunehmen, sondern um sich für das Plattencover ablichten zu lasten. Iain Mcmillan, ein Freund von John und Yoko, sollte die Band ablichten. Er war, wie Glyn Johns, ein Freelancer in seinem Beruf, also nirgendwo fest angestellt. Für die Session hatte Macmillan eine Hasselblad dabei. (Mit einem 50 mm Weitwinkelobjektiv inkl. einer weit geschlossenen Blende f22 und einer Auslösezeit von 1/500 Sekunden.) Während die Band außerhalb des Studios wartete, schoss Linda McCartney einige Fotos von den Beatles. Bereits Tage zuvor hatte sich McCartney Gedanken zum Shooting gemacht und seine Ideen skizziert. Diesen Plan ließ er Macmillan zukommen.

Ein Polizist sperrte für kurze Zeit die Abbey Road, Macmillan platzierte in der Mitte der Straße, direkt vor dem Zebrastreifen eine Trittleiter, um eine interessantere Perspektive für die Fotos zu bekommen. Die Beatles gingen sechs Mal über den Streifen. Da es heiß war, ging McCartney viermal barfuß, zwei Mal trug er Sandalen. Bei der Durchsicht der Aufnahmen entschied sich McCartney später für den fünften Durchgang. Es ist die einzige Aufnahme, bei der alle Vier in einer Reihe hintereinander gehen. Mit dieser Wahl waren die anderen drei ebenfalls einverstanden. Vor allem deswegen, weil sie sich alle vier vom Studio fortbewegten und nicht – wie in anderen Aufnahmen – sich darauf zubewegten. Sie wollten mit diesem Foto ein Zeichen setzen, dass sie sieben lange Jahre sehr viel Zeit in diesem Studio zugebracht hatten. Es waren weder Manager oder gar Stylisten am Ort des Geschehens und es ging schneller, als die Beatles gedacht hatten. So hatten sie über zwei Stunden Zeit bis zur geplanten Aufnahmesession. Wie Mal Evans berichtete, ging John mit Paul zu ihm nach Hause, George besuchte kurzerhand den Zoo, und Ringo ging einkaufen.

Nachdem Macmillan die Beatles abgelichtet hatte, suchte er noch ein geeignetes Motiv für die Cover-Rückseite. Er wurde nach etwa einem Kilometer fündig und knipste ein Foto in der Ecke Abbey Road und Alexandra Street. Just als Macmillan knipste, huschte eine junge Frau im blauen Kleid vor ihm vorbei, die sich als unscharf aber sichtbar als zusätzliche Zierde auf der Rückseite unsterblich machte. Die Alexandra Street existiert heute nicht mehr. Sie musste einem großen Wohnblock weichen, der sich von der Boundary Road bis zur Belsize Road erstreckt.

Bei der Überlegung, wie die Platte heißen sollte, kamen die Beatles zuerst auf den Namen *Everest,* was im Grunde nicht anders zu verstehen ist als ein Bekenntnis zur Superlative: Die größte Band der Welt lässt sich abbilden auf dem höchsten Berg der Welt. Obgleich der Berg mit seinen 8848 Metern der ungeheuren Vertikalspannung der

Beatles nicht hätte gerecht werden können. Zugleich gab es vor allem von Harrison eine Abweichung von der Vertikalmaxime. Für ihn hieß es: jede Stufe nach oben führt dich vom richtigen Leben fort. Die Everest-Idee wurde nicht verwirklicht. Keiner war bereit, eine Reise in den Himalaya zu unternehmen, um sich dort fotografieren zu lassen, also wurde das Vorhaben abgeblasen. Statt dessen fokussierten sie sich auf das Naheliegendste: die Straße vor ihrer Arbeitsstelle, mitten im Stadtteil St. John's Wood.

Das Plattencover wurde mindestens so berühmt wie die Musik, die sie birgt. Noch heute gerät der Verkehr dort ins Stocken, weil immer aufs Neue Scharen von Touristen dort sich einfinden und fast jeder von den Besuchern möchte dort ein Foto schießen. 2010 stellte Premierminister John Penrose den Zebrastreifen unter Denkmalschutz. Als die Corona-Krise in England ausbrach, verebbte nach mehreren Jahrzehnten zum ersten Mal der endlose Zuschauerstrom in der Abbey Road. So wurde die Gelegenheit genutzt und im Zuge der Ausgangsbeschränkungen und Reiseverbote der Zebrastreifen des Fußgängerübergangs im März 2020 neu übermalt.

Links hinter dem Kopf von John Lennon sieht man auf dem Abbey Road-Cover einen Mann stehen. Es handelt sich um Paul Cole, der, wie es der Zufall haben will, mit seiner Frau Urlaub in London machte, und sich just als die Beatles die Fotoaufnahmen machten, zugegen war. Viele Jahre später wurde er von einem Reporter gefragt, wie ihm denn die Beatles und das Album, auf dessen Frontcover er verewigt worden ist, gefiele. Die Antwort fiel nüchtern aus: er war weder ein Beatles-Fan, noch hatte er sich das Album jemals angehört.

Die Negative, die Macmillan schoss, sind mittlerweile ein kleines Vermögen wert. Der Fotograf hatte in seiner Karriere einzelne Aufnahmen signiert verkauft, jedoch nie die komplette Serie.

12 Paul ist tot

Nicht unerwähnt dürfen die Spekulationen über Pauls Tod bleiben, die nach der Albumveröffentlichung Fahrt aufnahmen. Es gab hierfür mehrere Indizien. Zum einen sieht man auf dem Cover einen weißen Käfer mit dem Nummernschild LMW 28 IF. Russell Gibb, ein amerikanischer Rundfunkreporter, interpretierte dieses Schild wie folgt: Paul sei mit 28 Jahren gestorben und die Buchstaben auf dem Nummernschild seien die Initialen für Linda McCartney Widow. Der Hinweis, dass Linda Witwe sei, wurde bestärkt durch die Tatsache, dass Paul McCartney barfuß abgelichtet war. In Großbritannien geschah es nicht selten, dass Tote barfuß begraben wurden. Und in Maffiakreisen galt ein Mensch, der keine Schuhe trägt, als tot. Auch wurde festgestellt, dass McCartney als einziger nicht im Gleichschritt geht. Dann trägt McCartney, der Linkshänder, seine Zigarette rechts. Dazu war Ringo ganz in Schwarz gekleidet, als Zeichen der Trauer, und John, der dem Zug voranging, hatte einen weißen Anzug an. Weiß gilt indes in der hinduistischen Tradition als Farbe des Todes. Und waren die Beatles nicht nach ihrem Aufenthalt im Ashram der hinduistischen Kultur zugeneigt?

Es gab schon die Jahre zuvor die Gerüchte, dass McCartney bei einem Autounfall ums Leben gekommen sei. Die vielen Hinweise auf dem *Abbey Road*-Cover machten die Verschwörungstheorie plausibel. Dort auf dem Cover war nicht Paul McCartney, sondern ein Double abgebildet. Paul war schon längst nicht mehr am Leben. Es gab unzählige Presseanfragen bei Apple. Paul reagierte gelassen und konterte mit einem Zitat von Mark Twain: „Die Gerüchte über meinen Tod sind stark übertrieben!"[45]

---

45 Der amerikanische Erzähler und Satiriker hieß eigentlich Samuel Langhorne Clemens. Zitatquelle: New York Journal, 1895-1901, 2. Juni 1897

Abbey Road wurde am 26. September in England und Europa veröffentlicht. Amerika folgte am ersten Oktober 1969. Schon eine Woche nach Veröffentlichung stieg *Abbey Road* in den britischen Charts auf Platz eins ein und hielt sich dort 18 Wochen. In England war es das insgesamt zehnte Nummer-eins-Album der Beatles. In Deutschland war es das neunte Album der Beatles, welches auch hierzulande Platz eins der Charts erreichte. In den USA schoss *Abbey Road* ebenfalls auf den ersten Platz der US-amerikanischen Charts, für elf Wochen; dort war es das 13. Nummer-eins-Album für die Beatles.

13 Rechtsstreit Lennon vs Berry

Es gab nach Veröffentlichung des Albums ein rechtliches Problem mit einem der früheren Heroen der Beatles. John Lennon bediente sich für eine Textzeile seines Songs *Come Together* bei Chuck Berry. 1956 veröffentlichte Berry seinen Song *You Can't Catch Me,* in dem folgende Textzeile zu finden ist: *Here come a flat-top, he was movin' up with me.* Lennon formte sie um in: *here come old flattop, he come groovin' up slowly.* Lennon meinte später, der Berry-Song diente ihm zur Inspiration, was jedoch Morris Levy, Berrys Musikproduzent, anders auslegte. Er hatte die Verlagsrechte des Songs und verklagte Lennon wegen beabsichtigten Plagiats, nicht nur wegen der übernommenen Textzeile, sondern auch im Hinblick auf die Melodielinie, die bei Lennon nur stark verlangsamt vorkam, jedoch auch hier dem Original zu stark ähnelte. Es kam zu einer außergerichtlichen Verständigung: Lennon sollte zur Entschädigung ein Rock'n'Roll-Album aufnehmen, das drei Songs beinhaltet, die bei Levy im Verlag waren. Lennon ging dieser Verpflichtung nach und brachte tatsächlich 1975 ein Rock'n'Roll-Album heraus. Allerdings nahm er nur zwei Songs auf, die sich in Levys Verlag befanden: *You Can't Catch Me* und *Ya Ya. Angel Baby,* das dritte vereinbarte Lied kam bei den chaotischen Aufnahmen mit Phil Spector nicht zustande. Woraufhin Lennon die verschmerzbare Strafe von 6795 Dollar an Levy verrichten musste. Die Ironie der Geschichte: Jahre später veröffentlichte Levy ein Album namens *Roots*, auf dem alte Lennon-Bootlegs verwendet wurden. Lennon drehte den Spieß um und verklagte Levy. Vor Gericht wurde Lennon vom zuständigen Richter eine Entschädigung von 84912,96 Dollar zugesprochen. Dieser Gerichtsentscheid gefiel Morris Levy nicht. Es wäre klüger gewesen, die Angelegenheit auf sich beruhen zu lassen. In den 70er Jahren wurde Lennon bei einem Interview angesprochen, ob er wüsste, dass die Rolling Stones ein Riff von ihm geklaut haben. Lennon antwortete, dass man in der Musik nichts klauen kann. Es gebe, so seine These, nur eine Melodie – und alle Songs seien nur Variationen dieser einen Urmelodie. Eine interessante These, die an die Orpheus-Thematik erinnert und Lennons Sinn für größere Zusammenhänge unterstreicht.

Musikalisch betrachtet war *Abbey Road* eine Meisterleistung. Wie bei keinem Album der Beatles zuvor schafften sie es, unterschiedliche Stile mühelos konzeptuell zu vereinen, ohne störende Brüche oder fremd anmutende Übergänge zu erzeugen. So findet man ein klassisches Motiv bei *Because*, inspiriert von Beethovens Mond-scheinsonate, McCartney brilliert mit Quintfallsequenzen bei seinem Song *You Never Give Me Your Money*, ein Stilmittel, das im Jazz geläufig ist. Lennon greift mit *I Want You (She's So Heavy)* seiner Zeit voraus und tastet sich stilistisch an den Progressive Rock.

Das Medley auf der B-Seite bestand aus drei Lennon und fünf McCartney-Kompositionen, acht inhomogene Songs, die auf Wunsch von McCartney stilvoll verbunden waren. Produzent George Martin war von dieser Idee begeistert und fühlte sich in die Produktion von *Sgt. Pepper's Lonely Hearts Club Band* zurückversetzt. Lennon hingegen hielt von dieser musikalischen Extravaganz nichts und überlegte sich sogar, seine drei Songs aus dem Symphonischen B-Seiten Trakt herauszunehmen.

Interessant ist, dass neun Songs vom *Abbey Road*-Album aus dem Fundus der *Get Back*-Sessions stammten. So unzufrieden sie mit den

Aufnahmeergebnissen ein dreiviertel Jahr zuvor waren, so grandios waren nun die Ergebnisse, was eindrucksvoll bezeugt, wie prägend George Martins Arbeitsweise als Produzent auf die Arbeit der Beatles gewirkt hat. Man darf seinen Einfluss nicht unterschätzen. So sagte er später: *„Let It Be war eine so unglückliche Platte gewesen, dass ich wirklich glaubte, sie markiere das Ende der Beatles, und schon damit rechnete, nie wieder mit ihnen zu arbeiten, ‚Schade, dass es so enden muss', dachte ich. Daher war ich ziemlich überrascht, als Paul mich anrief und fragte: ‚Wir nehmen eine neue Platte auf – hast du Lust, sie zu produzieren?' – ‚Nur, wenn ihr mich genauso machen lasst wie früher' lautete meine spontane Antwort. ‚Genau das haben wir vor' sagte er. – ‚John ist auch dabei?' – ‚Ja, Ehrenwort.' Das wurde eine sehr schöne Platte, ich glaube, es lag daran, dass alle der Meinung waren, sie würde die letzte sein.*[46]

Auch Geoff Emerick, der die Arbeit am *Weißen Album* abgebrochen hatte und seitdem nicht mehr für die Beatles tätig war, trug seinerseits zu einem tollen Sound bei. Er war überrascht, dass sich alle zusammenrissen und für eine gute Stimmung im Studio sorgten. Dies war für ihn der Grund, warum die Platte so exorbitant gut klang.

Im Vergleich hierzu hatte Glyn Johns, der bei den *Get Back*-Sessions federführend war und – im Gegensatz zu George Martin – bei jeder Session zugegen war, Probleme mit der schlechten Stimmung, die herrschte. Es war ihm unmöglich, an die Beatles heranzukommen. So griff er nicht wie Martin in den Arbeitsprozess ein, sondern ließ alles gleiten. Die gedrückte Stimmung war auch der Grund, warum sich George Martin bei den unfruchtbaren *Get Back*-Sessions distanziert hatte.

Ein neueres Dokument, herausgebracht von Mark Lewisohn, belegt, dass die Beatles zu diesem Zeitpunkt nicht an eine Trennung dachten. Nach den Aufnahmen, die am 20. August abgeschlossen waren, trafen

---

46 The Beatles:*The Beatles Anthology.* S. 337

sich am achten September Lennon, McCartney und Harrison zu einem Meeting in der Savile Row. Ringo Starr fehlte, er musste kurzfristig zu einer Untersuchung ins Krankenhaus. Aus diesem Grund nahmen die drei ihr Gespräch auf Tonband auf, um Ringo auf diesem Weg über die Ergebnisse zu informieren. Es wurde eine Single für Weihnachten sowie über ein Nachfolge-Album von *Abbey Road* diskutiert. Lennon schlug eine neue Roadmap vor, dass er, McCartney und Harrison zukünftig jeweils vier Songs und Ringo zwei Songs beisteuern sollten. Zudem wollte er die gemeinsame Autorenschaft mit McCartney beenden. Diese Aufnahme wurde 50 Jahre später veröffentlicht und belegt eindeutig, dass die Beatles zu diesem Zeitpunkt noch nicht über eine Trennung nachdachten. [47]

14 Die letzte Fotosession der Beatles

An einem Freitag, den 22. August, zwei Tage nach Fertigstellung der letzten Aufnahmen zum *Abbey Road*-Album, trafen sich die vier Beatles zu einer Fotosession. Es sollte die letzte Begegnung der vier sein, um als Band tätig zu sein. Alle weiteren Treffen waren geschäftlicher Natur. Aber das war keinem der Anwesenden zu diesem Zeitpunkt bewusst gewesen.

Die Aufnahmen fanden in Tittenhurst Park in Sunninghill nahe Ascot, Berkshire, statt. Dieses etwa 30 Hektar große Anwesen hatte Lennon am vierten Mai 1969 erworben, bezog es jedoch mit Yoko erst am elften August, während die Abbey Road-Aufnahmen in vollem Gange waren. Die Fotografen waren Ethan Russell und Monte Fresco. Mal Evans, der Assistent der Beatles, nahm zusätzlich auf. Die hoch-schwangere Linda, die ebenfalls anwesend war, hatte eine 16mm Kamera bei sich, mit der sie filmte. Es sollten die letzten Filmaufnahmen der Beatles sein. Einige Aufnahmen wurden von der BBC am 19. September 1969 anlässlich eines Abbey Road-Specials

---

47 https://www.theguardian.com/music/2019/sep/11/the-beatles-break-up-mark-lewisohn-abbey-road-hornsey-road

ausgestrahlt. Es wurden unzählige Bilder vor dem Haus, im Haus und im Freien geschossen. Lennon und Harrison trugen Hüte mit exorbitant großen Krempen.

Pressesprecher Derek Taylor sowie Martha, McCartneys Hund, wurden auf einem der Fotos festgehalten. Ein Bild aus der Session wurde später für das *Hey Jude*-Album verwendet. Zufälligerweise wurde genau sieben Jahre zuvor, also am 22. August 1962, das erste Mal die Band mit Ringo, der eben dazugekommen war, fotografiert, und zwar bei Proben im Cavern Club in Liverpool.

Am 26. September 1969 erschien *Abbey Road* in England und Europa. Es war das letzte Album, das herauskam, als die Band noch zusammen war. Und es war das Album, das zuletzt in der Karriere der Beatles vollständig aufgenommen worden ist. Obgleich wir wissen, dass zweidrittel der Songs aus den *Get Back*-Sessions stammen. Das Album erschien in Stereo – die Zeiten der Mono-Mixe waren endgültig vorbei. *Abbey Road* stieg am vierten Oktober auf Platz eins der Charts, blieb dort für elf Wochen, bis es vom Album *Let It Bleed* der Rolling Stones auf Platz zwei verdrängt wurde. Allerdings konnte sich das Stones-Album nicht halten, denn eine Woche später, am 27. Dezember, eroberte *Abbey Road* erneut die Spitze und blieb dort für weitere sechs Wochen der Spitzenreiter. Insgesamt war das Album 92 Wochen in den UK-Top 75!

Weltweit verkaufte sich *Abbey Road* bis Dezember 69 ingesamt fünf Millionen Mal und war damit das meistverkaufte Album des Jahres. Es war zudem das viert erfolgreichste Album in den 60er Jahren und schaffte in den 70er Jahren den achtbesten Platz bei den Album-Verkäufen. 1980 war *Abbey Road* das erste Album der Beatles, das über zehn Millionen Platten weltweit verkauft hatte.

15 Ein absurdes Interview

John und Yoko gaben am zwölften September der Druckpresse eine Reihe von Interviews. Redakteure vom Melody Maker, von Disc and Music vom Echo und Rave-Magazin und von der Tageszeitung Times kamen hierfür in das Apple Gebäude in der Savile Row 3.

Lennon sprach mehrere Themen an. Darunter war sein dringlicher Wunsch, endlich einmal eine Privatsphäre zu genießen. Doch das Wichtigste waren seine Äußerungen zu den Beatles. Er gestand, dass er nur wenige wahre Freunde habe. Darunter seien neben Yoko und ihrem Künstlerkreis Neil Aspinall, Derek Taylor und Peter Brown und vor allem die Beatles. Seine Band, so Lennon weiter, hätte so einige Durchhänger gehabt, aber so wie diese gekommen sind, sind sie auch wieder verschwunden. Er hätte öfter mit anderen Musikern gearbeitet, aber keiner von ihnen sei auf seiner Wellenlänge gewesen. Wenn er eine Aufnahme machen wollte, würde er dies nur mit seinen Beatles-Freunden machen.

Diese Würdigung und Liebeserklärung war insofern denkwürdig, da Lennon einen Tag später seinen Ausstieg aus der Band verkündete.

Denn am Abend des selben Tages klingelte das Telefon bei Apple. Am andern Ende der Telefonleitung war der Veranstalter John Brower, der Lennon und Ono zu dem Rock and Roll-Revival-Festival in Toronto einlud. Er sagte ihm Erste-Klasse-Flugtickets zu für ihn, seine Freunde und Begleiter. Zu diesem Zeitpunkt war der Vorverkauf des Festivals schleppend und drohte, ein wirtschaftliches Desaster zu werden. Brower benötigte unbedingt ein Zugpferd, um den Vorverkauf anzukurbeln. Umso überraschter war er, dass Lennon nicht nur bereit war nach Toronto zu kommen, sondern sogar nur unter der Bedingung, dass er auch spielen könne. Bis dato waren gemäß dem Motto die alten Rock'n'Roll-Heroen verpflichtet, unter anderen Gene Vincent, Bo Didley. Little Richard, Chuck Berry und Jerry Lee Lewis. Als Headliner wurden die Doors verpflichtet. Das Konzert sollte zwölf Stunden laufen. Brower sagte ohne zu zögern zu, konnte sein Glück kaum fassen, einen Beatle in sein Live-Programm aufzunehmen. Lennon brauchte also auf die Schnelle eine Band. Die Beatles kamen für ihn nicht ihn Frage. Er brauchte einen schnellen Ersatz. Er telefonierte mit Eric Clapton, Klaus Voormann und Alan White. Alle waren verfügbar und waren nach einem gewissen Drängen bereit, den nächsten Tag mit ihm nach Toronto zu fliegen. Clapton war übrigens nicht Lennons erste Wahl als Lead-Gitarrist. Er fragte zuerst bei Harrison an, der dankend ablehnte. Er hatte keine Lust auf eine Avantgarde-Band mit einer flippigen Sängerin.

16 Live Peace in Toronto

Brower organisierte auf die Schnelle die Visas und Formalitäten, die für die Einreise nach Kanada nötig waren, und Mal Evans kümmerte sich um das Musik-Equipment, das für den Gig benötigt wurde. Allerdings bekam Lennon einen Tag später kurz vor der Abreise kalte Füße. Er bat seinen Assistenten Anthony Fawcett, seinen geplanten Auftritt abzusagen und Veranstalter Brower einen Strauß weißer Rosen zu schicken. Doch der Assistent fuhr zu den Lennons in den Tittenhurst Park, fest entschlossen, Lennon umzustimmen, was er tatsächlich schaffte. So flogen die Musiker doch nach Toronto, zwar mit Verspätung, da sie wegen Lennons Stimmungswandel eine Maschine später nehmen mussten, aber mit der sie es geraden noch rechtzeitig zum Auftritt schafften. Geprobt haben die Musiker die Nummern für die 20-Minuten-Show während des Flugs. Da es sich hauptsächlich um Standards handelte, die Lennon mit den Beatles oftmals spielte und teilweise sogar aufnahm, musste sich die Band nur die Tonlage merken von *Blue Suede Shoes, Money und Dizzy Miss Lizzy.* Lennon gedachte auch, eigene Nummern vorzutragen: *Yer Blues, Cold Turkey, Give Peace A Chance* und Yokos Nummern *Don't Worry Kyoko und John John (Let's Hope for Peace).*

Jedoch war dies nicht nur das Debüt von Lennons Plastic Ono Band – an diesem Tag entschloss Lennon, die Beatles zu verlassen. Vor dem Flug telefonierte er mit Allen Klein und teilte ihm mit, dass er bei den Beatles aussteigen wolle. Während des Flugs erzählte Lennon auch dem Bassisten Klaus Vormann und Schlagzeuger Alan White sein Vorhaben, die Beatles zu verlassen. Er fügte hinzu, dass er noch nicht genau wisse, wie es für ihn weitergeht. Er hatte sich noch nicht entschieden, eine feste Formation neu zu gründen. Innerhalb von zwölf Stunden war jedenfalls aus den Interviews, in denen Lennon sich zu George, Paul und Ringo bekehrte und nichts über sie kommen ließ, das komplette Gegenteil eingetreten. Nun wollte er die Band hinter sich lassen. War dies ein Beleg geistiger Verwirrtheit? Will man Friedrich Nietzsche glauben, ist es ein Zeichen großer Menschen, starke Gegensätze in sich zu vereinen. Wie wir aus Interviews wissen, hatte Lennon bereits im August 1966 im Sinn, die Band zu verlassen, aber die Abkehr von einer Live-Band hin zu einer Studioformation, die grenzüberschreitend arbeitete, ließ Lennon den Plan vergessen. Als Yoko in sein Leben trat, waren die Beatles nur noch zweitrangig. Dies zeigte sich signifikant bei der Produktion des *Weißen Albums*. Die *Get Back*-Sessions stellten bis dato einen Tiefpunkt dar. Umso erstaunlicher war die Phase der *Abbey-Road*-Aufnahmen. Sowohl die Stimmung als auch das Ergebnis waren mehr als befriedigend. Dieser letzte Eindruck dürfte dazu beigetragen haben zu Lennons Aussage gegenüber der Presse. Es war wohl das letzte Aufbäumen vor dem Eingeständnis, dass die Zeit für diese Band vorbei war – für ihn.

Lennon ging es vor dem Auftritt schlecht. Kurz bevor sie die Bühne betraten, musste er sich übergeben, danach ging es ihm besser. Die Plastic Ono Band startete mit *Blue Suede Shows*, dann folgten *Money (That's What I Want)* und *Dizzy Miss Lizzy*. Anschließend ging es mit Lennon-Songs weiter. *Yer Blues* kannte zumindest Eric Clapton vom *Rock'n'Roll-Circus* Dezember 68, als Lennon dort mit der Band Dirty Mac mit diesem Song auftrat. Dann wurde es schwieriger: die Band spielte *Cold Turkey*, eine frische Eigenkomposition Lennons, von der noch keine Aufnahme zu diesem Zeitpunkt existierte. Zum Abschluss wurde *Give Peace A Chance* gespielt. Dann kam Yoko mit ihren beiden Nummern an die Reihe. Bassist Klaus Voormann meinte zu dem Auftritt Onos: *Ich bin mir im Nachhinein sicher, hätte John nicht so viele Pluspunkte bei den zuhörenden Gästen gehabt, dann hätte es Tomaten und sonstige faule Substanzen gehagelt.* [48] Onos Vortrag dauerte 17 Minuten und endete mit einem nicht enden wollenden Feedback einer Gitarre. Mal Evans schaltete schließlich den Gitarren-verstärker aus und erlöste das Publikum.

Nach dem Auftritt in Toronto am 13. September relaxte die Band einen Tag und flog am 15. September zurück nach London. Dort gaben Lennon und Ono ITV News ein Interview. Ein Kamerateam kam eigens hierzu ins Apple-Gebäude. Natürlich war das Hauptthema Lennons Auftritt mit einer neuen Band. Lennon erklärte, dass es einfacher sei, mit Musikern zu jammen als eine feste Band zu formieren. Als er gefragt wurde, ob dieser Auftritt den Beginn seiner Solokarriere markiere, wich er aus. Er erzählte der Presse auch nichts über seinen Austritt von den Beatles. Wie hätte er dies auch tun sollen, da die anderen drei Beatles von seinem Entschluss noch nichts wussten!

---

48 Klaus Voormann: *Warum spielst du Imagine nicht auf dem weißen Klavier, John?* München: Heyne, 2003. S. 202.

IV Das Ende zeichnet sich ab

1 Die Geschäfte gehen bergab

Am 16. September leitete Maclen Music Limited ein Gerichts-verfahren ein gegen Northern Songs, ein Verlag, der 1963 von Dick James, Brian Epstein, John Lennon und Paul McCartney gegründet wurde, um die Verlagsrechte der Lennon-/McCartney-Kompositionen ausschöpfen zu können. Northern Limited war im Begriff, verkauft zu werden und die Anklage seitens MacLen Music Inc. beabsichtigte eine Überprüfung der Lizenzgebühren, und zwar rückwirkend bis zum elften Februar 1965.[49]. Angeblich wurden an die Subfirma in Amerika zu wenig Lizenzen ausbezahlt. Die Zahlen sollten überprüft werden. Manager Allen Klein schaltete sich ein, der ein Feivel für Rechtsstreitigkeiten dieser Art hatte und meistens als Sieger aus diesen herausging.

Drei Tage später jedoch, am 19. September, verloren die Beatles die Kontrolle über ihre eigenen Songrechte bei Northern Songs Limited. Wie kam es dazu? Im April 69 besaßen die Beatles einen Anteil von 27 Prozent der Anteile von Northern Songs. Zu diesem Zeitpunkt hatten sie vor, die komplette Kontrolle über den Verlag zu bekommen, als sie erfuhren, dass Dick James hinter ihrem Rücken mit Lew Grade von ATV den Verkauf der Firma verhandelte. Hauptsächlich schöpfte der Verlag sein Vermögen aus Lennon-/McCartney-Kompositionen, so war es kein Wunder, dass die Beatles versuchten, die eigenen Rechte in vollem Umfang an ihrem Katalog zu bekommen. Hierfür benötigten sie weitere 23,1 Prozent, um über die 50 Prozent-Hürde zu gelangen. Dieser Prozentsatz hätte 1,50 Millionen Anteile gesichert, was jedoch 2, 4 Millionen Pfund gekostet hätte – eine Summe, die die Beatles angesichts der desaströsen Geschäftspolitik der eigenen Firma Apple nicht aufbringen konnten. Für diesen Kauf benötigten sie mindestens zwei Millionen Pfund, die Hälfte dieser Summe wurde bereits vom

---

49Die Firma MacLen Music Inc., die gerichtlich gegen Northern vorging, ist nicht zu verwechseln mit der gleichnamigen Firma MacLen Music Ltd

Bankhaus Henry Ansbacher & Co. garantiert. Zur gleichen Zeit wollten die Beatles auch NEMS übernehmen, was einen weiteren Kredit erfordert hätte. Beide Investitionen waren nicht zu bewältigen. Es hätte bedeutet, dass alle vier komplett ihre gesamten Rechte und Anteile hätten verpfänden müssen. Ein riskantes Unterfangen. Auch der größten Band der Welt waren finanzielle Grenzen gesetzt, zumal Apple rote Zahlen schrieb.

ATV besaß bereits 35 Prozent der Anteile und war daran, die kompletten Anteile zu kaufen. Es gab zudem einen Investorenpool – dieses Konsortium besaß 15 Prozent der Anteile, die sowohl ATV als auch die Beatles für die weiteren Verhandlungen benötigten. Bei der Verhandlung waren sich Lennon und McCartney uneinig. Allen Klein, der Lennon vertrat, war der Ansicht, dass der Kauf der nötigen Anteile eine gute Sache wäre, hingegen John Eastman, der McCartney vertrat, sah in dieser Aktion zu viele Gefahren. Im Laufe des Gesprächs fand Lennon heraus, dass McCartney hinter seinem Rücken zusätzliche Anteile aufgekauft hatte, so dass das Komponistenteam schon lange nicht mehr die gleichen Auszahlungen erhielt. Lennon schäumte vor Wut und war zutiefst enttäuscht über das falsche Spiel seines langjährigen Freundes und Partners .

Schon im April versuchte Klein die Plattenfirmen EMI und Captitol dazu zu bewegen, die Anteile des Konsortiums aufzukaufen, aber keine der beiden Schallplattenfirmen war an diesem Deal interessiert. Sie wollten Platten verkaufen und keine Verlagsanteile verwalten. Die Beatles hingegen bemühten sich, ATV für sich zu gewinnen. Sie versprachen den Verantwortlichen von ATV ein Mitspracherecht, sobald sie die 50,1 Prozent der Anteile übernommen hätten. Lennon jedoch zog sich aus den Verhandlungen zurück. Geschäfte dieser Art waren ihm zuwider. Er ließ die Verhandlungen platzen.

Verhandlungen zwischen ATV und dem Konsortium zogen sich über den Sommer hin. Klein versuchte ATV zu überzeugen. Aber Kleins

Taktik missfiel Lew Grande, der sich ATV zuwandte und Peter Donald, dem Haupteigner des Konsortiums ein Angebot unterbreitete, dass, obwohl es weit unter dem Angebot der Beatles war, seitens des Konsortiums akzeptiert wurde. Grade bot 40 Schillinge (umgerechnet zwei Pfund) pro Anteil an und nach Beendigung des Deals hatte Grands Firma ATV einen Anteil von 54 Prozent und übernahm die Kontrolle über Northern Songs Limited. Somit hatten die Beatles ihre Anteile an den eigenen Kompositionen verloren. Die Band war gezwungen, die eigenen Anteile an ATV zu verkaufen. So verhandelte Klein die nächsten Wochen über, wie der Verkauf der Anteile vonstatten gehen könnte. Es war eine Auszahlung vorgesehen sowie ein Aktienpaket, was garantieren würde, dass die Gruppe in gewisser Weise noch an den eigenen Songs verlagsrechtlich beteiligt wäre. Der Deal, der für Lennon und McCartney von Vorteil gewesen wäre, platzte jedoch durch das Veto von John Eastman, der bei den Gesprächen nicht beteiligt gewesen war. Am Ende wurden Lennon und McCartney dreieinhalb Millionen Pfund in Form von Northern Songs-Aktienanteilen zugesprochen. Dezember 1969 hatte ATV einen Anteil von 92 Prozent erreicht.

2 Lennon verkündet seinen Ausstieg

Die Erkenntnis, dass McCartney heimlich Songanteile von Northern Songs aufgekauft hatte und dadurch mehr Tantiemen zugesprochen bekam, nagte an Lennon und hatte Konsequenzen. Am 20. September kam es zu einem weiteren Treffen. Anlass war der krönende Abschluss der fortlaufenden Verhandlungen Allen Kleins mit der EMI. Sein Ziel war es, bessere Konditionen für die Band herauszuschlagen. Dafür kämpfte er seit Mai 69 mit der EMI. Die Beatles hatten ihren Vertrag mit der EMI von 1967 mehr als erfüllt. Sie lieferten mehrere Hit-Singles ab, brachten die doppelseitige EP *The Magical Mystery Tour*, das *Weiße* (Doppel)-*Album*, den Soundtrack für den Film *Yellow Submarine* mit Unterstützung George Martins und vor allem lieferten sie mit *Sgt Pepper's Lonely Hearts Club Band* einen Verkaufsschlager ab. Allein durch die Verkäufe des *Weißen Albums* verbesserte die EMI 1968 ihren Marktanteil von 28 auf 40 Prozent und verdiente mit dem Album mehr als 900 000 Pfund. Hinzu kam, dass die Beatles kurz davor standen, das *Abbey Road*-Album zu veröffentlichen. Durch all diese Fakten war Allen Klein in einer sehr guten Verhandlungsposition. Der Vertrag mit der EMI und Capitol von 1967, den Epstein noch ausgehandelt hatte, garantierte den Beatles 17,5 Prozent der Nettodetailverkäufe in Amerika – Klein schraubte den Anteil hoch auf 25,5 Prozent. Die Drohung Kleins, die Beatles würden ansonsten das Label wechseln, zeigte Wirkung. Als Gegenleistung sollten die Beatles zwei Alben pro Jahr abliefern, entweder als Gruppe oder als Solo-Akt. Unter dieser Voraussetzung bekamen die Beatles bis 1972 58 Cent pro verkauftem Album zugesprochen und von da bis 1976 sogar 72 Cent pro Album. Ein exzellenter Deal. Nicht genug! Hinzu kam, dass Klein das Recht für Apple Corps herausschlug, die Schallplatten selbst herstellen zu lassen – dies hatte den Vorteil, dass die Beatles die Differenz zwischen Herstellungs- und Einzelhandelskosten in Amerika zugesprochen bekamen. So konnten die Beatles zum ersten Mal in ihrer Karriere selbst bestimmen, wo ihre Platten hergestellt und verkauft würden. 1971 ging der komplette Back-Katalog der Beatles über an Apple Corps. Dadurch hatte sich die finanzielle Lage der Beatles gewaltig verbessert.

So kam es, dass am 20. April der neue Vertrag mit der EMI und Capitol unterzeichnet werden konnte. Wie fast immer fand das Zusammentreffen zur Unterzeichnung im Apple-Gebäude in der Savile Road 3 statt. Auch McCartney, der gegenüber Allen Klein Bedenken hatte, unterschrieb den Vertrag. Er anerkannte die Leistung, die Klein erbracht hatte und er war Geschäftsmann genug, die vielen finanziellen Vorteile zu erkennen. Auch Lennon und Starr unter-schrieben, Harrison fehlte an diesem Tag, da er zu Besuch bei seiner Mutter in Cheshire war. Er unterzeichnete ein paar Tage später.

Gleich nach Unterzeichnung des Vertrages ließ Lennon die Bombe platzen. Allen Klein hatte ihn zwar gebeten, mit dieser Hiobsbotschaft noch abzuwarten, aber Lennon wäre nicht Lennon, wenn er Kleins Ratschlag angenommen hätte. Der Verlauf dieser Konversation wurde in der Anthology festgehalten. Paul: *„...Ich finde, wir sollten wieder kleine Gigs machen – im Grunde sind wir eine prima kleine Band. Wir sollten auf die Suche nach unseren Wurzeln gehen. Wer weiß, was dann passiert? Vielleicht machen wir danach Schluss, oder wir kommen zu der Überzeugung, dass wir es immer noch drauf haben."* *John sah mir in die Augen und sagte: „Ich glaube, du bist bescheuert. Eigentlich wollte ich es euch erst sagen, nachdem wir den Vertrag mit Capitol unterschrieben haben. Ich verlasse die Band!"[50]* McCartney und Starr waren bestürzt, McCartney meinte im Nachhinein, ihnen beiden fiel die Kinnlade runter. Doch Allen Klein, der anwesend war und die Konversation mitverfolgt hatte, bat Lennon, seine Entscheidung nicht zu veröffentlichen, was Lennon versprach und auch einhielt. Diese Wendung machte McCartney etwas Hoffnung, denn er dachte, wenn Lennon seine Entscheidung nicht öffentlich bekanntgab, würde es mit den Beatles weiter gehen wie bisher. Ringo nahm die Entscheidung Johns gelassen auf. Er meinte im Nachhinein, dass es keine mürrische oder geladene Stimmung war, es sei auch kein Kampf gewesen. Es war ein Gedanke, der ausgesprochen und auch angenommen wurde. Wenn dies in der Beatles-Hochphase von 1965 bis 1967 passiert wäre, hätte es Starr viel mehr betroffen gemacht. Jetzt war es für ihn wie eine Art Scheidung. Er machte Lennon keinen Vorwurf. Er kannte ihn und wusste, dass Lennon immer schon der konsequenteste in der Band war. Nach der Verkündung seines Weggangs von den Beatles übergab Lennon das Management seiner neuen Firma Bag Productions an Allen Klein. Damit markierte er auch einen geschäftlichen Schlussstrich zu seinen Beatles-Kollegen. Harrison, der bei diesem Gespräch nicht anwesend war, erfuhr erst später von Lennons Vorhaben. Er war nicht sonderlich

---

50 The Beatles, Anthology, S. 347

überrascht. Später sagte er in einem Interview: *„Das war nichts Neues, jeder von uns hat irgendwann einmal versucht auszusteigen. Wir waren alle seit Jahren auf dem Sprung. Zu Anfang, als wir jünger waren, stellten die Beatles ein Vehikel dar, mit dessen Hilfe wir vieles erreichen konnten. Aber jetzt war die Gruppe an einem Punkt angelangt, wo sie uns erstickte. Sie erlegte uns zu viele Einschränkungen auf. Es war unvermeidlich, dass sie sich selbst zerstörte, und ich hegte keine negativen Gefühle gegen jemanden, der aussteigen wollte. Ich wäre selbst auch gerne gegangen."*[51]

3 *Cold Turkey*

Einen Tag zuvor war Lennon im Studio drei des EMI Studios in der Abbey Road, um dort die zweite Single der Plastic Ono Band aufzunehmen. Die Session fand statt zwischen 19 Uhr abends und zwei Uhr morgens, mit dabei war Eric Clapton, der die Lead-Gitarre spielte, Klaus Voormann spielte den Bass, Schlagzeug spielte Ringo Starr, Yoko Ono sang. Produzent war John Lennon persönlich. Das Lied, das sie aufnahmen, war *Cold Turkey*, das textlich ungeschminkt den Heroinentzug Lennons schildert. Ein sehr persönliches Lied.

Ursprünglich wollte Lennon, dass die Beatles diesen Song als Single aufnahmen, aber McCartney war nicht an diesem Song interessiert, da es nicht dem positiven Renommee der Beatles entsprach. So entschloss Lennon, den Song unter dem Bandkonstrukt Plastic Ono Band aufzunehmen. Ihm war zu diesem Zeitpunkt egal, unter welchem Namen seine Aufnahmen veröffentlicht wurden – Hauptsache, seine Songs erblickten das Licht der Öffentlichkeit. Zumindest spielte Ringo mit. Insgesamt nahmen sie von *Cold Turkey* 26 Versionen auf. Lennon sang eine Guidespur ein, auf die die Band immer wieder ihre Instrumente spielte. Die 26. Aufnahme mit einer Länge von fünf Minuten und zehn Sekunden war die beste, aber für den Produzenten Lennon nicht überzeugend genug. Daher traf sich die Entourage erneut drei

---

51 The Beatles. Anthology. S. 348

Tage später, jedoch nicht in den EMI, sondern in den Trident-Studios. Auch hier war Lennon federführend. An diesem Tag klappte die Aufnahme, obgleich Lennon am fünften Oktober noch seinen Leadgesang und die Gitarre verbesserte. Der Song wurde nach Veröffentlichung von den Rundfunkanstalten boykottiert. Es war ein Anti-Drogensong, der von vielen Rundfunkredakteuren verstanden worden war als Aufforderung und Verherrlichung von Drogen. Dabei beschreibt *Cold Turkey* die Entzugsphase, die Lennon und Ono Ende August im Tittenhurts Park durchgemacht hatten: *My body is aching, goose-pimple bone ... thirty-six hours, rolling in pain ...*Die Single erreichte Platz 14 in England und lediglich Platz 40 in den Vereinigten Staaten. Ende November schickte Lennon seinen MBE-Orden zurück an die Königin. Mit diesem Schritt protestierte er gegen die britische Beteiligung am Biafra-Krieg, der Teilnahme der USA am Vietnam-Krieg und auch gegen das schlechte Abschneiden von *Cold Turkey* in der Hitparade. Zwei Tage nach der Abgabe des Ordens gab Lennon diesbezüglich ein Interview, aufgenommen in seinem neuen Anwesen Tittenhurst Park, Ascot, Berkshire. Radioreporter war Ken Zelig. Lennon erzählte ihm, dass er drei Abzüge des Briefs verschickt hatte: einen an die Königin, den zweiten an den Premierminister Harold Wilson und den dritten an den Verband, der in England die Orden ausgibt (the secretary of the Central Chancery). Zelig fragte ihn, warum er 1965 überhaupt den MBE-Orden angenommen habe, worauf Lennon erwiderte, dass er zu diesem Zeitpunkt ein Heuchler gewesen sei. Er wurde damals von Brian Epstein überzeugt, dass es für die Beatles klüger sei, den Orden anzunehmen.

Cold Turkey war das erste Lied, welches ohne Co-Autor McCartney veröffentlicht worden ist. Die erste Single *Give Peace A Chance* der Plastic Ono Band lief noch unter beider Namen. Abgesehen von dem harten Anti-Drogentext glänzt der Song durch eine erstklassige

Gitarrenarbeit. Dies würdigte 2005 das Q-Magazine, und platzierte *Cold Turkey* auf der Liste der „100 Greatest Guitar Tracks".[52]

Am ersten Oktober wurde *Abbey Road* auch in Amerika, dem wichtigsten Markt, veröffentlicht. Das Album erreichte bei Chart-einstieg Platz 178, kletterte dann eine Woche später auf Platz vier, um dann in der dritten Woche Platz eins zu erreichen, wo sich das Album elf Wochen hintereinander hielt. Als sich die Beatles im Mai 1970 auflösten, waren bereits mehr als sieben Millionen Kopien der *Abbey Road* verkauft worden.

Harrison hatte zu diesem Zeitpunkt Grund zum Jubeln. Am sechsten Oktober veröffentlichte Apple in Amerika die erste Singleauskopplung des Albums und zum ersten Mal erhielt der Lead-Gitarrist eine A-Seite für sich mit seinem Song *Something*. Lennon musste sich jedoch mit *Come Together* nicht mit einer unliebsamen B-Seite begnügen, sondern bekam ebenfalls eine A-Seite zugerechnet. Es war die dritte Single der Beatles mit einer Doppel-A-Seite nach *Day Tripper/We Can Work It Out* und *Penny Lane/Strawberry Fields Forever.* Da herkömmlicherweise beide Seiten bei den Airplays separat aufgelistet wurden, stand von vornherein in Frage, ob die Single die Top-Postion erreichen würde. Am 18. Oktober stieg die Single in den Charts ein und am 29. Oktober erreichte *Something/Come Together Platz eins,* nachdem die Rundfunkredakteure die beiden A-Seiten in der Rechnung zusammengelegt hatten. Allerdings konnte *Something* die Erstplatzierung nur eine Woche halten, indessen hatte *Come Together* drei Wochen Platz eins der Charts inne. Drei Wochen nach Veröffentlichung erhielten die Beatles eine Goldene Schallplatte für *Someting/Come Together.* Später sollte es für die Single sogar eine Platinum-Auszeichnung geben.

Bislang veröffentlichten die Beatles Singles in ihrem Heimatland, die nicht auf Alben beinhaltet waren. Dies änderte sich am Freitag, den

---

52 https://de.wikipedia.org/wiki/Cold_Turkey_(Lied)

31. Oktober, als Apple die Single *Something/Come Together* nach Amerika nun auch in England auf den Markt brachte. Dieser Verkaufswandel ging mit einher unter der Mit- oder Umgestaltung des frisch gebackenen Beatles-Manager Allen Klein, der jede Gelegenheit nutzte, Musik in bare Münze zu verwandeln. Am achten November stieg die Single in die UK-Charts ein, schaffte es jedoch nicht auf Platz eins. Die höchste Position war Platz vier, insgesamt blieb die Single zwölf Wochen in den englischen Top-40 vertreten.

Am achten Oktober gab Harrison im Apple-Gebäude ein Interview für die Sendung *Scene And Heard* des Senders BBC. Interviewpartner war David Wigg. Es war sein zweites Interview mit Wigg in diesem Jahr. Ausschnitte des Interviews wurden am 12. und 19 Oktober jeweils von 15 bis 16 Uhr gesendet.

Wie so oft wurde das Thema Steuern angesprochen. Harrison antwortete, dass es unstatthaft vom Staat sei, verdientes Geld zu nehmen, doch fügte er hinzu, dass Geld nicht unbedingt glücklich mache. Hierzu zitierte er aus dem Song *You Never Give Me Your Money.* Wie die letzte Male wurde auch Harrisons religiöse Haltung angesprochen. Anlass hierfür war seine Single-Aufnahme des *Hare Krishna Mantras* mit dem Radha Krishna Temple, die er im Juli kurz vor einer Aufnahmesession für das *Abbey Road*-Album eingeschoben hatte. Die Single wurde am 22. August in den Staaten und am 29. August in England veröffentlicht und war dort ein unerwarteter Erfolg mit Platz 12 und Platz 15 in Deutschland. In Amerika hingegen fiel die Single durch. Harrison nahm als Apple-Labelmanager regen Anteil an der Promotion der Single, woraufhin Derek Johnson, ein Redakteur der englischen Musikzeitschrift NME schrieb, Harrison habe mit seiner Zusammenarbeit mit dem Rhada Krishna Temple eine „Eastern Ono Band" gegründet. Mit diesem Projekt war Harrison mehr Erfolg beschieden als mit der vorhergehenden Lomax-Produktion.

So fragte Wiggs, ob er die Regeln des Rhada Krishna Temple auch persönlich einhalte: kein Alkohol, keine Drogen, kein Fleisch und kein außerehelicher Geschlechtsverkehr. Harrison erwiderte, dass er kein Fleisch und keinen Alkohol konsumiere und seit Mai 69 auch keine Drogen mehr zu sich nehme, dadurch sei er geistig hellwach. Auf die Freuden des außerehelichen Zusammenlebens ging er nicht ein. Wiggs Frage, welches Stück er auf dem Abbey Road-Album am liebsten möge, antwortete Harrison, sein Lieblingssong sei *Because*. Harrison gefiel die dreistimmigen Arrangements, die er schon bei *This Boy* und *Yes It Is* schätzte. Und er gestand, dass ihm seine Rolle als Lead-Gitarrist bei den Beatles sehr zusagte und mit den anderen drei spirituell eng verbunden sei.

4 *Wedding-Album by John & Yoko*

Just an Lennons 29. Geburtstag, also am neunten Oktober, wurde die erneut schwangere Yoko Ono ins King's College Krankenhaus eingeliefert. Es wurde eine Bluttransfusion durchgeführt, weil die Ärzte einen Schwangerschaftsabbruch befürchteten. Vier Tage später ist dies auch eingetroffen. Zum zweiten Mal musste Yoko Ono eine Fehlgeburt hinnehmen. Lennon blieb die ganze Zeit bei ihr im Krankenhaus.

Doch einige Tage später ging es wieder bergauf für die beiden, und die Fans sollten an deren Glück teilnehmen. Am 20. Oktober veröffentlichten die Lennons ihr *Wedding-Album by John & Yoko* auf dem hauseigenen Apple-Label. Es war nach *Two Virgins* und *Life With The Lions* das dritte Album der beiden und so wie die Vorgänger harte avantgardistische Kost. Das Album sollte ein Dokument ihrer Hochzeit in Gibraltar am 20. März darstellen. Es gab nur zwei Stücke, eins jeweils auf der A- und das andere auf der B-Seite. Zu hören waren Herztöne, über die die beiden ihre Namen flüsterten oder schrien. Die B-Seite wurde betitelt mit *Amsterdam*. Dort hörte man Ausschnitte aus den Bed-In-Sessions und eine Erklärung der beiden, wie sie sich die Friedenskampagne vorstellten. Ein Erfolg wurde dieses Album nicht. In England erreichte es keine Chart-Position, in Amerika kam das Album zumindest auf Platz 178. Aber Lennon wollte damit keinen Erfolg einfahren. Dafür kannte er sich viel zu gut im Popgeschäft aus. Er wusste, was ankommt und was nicht. Naivität konnte man ihm nicht unterstellen. Die Veröffentlichung war nur als ein experimentelles Teilhabe-Medium geplant. Obwohl die beiden bis zu Lennons Tod 1980 weiterhin ihre Bandmaschinen-Experimente durchführten, wurde kein weiteres Album dieser Art veröffentlicht. Es war allein eine Art spontanes und unbeschwertes Happening aus den 60er Jahren.

Einen Tag später wurden die beiden von David Wigg interviewt. Wie bei Harrison wurde das Interview für die Sendung *Scene And Heard* der BBC im Apple Gebäude aufgenommen. Weitgehend ging es um die Single *Cold Turkey* und das *Wedding-Album*, was Lennon als Promotion zugute kam. Wiggs sprach auch die verfahrene finanzielle Situation der Beatles an, woraufhin Lennon erwiderte, dass diese Belastungen nicht zu einem Ende der Beatles führen würden. Und Lennon fuhr fort: *Whatever happens to The Beatles, so-called, we'll always be sort of friends, you know. So all I want for The Beatles is their individual happiness. And whether that's in a collective form or not remains to be seen."* Lennon hielt Wort und verriet seine Absichten nicht. Alle vier waren Meister im Zufrieden stellen und Beschwichtigen der Medien.

Am 20. Oktober ließ Lennon von Geoff Emerick die Aufnahmen des Live Peace in Toronto-Festivals abmischen. Es war die zweite Misch-Aktion für das Live-Album, die erste fand bereits 25. September statt, zwölf Tage nach dem Festival.

5 Ringos *Sentimental Journey* beginnt

Auch Ringo machte sich auf, sein eigenes Album aufzunehmen. Am Montag, den 27. Oktober, buchte er das Abbey Road Studio, nahm sich den besten Produzenten, den er kannte – keinen anderen als George Martin – und nahm seinen ersten Song für das erste Solo-Album auf. *Night And Day*, ein Song von Cole Porter, war 1937 ein Hit für Tommy Dorsey. Es wurde ein 15-köpfiges Orchester gebucht zur Aufnahme. Martin schrieb das jazzige Arrangement. Starr sang darauf, unprätentiös und im Stil wie ein kleiner, sympathischer Frank Sinatra. Am Abend war der Song fertig aufgenommen und abgemischt. Damit hatte Starr neben seinen Film-Arrangements nun auch musikalisch die Solo-Bühne betreten. Und stilistisch stellte es keine Konkurrenz zur Beatles-Musik dar. *Night And Day* war eine Exkursion in das Jazz-Gefilde und demonstrierte Ringos Vorliebe für Nostalgie. Wenn Ringos Stimmvermögen stabiler gewesen wäre, hätte er durchaus eine Gefahr für Frank Sinatra dargestellt. Ansatzweise singt er den Song toll, aber insgesamt betrachtet ist es eine charmante Liebhaberei. Interessant ist jedoch, dass auch Ringo Starr trotz der intensiven Studioaufnahmen den Drang verspürte, Lennons und Harrisons Solobestreben nachzueifern. Der einzige, der in seinem solistischen Drang sich zurückhielt, war „Beatleholic" McCartney. Ihm waren die Beatles genug und als Nebenbeschäftigung arbeitete er mit anderen Künstlern in seiner Eigenschaft als Apple-Talentscout und AR-Manager.

McCartney setzte sich in dieser Phase mit dem Gerücht auseinander, dass er schon lange tot sei. Die Presse hypte dieses Thema und die Rundfunkanstalten in Amerika kolportieren McCartneys Ableben. Zuerst dachte Apple, dass dieses Gerücht eine prima Werbekampagne für das Album sei, aber die Medien nahmen immer mehr Fahrt auf, so dass McCartney dennoch einschreiten musste. Auch Lennon wurde zu dem Thema angesprochen. Er zeigte sich amüsiert und verwundert. Den Zeitungsreporter John Small frage er, was die Beatles mit dem toten Paul hätten anstellen sollen: ausstopfen und rasieren? Er fand den ganzen Hype völlig unsinnig. Denn er wusste: Paul McCartney war sehr lebendig.

Am 26. November machten sich Geoff Emerick und John Lennon daran, die beiden Songs *You Know My Name (Look Up The Number)*, und *What's The New Mary Jane* zu bearbeiten. Mike Sheady war an diesem Tag der Tontechniker, gearbeitet wurde in Raum vier der Abbey Road-Studios. Lennon erhoffte sich viel von den Songs und gedachte, *You Know My Name (Look Up The Number)* als A-Seite und *What's The New Mary Jane* als B-Seite der neuen Single von Plastic Ono Band zu veröffentlichen. Zu diesem Zeitpunkt war abzusehen, dass von Beatles-Seite an den beiden Songs kein Interesse bestand, schon allein deshalb, weil die Songs relativ alt waren: *You Know My Name* war eine Aufnahme von Mai 1967 und *What's The New Mary Jane* von August 68, als die Beatles für das *Weiße Album* gearbeitet hatten. Da von den Songs verschiedene Aufnahmen existierten, wurden aus den vorhandenen Versionen die besten Szenen ausgesucht und in einem neuen Mix zusammengefasst. Dieser Mix sollte die nächste Single der Plastic Ono Band werden, doch es kam anders als geplant. Der Mix dieses Tages von *You Know My Name (Look Up The Number)* wurde für die letzte Beatles-Single *Let It Be* verwendet im März 1970. Und *What's The New Mary Jane* blieb unveröffentlicht, bis die *Anthology 3* 1996 herauskam.

Man merkt deutlich, dass nach der Veröffentlichung des *Abbey Road*-Albums sich die Aktivitäten der Bandmitglieder sich auf Bereiche verlagerten, die nichts mit den Beatles zu tun hatten. Lennon ging sogar so weit, Beatles-Aufnahmen für die Plastic Ono Band zu verwenden. Ein Vorhaben, das er aber nicht realisieren konnte.

6 Das Beatles Monthly Magazin wird eingestellt

Am ersten Dezember erschien die letzte Ausgabe des Beatles Monthly Magazins, das seit August 1963 regelmäßig vierwöchentlich erschien und bis zu diesem Zeitpunkt 77 Ausgaben veröffentlicht hatte. Redakteur Sean O'Mahoney veröffentlichte unter seinem Nom de Plume Johnny Dean eine letzte Kolumne, in der er an den Beatles offen Kritik übte, weil sie die Fans ermutigten, mit Drogen zu experimentieren. Da O'Mahoney mutmaßte, dass die Beatles keine weiteren Platten aufnehmen wollten, entschloss er sich, das Magazin einzustellen. Seine Einschätzung der Situation stützte sich auf die bandfernen Unternehmungen der vier Beatles: Lennon hatte seine Plastic Ono Band, George Harrison war dabei, mit Delaney and Boney live aufzutreten, Ringo nahm zielstrebig seine erste Solo-Platte auf. Und McCartney versuchte die Welt zu überzeugen, dass er noch am Leben ist. Nicht nur das: Ende des Jahres fing auch er an, zu Hause und streng geheim seine erste Solo-Platte aufzunehmen. Dazu kommen wir noch. Im Mai 1977 wurde das *Beatles Monthly Magazine* wieder ins Leben gerufen. Die ersten 77 Auflagen wurden neu aufgelegt und mit neuen Inhalten bereichert. Nach der 321. Ausgabe wurde das Heft im Januar 2003 endgültig eingestellt. 26 Jahre sind eine durchaus lange Zeit für eine Ausgabe, was dafür spricht, dass sich die Inhalte um eine Band ranken, die auch nach dem Ende von sich Reden macht.

Am zweiten Dezember wurde Ringo Starr für die TV-Sendung *Line-Up* der BBC interviewt. Er wurde von Moderator Tony Bilbow in seinem silberfarbenen Mercedes und in einem Boot auf der Themse gefilmt. Ringo Starr plädierte im Gespräch für eine Legalisierung von Marihuana und dass er sich einen Premierminister wünschte, der schwarz, schön und erst 26 Jahre alt sein sollte. Er wurde auch befragt zum neuen Management der Beatles, und Starr beteuerte, dass sich die Arbeit des Managers allmählich bezahlt machte. Er sprach auch von seinem Sohn Zak, der den Ruhm des Vaters nicht nachvollziehen konnte – das gleiche passierte Jahre später Dhani Harrison. Bei ihm brauchte es lange, bis er begriff, dass sein Vater der berühmte Beatle war. Anlass für das Interview war die Premiere des Films The Magic Christian, für den die Beatles *Her Majesty, Yellow Submarine* und *Act Naturally* beisteuerten. Die meisten Songs für den Filmsoundtrack kamen von der Band Badfinger, die bei Apple unter Vertrag standen und ihren ersten großen Hit feierten, den McCartney für sie komponiert und produziert hatte: *Come And Get It.*

7 Lennon als „Man Of The Decade"

Auch Lennon wurde interviewt. Er war einer von drei Nominierten für den Titel *Man Of The Decade.* Das geistige Triumvirn bestand aus dem 1963 in Dallas erschossenen Ex-Präsidenten John F. Kennedy, vorgeschlagen von dem Journalisten Alistair Cooke, Hi Chi Min, dem im September 1969 verstorbenen vietnamesischen Premierminister, ausgesucht von der amerikanischen Schriftstellerin Mary McCarthy. John Lennon selber wurde für diese Wahl von dem Anthropologen Desmond Morris ausgesucht. Hierfür wurde er am zweiten Dezember ausgiebig von der BBC gefilmt und interviewt. An diesem Tag erschien zeitgleich auch ein Kamerateam des Konkurrenzunternehmens ATV, das Lennon und Yoko für die Sendung *24 Hours: The World Of John And Yoko* filmten. Für diese Sendung wurde an insgesamt fünf Tagen gedreht. Lennon zeigte sich redefreudig und gab Einblicke in sein Denken. Ein Teil dieser Aufnahmen wurden für den 1988 erschienenen Dokumentarfilm *Imagine: John Lennon verwendet.* Am gleichen Tag fertigte George Martin zusammen mit Toningenieur Geoff Emerick Remixe von Lady Madonna und Rain an für das in Amerika erscheinende Album *Hey Jude.* Da es bislang von den Songs nur Mono-Mixe gab, wurden Stereo-Versionen erzeugt.

8 Harrison live on stage

Auch Harrison war an diesem Tag unterwegs. Einen Tag zuvor hatte er bereits ein Konzert des Musikerehepaars Delaney und Bonnie Bramlett in der Londoner Albert Hall besucht und war so von deren Auftritt angetan, dass er ihnen nach dem Gig spontan mitteilte, an den weiteren England-Auftritten teilnehmen zu wollen. Unter anderen Musikern wirkte auch sein Freund Eric Clapton mit. Er war schon zuvor mit Delaney und Bonnie in Amerika auf Tour. Clapton spielte mit Blind Faith und das Musiker-Ehepaar trat als Support auf. Als sich anschließend Blind Faith auflöste, stieg Clapton bei den beiden ein. Harrison hatte die Band bereits 1968 in Los Angeles kennengelernt, als sie gerade ihren Longplayer aufnahmen mit einer Reihe prominenter Musiker, darunter waren Leon Russell, Bobby Keys, Jim Price, Bobby Whitlock und Rita Coolidge. Sie nannten sich The Original Delaney & Bonnie. Das Album hieß *Accept No Substitute*. Harrison war von der Musik so angetan, dass er versuchte, das Album im Frühjahr 1969 bei Apple herauszugeben, was ihm jedoch aus rechtlichen Gründen nicht gelang. Aber nichts sprach dagegen, mit der Band live aufzutreten. Einen Tag später trat er mit ihnen in Bristol auf. Es war sein erster richtiger Auftritt vor Publikum seit dem letzten Beatles-Konzert am 29. August 1966. Ingesamt spielte er mit ihnen an fünf Tagen, jeweils zwei Shows am Abend. Er spielte in Bristol, Birmingham, Sheffield, Liverpool und Croyden. Am fünften Dezember, als die Band in Newcastle auftrat, musste er aussetzen. Er besuchte stattdessen seine Mutter, der es schlecht ging. Am zehnten Dezember reiste Harrison sogar nach Kopenhagen und spielte drei abschließende Konzerte mit Delaney und Bonnie im Falkoner Theater. Er erinnerte sich sicher daran, dass er dort mit den Beatles am vierten Juni 1964 die Welttour eröffnete. Am Schlagzeug saß damals Jimmy Nichols, der den an den Mandeln operierten Ringo vertrat.

9 *The Magic Christian*

Am elften Dezember fand die Weltpremiere von *The Magic Christian* statt. Es war der zweite Film für Ringo Starr, ein Jahr zuvor spielte er einen Gärtner in dem Film Candy. Starr fand zunehmend Gefallen am Filmdreh. Schon bei den Beatles-Filmen fiel er durch schauspielerisches Talent auf. Die Vorführung fand statt im Odeon Theater in Kensington, London. Zugegen waren neben Ringo und Maureen Starr auch John Lennon und Yoko Ono. Die beiden kamen ganz in Schwarz gekleidet und hatten ein Transparent bei sich, das sie im Foyer zur Schau stellten: „Britannien tötete Hanratty", war darauf zu lesen.[53] Passend zu einem skurrilen Film, der die Macht des Geldes parodierend zur Schau stellen wollte, doch durch konfuse Handlung und ebensolche Schnitte nicht stringent genug war, um seine ernstzunehmende Aussage entscheidend zu realisieren. Von der Königsfamilie war Prinzessin Margret zugegen.

10 Musik und Frieden – Live Peace in Toronto

Einen Tag später, am zwölften Dezember, veröffentlichte Apple das erste Album der Plastic Ono Band. Es war ein Live-Album, aufgenommen bei dem Live Peace at Toronto-Festival. Der Platte wurde ein zusätzlicher Kalender 1970 beigelegt. Eine nette Idee für eine Veröffentlichung zum Jahresende. Auf der A-Seite des Albums wurden die Rock'n'Roll-Nummern sowie die Eigenkompositionen von Lennon platziert; auf die B-Seite kamen die beiden avantgardistischen Nummern *Don't Worry Kyoko* und *John, John (Let's Hope For Peace)* von Yoko. An der B-Seite scheiterte beinahe die Veröffentlichung in Amerika. Mit Mühe und Not konnte Manager Klein die Plattenfirma Capitol überreden, das Album zu veröffentlichen. Dabei schaffte er es noch, eine bessere Tantiemenbeteiligung für den Künstler herauszuschlagen. Ironischerweise floppte das Album in England,

---

53 James Hanratty war eine der letzten Personen, die 1962 in England wegen Mordes hingerichtet wurden. Der Fall galt lange als Justizirrtum.

erreichte keine Chart-Position, jedoch in Amerika landete es auf Platz zehn und erreichte Gold-Status – trotz der kritischen B-Seite. Capitol war mehr als überrascht.

Am 15. Dezember starteten Lennon und Ono eine weitere Friedenskampagne. In zwölf Großstädten (New York, Los Angeles, Toronto, Rom, Athen, Amsterdam, Berlin, Paris, London, Tokyo, Hong Kong und Helsinki) ließen sie überdimensionierte Plakate in den Zentren anbringen. Auf weißem Hintergrund war in großen schwarzen Lettern zu lesen: *War Is Over! If You Want It. Happy Christmas from John & Yoko.* In einigen Ländern wurde der Text in die jeweilige Sprache übersetzt. In London jedoch wurde der Text auf den Plakaten unleserlich gemacht. Zwei Jahre später verwendete Lennon diesen Slogan für seinen Weihnachtshit *Happy Xmas (War Is Over)*.

11 Mix des *Get Back*-Albums. Dritter Anlauf

Während John und Yoko mit ihrer Friedenskampagne loslegten, startete Glyn Johns einen erneuten Versuch, das *Get Back*-Album veröffentlichungsreif abzumischen. Grund hierfür war, dass die Beatles zugestimmt hatten, das *Get Back*-Album als Soundtrack für den Dokumentarfilm von Michael Lindsay-Hogg zu verwenden. Lindsay-Hogg hatte eine erste Rohfassung des Films präsentiert, der Zustimmung fand. So war es die Aufgabe von Johns, Songs zu verwenden, die im Film vorkamen und auch darauf zu achten, dass die verwendeten Versionen der Atmosphäre des Films gerecht würden. Sowohl die erste Acetat-Mischung wie auch der letzte Mixvorschlag des Albums wurden bereits von den Beatles abgelehnt. Da der Song in der Rohfassung des Films nicht vorkam, verbannte er McCartneys *Teddy Boy* aus der Songauswahl und platzierte hierfür Lennons *Across The Universe* und Harrisons *I Me Mine*. Er wusste, dass dies seine letzte Chance sein würde, an dem Album Hand an zu legen. Er arbeitete intensiv daran im Olympic Sound Studio , buchte noch zwei zusätzliche Tage am 21. Dezember und am fünften Januar.

Am dritten Januar arbeiteten McCartney, Ringo Starr und George Harrison noch einmal gemeinsam am Album. Sie nahmen das Lied *I Me Mine* erneut auf, da der Song bislang trotz einiger Versuche nicht vollständig produziert worden war. Die Aufnahmen fanden ohne John Lennon statt, der zusammen mit Yoko der Grund war, warum der Song für den Soundtrack ausgewählt worden war. Denn es gibt im Film eine Szene von Lennon und Yoko, in der sie auf Harrisons Song *I Me Mine* eine Tanzeinlage darbieten. Am vierten Januar folgten einige Overdubs für *Let It Be*. Harrison spielte ein neues Solo ein. Als Produzent war bei diesen letzten Beatles-Aufnahmen George Martin tätig. Auch Lennons Meisterwerk *Across The Universe* sollte für den Soundtrack abgemischt werden. Da die Aufnahmen zu dem Song während der *Get Back*-Sessions nicht verwertbar waren, griff Johns auf die Ursprungsaufnahme von Februar 1968 zurück. Das Album, das Johns am fünften Januar, also ein Jahr nach den Get Back-Sessions, fertigstellte, beinhaltete folgende Lieder:

Seite eins

1. *The One After 909* (Rooftop-Konzert)
2. *Rocker* (vom 22. Januar 1969)
3. *Save the Last Dance for Me* (vom 22. Januar 1969)
4. *Don't Let Me Down* (vom 22. Januar 1969)
5. *Dig a Pony* (vom 24. Januar 1969)
6. *I've Got a Feeling* (vom 24. Januar 1969)
7. *Get Back* (vom 28. Jan. 1969 – Singleversion)
8. *Let It Be* (vom 31. Januar 1969, Overdub vom 30. Apr. 1969; – die Session vom 4. Jan. 1970 wurde nicht verwendet)

Seite zwei

1. *For You Blue* (vom 25. Januar 1969)
2. *Two of Us* (vom 24. Januar 1969)
3. *Maggie Mae* (vom 24. Januar 1969)
4. *Dig It* (vom 26. Januar 1969)
5. *The Long and Winding Road* (vom 31. Januar 1969)
6. *I Me Mine* (vom 3. Januar 1970)
7. *Across the Universe* (von Februar 1968)
8. *Get Back* (Reprise) (vom 28. Januar 1969)

Die Beatles waren vom Ergebnis enttäuscht. Lennon sträubte sich zudem, Glyn Johns als Produzent des Albums anzuführen. So fiel auch der letzte Versuch Johns durch. Es war zwar entschieden, dass es einen passenden Soundtrack zum Film geben sollte, aber trotz der Bemühungen von Johns kam bis dato kein passendes Album zustande.

12 Weitere Friedensaktivitäten

Am Abend diesen Tages trat die Plastic Ono Band live im Lyceum Ballroom in London auf. Es sollte deren einziger Auftritt in Europa sein. Es handelte sich um ein Benefiz-Konzert der Unicef, für das Lennon und Ono bereits im November zugesagt hatten, da sie diesen Auftritt als die perfekte Plattform für ihre Friedenskampagne betrachteten. Da die Show Mitte Dezember stattfand, wurde sie Peace for Christmas genannt. Neben der Plastic Ono Band traten noch andere Bands auf: The Young Rascals, Desmond Dekker and The Aces und Blue Mink and Black Velvet; Emperor Rosko war der DJ des Abends und gestaltete die Pausen während der Auftritte. Wie bereits bei dem Toronto-Konzert waren die Plastic Ono Bandmitglieder einverstanden aufzutreten. Zusätzlich zu Klaus Voormann am Bass, Eric Clapton an der Gitarre und Alan White am Schlagzeug kam noch Billy Preston an der Orgel hinzu. Nicht genug. Da an dem Abend des Auftritts Delaney und Bonnie zusammen mit Clapton und Harrison von ihrer

Skandinavien-Tour zurückkamen, war die Band und Harrison auch mit von der Party. Es war das erste Mal seit dem 29. August 1966, dass Lennon und Harrison gemeinsam wieder auf einer Bühne standen. Lennon amüsierte es, dass Clapton und Harrison als, wie er sagte, unsichtbare Musiker bei Delaney und Bonnie mitspielten. Seiner Ansicht nach war es der Versuch der beiden, mit dem Druck fertig zu werden, berühmt zu sein. Die komplette Band bestand aus Lennon, Harrison, Clapton und Delaney Bramlett, die Gitarren spielten; Ono (Gesang); Bonnie Bramlett (Tambourin); Alan White und Jim Gordon (beide Schlagzeug); Billy Preston (Orgel); Klaus Voormann (Bassgitarre); Bobby Keys (Saxophon); Jim Price (Trompete). Lennon bezeichnete später die Formation als Plastic Ono Supergroup. Auch Who-Schlagzeuger Keith Moon mischte mit, indem er auf die Standtom von Alan White mit eindrosch. Der Auftritt dieses Abends wurde von Geoff Emerick auf einem Vierspur-Rekorder mitgeschnitten. Er wurde dabei unterstützt von Peter Brown und John Kurlander. Zwei Tage später mischte er die Songs ab, die erst auf einer Bonus-Platte für das 1972 erschienene Album *Some Time In New York City* verwendet wurden. Die Plastic Ono Band spielte an diesem Abend nur zwei Songs: *Cold Turkey* und *Don't Worry Kyopko (Mummy's Only Looking For Her Hand In The Snow)*. Cold Turkey hatte eine Spiellänge von sieben Minuten, Lennon kündigte ihn an mit den Worten: und nun kommt ein Lied über Schmerzen! Der Song von Ono dauerte ganze 40 Minuten, die Aufnahme davon wurde auf 15 Minuten gekürzt. Nach Darbietung des Songs schlüpfte Ono in einen weißen Sack, der vor Lennons Füßen lag und schrie: *John I love you! Britain, you killed Hanratty, you murderer.* Lennon war von Onos Live-Darbietung begeistert. Für ihn war es die aufregendste Musik, die er jemals gehört hatte. 20 Jahre vor ihrer Zeit. Dass Onos Song nach 40 Minuten zu Ende war, ging auf das Konto der Schlagzeuger. Alan White entschied sich, das Tempo zu erhöhen, Jimmy Gordon machte sofort mit. Und so wurde der Song immer schneller, bis nichts mehr ging. Der Song hob sich in einem erlösenden Stakkato auf.

Einen Tag später, am 16. Dezember, reisten Lennon und Ono nach Toronto, Kanada, um dort ihre Friedenskampagne voranzutreiben. Sie verbrachten einige Tage auf einer Ranch des Musikers Ronnie Hawkins in Mississauga, Ontario. Dort gaben sie mehrere Interviews, indem sie ihre Hoffnungen zum Ausdruck brachten, dass ihre Bemühungen zu einem erfolgreichen Abschluss kommen mögen. So hofften sie, dass ihr Trip nach Kanada den Punkt markieren sollte, ab dem es andauernden Weltfrieden geben sollte. Ein frommer Wunsch, der nicht in Erfüllung ging. Der Abschluss der Kampagne war der Höhepunkt. Am 23. Dezember trafen sie den kanadischen Premierminister Pierre Trudeau in Ottawa. Das Treffen fand hinter verschlossenen Türen statt und dauerte über 50 Minuten. Lennon sagte später sichtlich zufrieden, dass nicht einmal Spitzenpolitiker so eine lange Zeit zugestanden bekämen. Danach trafen sie sich noch mit Gesundheitsminister John Munro, bevor sie die Heimreise nach London antraten. Es war das einzige Mal, dass die beiden ihr Anliegen Politikern nahebringen konnten. Nach dieser Aktion jedoch sollten Lennon und Ono ihre Protest-Aktivitäten für zwei lange Jahre einstellen.

Der Dezember 69 war ein ungewöhnlich aktiver Monat. Die Lennons eilten von Interview zu Interview, initiierten eine Friedenskampagne, drehten den Kunstfilm Apotheosis II, spielten live mit der Plastic Ono Band und Lennon wurde obendrein zum Man of the Decade auserwählt. Ringo Starr nahm fleißig seine erste Solo-Platte auf, feierte die Weltpremiere seines zweiten Films *The Magic Christian* als Schauspieler und gab eine Reihe von Interviews. Harrison genoss seine musikalische Freiheit und spielte als Gitarrist bei Delaney und Bonnie, zusammen mit seinem Freund Eric Clapton. Die Beatles-Angelegenheiten waren auf ein Minimum heruntergeschraubt. Kein Wunder, Lennon hatte seinen Ausstieg verkündet. Die Band, die mühelos Platz eins erreichte, egal, was sie anstellte, war nicht mehr attraktiv genug für Lennon. Harrison und Ringo war es egal, sie gingen ihre eigenen Wege. Und Paul McCartney? Dieser verhielt sich auffällig ruhig. Kein Wunder, er arbeitete intensiv zu Hause ebenfalls an seinem ersten Solo-Album.

13 Die Bag-One-Ausstellung

Lennon war nicht nur Friedensaktivist, er war in erster Linie Künstler, nicht nur in musikalischer Hinsicht, er konnte auch pointiert zeichnen. Er stellte am 15. und 16. Januar in einer Londoner Kunst Galerie in der New Bond Street 22 Lithographien aus, Werke, die aufwändig in einem Flachdruckverfahren hergestellt werden. Besitzer der Galerie war Eugene Schuster. Es waren Zeichnungen, die Lennon allesamt 1969 erstellt hatte und die als Bag-One-Kollektion zusammengestellt wurden. Die Zeichnungen stellten eine Art Chronik dar, von der Heiratszeremonie zu den Flitterwochen bis zu den Bed-In-Friedensaktionen. Vorwiegend handelte es sich um erotische Zeichnungen. Das Bag-One-Portfolio beinhaltete 14 Kunstdrucke und wurde in limitierter Auflage von 300 Exemplaren gedruckt. Jeder Kunstdruck wurde von Lennon signiert. Der Preis für eine Bag-One-Kunstmappe lag bei 550 Pfund; eine einzelne Lithographie kostete jeweils 40 englische Pfund. Die Ausstellung war für 14 Tage angesetzt, jedoch bereits am zweiten Tag erschien die Polizei und beschlagnahmte acht der 14 Originale. Grund hierfür war die Anstößigkeit einiger Bilder. Den Tipp bekam die Polizei von Nansi Creer, einer 48-jährigen Mitarbeiterin des Amtsgerichts in Egham.[54] Es waren etwa 40 Besucher in der Galerie, vorwiegend Jugendliche, die an den erotischen Darstellungen keinen Anstoß nahmen, andere hingegen

---

54 *I couldn't believe what I was looking at. I went and looked at two or three more. I went to the other wall and suddenly felt I could not stay in the gallery any longer. I realised I was red with embarrassment. I was very shocked.*

https://www.dailymail.co.uk/tvshowbiz/article-18093/Lennon-shocked-fans-obscene-art.htmln umso mehr. So sagte ein Gentleman mittleren Alters: *Shocking, isn't it!*, und verließ die Galerie. Als Inspektor Frederick Luff erschien, waren bereits 50 Mappen und 20 separate Lithographien verkauft. Galeriebetreiber Schuster meinte zu dem ganzen Vorfall ungerührt: es ist schlechte Kunst, aber der Name verkauft.

Der polizeiliche Eingriff hatte ein Nachspiel. Es kam zu einer öffentlichen Anklage. Lennons Veröffentlichung erotischer Zeichnungen wurden strafrechtlich verfolgt. Ein Gerichtsverfahren wurde angestrebt, aber nach drei Wochen, am 27. April 1970, fallengelassen. Die Veröffentlichung erotischer Zeichnungen wäre nach englischem Recht strafbar gewesen, wenn die Galerie sich in einer Durchgangsstraße befunden hätte. Es war Lennons Glück, das dies nicht der Fall war.

Als dies passierte, verbrachten Lennon und Ono einige Tage in Aalborg in Dänemark. Grund hierfür war, dass Ono mit ihrer Tochter Kyoko Zeit verbringen wollte. Die Tocher lebte bei ihrem Vater Tony Cox, Onos zweitem Ehemann, und seiner Frau Melinde. Am 20. Januar entschlossen sich die beiden, ihre Haare kurz zu schneiden. So kurz wie noch nie im erwachsenen Alter zuvor. Gründe hierfür sind nicht bekannt. Beiden muss klar gewesen sein, dass für ihre breit angelegte Friedenskampagne es wichtig war, im Focus der Öffent-lichkeit zu stehen. Und lange Haare konnotierten seit den 50er Jahren mit der Vorstellung von Kraft und Jugend. Es war ein Allein-stellungsmerkmal der erwachten Jugend, insofern ein mutiger und erstaunlicher Entschluss der beiden, diesen Schritt zu wagen. Und sie taten es. Der Daily Mirror beschrieb diesen Vorgang als das sensationellste Skalpieren nach dem Ende der Indianer. Lennon und Yoko waren sich der symbolischen Bedeutung des Vorgangs durchaus bewusst. Sie hoben die Haare in einem Beutel auf. Doch bereits am vierten Februar tauschten sie die Haare ein für ein Paar blutverschmierter Boxhandschuhe von keinem geringeren als Muhammed Ali.

14 *Instant Karma*

Am Morgen des 27. Januar saß der kurz geschorene Lennon vor seinem Klavier in Tittenhurst Park, als ihn eine Eingebung überfiel. Innerhalb kürzester Zeit komponierte er *Instant Karma*. Dieser neue Song sollte nach *Give Peace A Chance* und *Cold Turkey* die dritte Single der Plastic Ono Band werden. Lennon ging in sein Apple-Büro, wo ihm die neue Komposition nicht mehr aus dem Sinn ging. So schnell er *Instant Karma* geschrieben hatte, so zügig wollte er den Song aufnehmen. Er rief Alan White, Billy Preston, Klaus Voormann und Eric Clapton an. Die ersten drei Musiker waren verfügbar, Clapton war schon anderweitig belegt. Also bat Lennon seinen Beatles-Kollegen Harrison, der schon allein des Titels wegen gerne zusagte. Er gab auch Lennon den folgenreichen Tipp, den Song von Phil Spector, Mr. Wall Of Sound, produzieren zu lassen. Harrison war zu dieser Zeit gerade mit Phil Spector in London unterwegs und fragte ihn: *Why don't you come to the session?* Phil Spector war einverstanden. Für Lennon und Harrison erwies sich die Begegnung mit Phil Spector als perfekt. Unverzüglich buchte Lennon Raum zwei der Abbey Road-Studios für den Abend. Die Session ging von 19 bis 24 Uhr. Nach zehn Takes war der Song im Kasten. Lennon spielte Harrisons Gibson J-200, eine Akustikgitarre, Harrison nahm eine E-Gitarre, Klaus Voormann spielte Bass, Billy Preston bediente die Orgel und Alan White saß am Schlagzeug. Spector fragte, wie der Song klingen sollte und Lennon antwortete spontan: 50's, nur zeitgemäß. Als die Basisspuren des Liedes aufgenommen waren, ging es bis 3 Uhr morgens zu den Overdubs. Dabei schaltete Spector die Gitarren stumm und setzte Lennon und Voormann an ein elektrisches Piano, Harrison und White kamen ans Klavier und Preston spielte nochmals die Hammond-Orgel. Mal Evans, der im Studio zugegen war, spielte den Gong. So wurden die Akkorde gedoppelt. Anschließend sollte der Refrain aufgehübscht werden. Hierfür eilten Evans und Preston in einen nahegelegenen Nachtclub und rekrutierten dort ein paar Damen zum Singen. Nach drei Aufnahmen war der Chor inklusive Handclaps aufgenommen. Von drei bis vier Uhr mischte Phil Spector ab, drehte am Ende noch den Bass lauter und überspielte vier Stereo-Mixe. Damit war der Song fertig. Geoff Emerick war fast bis am Ende der Session dabei, bis Spector ihn bat, das Studio zu verlassen, weil er ihn nervös machte. Emerick erinnerte sich, dass Spector, bevor er ging, das Band des vierten Mixes mit dem Hinweis versah: Nicht verwenden. Doch genau diesen Mix nahm Lennon für die Veröffentlichung in England her. Ein paar Tage später fertigte Spector noch einen Mix für die Veröffentlichung in Amerika an, die Lennon nicht zu hören bekam. Und Soundkollege Emerick mischte am 10. Februar drei Mono-Mixe von dem Song in den Abbey   Road Studios in London, bei einem der Mixe schaltetet er Lennons Stimmenspur stumm. Diese Version war gedacht für den Auftritt der Plastic Ono Band bei der Musiksendung *Top Of The Pops*[55], einen Tag später, am elften Februar als Halb-Playback.

15 Ringo trifft Elvis

Währenddessen reiste Ringo mit Frau Maureen nach Amerika. Anlass hierfür war die Premiere seines Films *The Magic Christian* im Four Star Theater in Los Angeles am 29. Januar. Bei dieser Gelegenheit wollte Ringo nochmals Elvis besuchen, was ihm einen Tag später gelang. Der letzte Besuch am 27. August 1965, als die Beatles Elvis kennen lernten, lag fast fünf Jahre zurück. Begleitet wurde Ringo von dem ehemaligen Apple-Manager Ken Mansfield, den er bat, ein Treffen mit Elvis zu arrangieren. Witzigerweise hatte Mansfield fünf Jahre zuvor die Beatles an dem Tag begleitet, an dem sie abends Elvis trafen. Bei dem Treffen damals durfte er nicht teilnehmen. Mansfield war ein großer Elvis-Fan, der mit einer beeindruckenden   Live-Show sein Comeback geschafft hatte, und so hoffte er, dass er durch Ringo endlich Elvis persönlich treffen konnte. Elvis trat am Abend des 30.

---

55 Die Beatles traten dort insgesamt fünfmal in ihrer Karriere auf

Januar im International Hotel in Las Vegas auf. Mansfield schaffte es, an Karten zu kommen und ließ dem Management von Elvis die Notiz zukommen, dass sich Ringo über ein Treffen freuen würde. Nach der Show erhielt Ringo eine Nachricht, dass der King ihn gerne in seiner Suite begrüßen würde. Von Mansfield war keine Rede. Ringo ging ohne Frau und Mansfield zu Elvis und verbrachte mit ihm den Rest des Abends. Mansfield ging auch beim zweiten Anlauf, Elvis zu treffen, leer aus.

Am sechsten Februar kam Journalist David Wigg erneut ins Apple-Gebäude in die Savile Row 3, um Lennon und Ono zu interviewen. Das Gespräch fand in Lennons Büro statt. Obgleich Lennon mit den Beatles innerlich abgeschlossen hatte, zögerte er immer noch, es der Öffentlichkeit mitzuteilen. Er gab zwar zu, dass bis auf die Veröffentlichung der *Get Back*-Aufnahmen keine Pläne existierten, aber dass er nicht gedenke, die Gruppe aufzulösen. Vielmehr sei der derzeitige Bruch der Sprung zu einer Wiedergeburt oder in den Tod. Allerdings gestand er, dass er mit Yoko und Phil Spector ein Album plane und dass Beatles-Kollege Paul McCartney ebenfalls an einem Solo-Album arbeite. Lennon wusste zu diesem Zeitpunkt nicht, dass McCartney bereits seit Ende 69 an seinem Solo-Projekt feilte. Wigg meinte herausfordernd, dass es derzeit keine Beatles-Aktivitäten gäbe, worauf Lennon antwortete, dass eine ähnliche Phase vor der Veröffentlichung von Sergeant Pepper stattfand. Er begründete die fehlenden Aktionen auch durch die übermäßigen Diskussionen um den neuen Manager Allen Klein, der alles neu regelte, und auch der Kontrollverlust über Northern Songs. Fünf Minuten des Gesprächs wurden 15. Februar 1970 zwischen 15 und 16 Uhr in der BBC *World Service Show* ausgestrahlt.

16 *Govinda*

Am Samstag, den siebten Februar, ging George Harrison mit dem Radha Krshna Temple in die Trident Studios, um nach dem großen Erfolg des Vorjahres des Hare Krshna Mantra die Nachfolge-Single aufzunehmen. Er wollte abermals ein traditionelles indisches Lied aufnehmen; *Govinda*, das, wie es heißt, das älteste Gedicht der Welt sei. Harrison spielte die Akustikgitarre, Klaus Voormann, der immer häufiger zum Zug kam, spielte den Bass und Alan White saß am Schlagzeug. Die beiden waren mittlerweile fester Bestandteil der Beatles-Entourage. Nachdem das Grundgerüst des Songs stand, kamen die Mitglieder des Radha Krshna Temples und sangen, spielten Tambourine und Flöte. Gesanglich wurden sie unterstützt von Mary Hopkin und Donovan, die an diesem Tag im Studio waren. Für die Geigen wurde das Londoner Philharmonie Orchester eingeladen. George Harrison war Produzent, arrangiert wurde das Lied von Mukunda Das Adkikary, um das Geigen-Arrangement kümmerte sich John Barham. Harrison war berauscht von der Stimme Yamunas, die wie bei *Govinda* schon die Lead-Stimme für das *Hare Krishna Mantra* übernommen hatte. Er versprach ihr eine große Karriere im Pop-Geschäft, aber das Mädchen blieb völlig unbeeindruckt. Der Ehemann von Yamuna verglich Harrison mit Prabhupada, dem Oberhaupt der Hare Krishna Bewegung, und attestierte ihm ein großes Geschick, wie ein Zirkusdirektor alles in Bewegung zu halten. Auf die B-Seite kam der Song Govinda Jai Jai. Veröffentlicht wurde die Single am sechsten März in England und am 24. März in Amerika und erreichte Platz 23 in England. Pressesprecher Derek Taylor war von der Aufnahme begeistert. Er meinte, es sei der schönste Song, den er jemals gehört hat. Auch Prabhupada, der den Song zum ersten Mal in Los Angeles hörte, war den Tränen nahe. Seiner Bitte entsprechend wurde diese Aufnahme seitdem jeden Morgen bei Hare-Krishna-Veranstaltungen gespielt. Bis zum heutigen Tag! Hare Krishna! Hare Hare!

17 Die *Sentimental Journey* geht weiter

Seit Ende Oktober 69 ging Ringo nicht nur im Filmdreh eigene Wege – er unternahm auch musikalisch Exkursionen und nahm immer wieder neue Lieder auf. Sein Ziel war ein Solo-Album. Darüber ließ er keinen Zweifel aufkommen. So wie Lennon schon längst unabhängig von den Beatles aktiv war, so folgte ihm nun auch Ringo. Bis Februar 70 hatte er mit Hilfe von George Martin im Abbey Road-Studio bereits folgende Lieder aufnehmen lassen und eingesungen: Ende Oktober nahm er *Night And Day* auf, im November folgten Stormy Weather (dieser Song kam nicht auf das Album), *Stardust, Dream* und *Blue Turning Grey Over You*, im Dezember mischte George Martin einige Songs ab, nach einer kleinen Pause ging es im Februar weiter mit Aufnahmen zu *Love Is A Many Splendoured Thing, Whispering Grass, Have I Told You Lately, That I Love You, I'm A Fool To Care*, *Let The Rest Of The World Go By, Sentimental Journey* und – *It Don't Come Easy.* Alle Lieder bis auf Letzteres dokumentierten Ringos nostalgische Ader. Es waren allesamt Lieder aus den 30er und 40er Jahren. Es war seine Absicht, Lieder aufzunehmen, die seine Eltern gehört hatten. Es waren Standards aus der Schellack-Zeit. *It Don't Come Easy* jedoch war ein Popsong, den Ringo mit der Hilfe von Bandmate George Harrison schrieb, wobei man davon ausgehen kann, dass Harrison den Löwenanteil des Songs komponierte. Dieser Song sollte die erste Single von Ringo in England werden. Der Arbeitstitel lautete etwas sperrig *You Gotta Pay Your Dues.* Bei den Aufnahmen wirkte Harrison mit und dirigierte die Musiker, die zwanzig Durchgänge brauchten, bis der Song passte. Klaus Voormann spielte den Bass, Ringo natürlich das Schlagzeug, Stephen Stills von Crosby, Stills, Nash & Young bediente das Piano und Harrison spielte die Akustik- und Elektro-Gitarren. Die Aufnahmen von dem Song wurden verworfen und ein zweiter Anlauf wurde im März vorgenommen. Aber Fakt ist, dass Ringo mit diesem Song seine Reise in die musikalische Vergangenheit beendet hatte und zeitgemäße Popmusik bediente. Wie Harrison schmunzelnd meinte, *It Don't Come Easy* sei Ringos „Surprise Single"! Das Lied kam nicht auf das Album, sondern wurde ein Jahr später gesondert veröffentlicht und ein großer kommerzieller Erfolg: Platz eins in Kanada, und Platz vier in England und Amerika. Das Album Sentimental Journey war Ende Februar fertig und sollte im März veröffentlicht werden ...

18 George Harrisons Alleingänge

Der Lead-Gitarrist der Beatles hatte sich erstaunlich entwickelt. Ab dem *Weißen Album* konnte sich Harrison als Komponist bei dem Duumvirat Lennon/McCartney durchsetzen und immer mehr eigene Lieder auf den Alben platzieren, die immer mehr an Qualität gewannen. Bei dem letzten konstruktiven Meeting wurde ihm der gleiche Anteil an Songs pro Album zugesprochen, wie den beiden Masterminds Lennon/McCartney. Dies war ein Vorschlag Lennons, der die kreative Entfaltung seines Gitarrenkollegen sehr deutlich wahrnahm. McCartney hatte mit der neu gestalteten Rangordnung sichtlich Probleme. Er war mit Lennons Vorschlag nicht einverstanden und wollte Harrisons Talent nicht zur Entfaltung kommen lassen. Für ihn waren Lennon und McCartney die Beatles-Platzhirsche. Den anderen gehörten nur die Brosamen. Aber Harrison zeigte sich unbeeindruckt von dem Machtgeschiebe, er ging schon des längeren eigene Wege. Unter dem Pseudonym L'Angelo Misterioso gastierte er 1968 bei der Gruppe Cream und nahm mit ihnen *Badge* auf. Ein Song, den er gemeinsam mit Eric Clapton komponiert hatte. Auch nach der Trennung von Cream blieb er mit den Musikern in engen Kontakt und folgte im Mai 69 einer Einladung von Jack Bruce in die Morgan Studios in London, um Gitarren für sein erstes Solo-Album *Songs For A Tailor* einzuspielen.   Er veröffentlichte zwei Solo-Alben – November 1968 erschien *Wonderful Music* als Soundtrack zum gleichnamigen Film, jedoch ohne nennenswerten Erfolg. Im Mai 69 folgte das avantgardistische Album *Electronic Sound*, auf dem Harrison mit einem Moog experimentierte, der beim *Abbey Road*-Album Einsatz fand. Er spendierte Jackie Lomax, dessen Album er produzierte, seine Eigenkomposition *Not Guilty.* Auch hier war ihm und Lomax kein Erfolg beschieden. Dafür um so mehr bei seinen beiden Singles, die er für den Radha Krishna Temple produziert hatte. Harrison, der bei den Beatles immer nur eine Nebenrolle spielte, hatte sich gefunden. Dieses Zu sich Kommen ging einher mit der Konversion zum Hinduismus Mitte der 60er Jahre. Begegnungen mit Ravi Shankar und Bhaktvedante Swami Prabhupada prägten ihn und verhalfen ihm zu einer Distanz zu dem Beatles-Geschehen. Bei den *Get-Back*-Sessions hatte er Songs angeboten, die nach dem Ende der Beatles alle auf sein erstes Solo-Trippel-Album landetet, darunter *All Things Must Pass, Wah Wah* – eine Metapher für Kopfschmerzen, ein Lied, dass er geschrieben hatte, als er während der *Get Back*-Sessions von den Beatles ausstieg. Er hatte die Gabe, seinen Ärger kreativ in Musik zu verwandeln. Und nicht zu vergessen, er war wieder gewillt live aufzutreten. Nicht mit den Beatles allerdings. Er wehrte sich vehement bei dem Vorschlag McCartneys, wieder auf Tour zu gehen. Jedoch mit Delaney und Bonnie war es ihm eine Freude, live mitzuwirken. Bei seinen Entscheidungen schwang ein inneres sich Auflehnen gegen die Beatles mit. Dieser Prozess ging bei der Produktion des Albums *Sergeant Pepper's Loneley Heart's Club Band* los, als McCartney die musikalische Kontrolle übernahm und keinen Freiraum mehr zuließ für Harrisons Kreativität. Er spielte nur noch Solos und Licks auf Geheiß. Dieses Gefühl verstärkte sich beim *White Album.* Aus dieser Abwärts-Spirale der negativen Gefühle kam Harrison nicht mehr hinaus. Dabei unterstützte er Ringo bei seinen Solo-Aktivitäten, spielte bei der Plastic Ono Band mit, wenn ihm der Song gefiel. Obgleich er es abgelehnt hatte, ein festes Mitglied dieser Band zu werden, was mit den gesanglichen Darbietungen von Yoko Ono zusammen hing. Er war kein Bewunderer ihrer Fluxus-Kunst. Auch nach der Beatles-Ära war er bei Produktionen von Lennon und Starr ein gern gesehener Gast. Kein Wunder, Harrison war ein begnadeter Gitarrist mit einer schnellen Auffassungsgabe. Seine musikalischen Beiträge hatten immer

Geschmack und Qualität. Es ist nicht verwunderlich, dass Lennon Harrison als Gitarrist Eric Clapton vorzog und nur Clapton aufnahm, weil Harrison ablehnte. Als 1980 Harrisons Autobiographie *I Me Mine* herauskam, beschwerte sich Lennon, dass seine kompositorische Unterstützung bei dem Song *Taxman* keine Erwähnung fand. Harrison konterte, dass auch seine vielen Gitarren-Beiträge auf Lennon/McCartney-Songs niemals aufgezeigt worden sind. Was wären *Paperback Writer, Day Tripper, Girl* usw ohne die grandiosen Riffs und Soli von Harrison? Auch von Harrison flossen viele zündende Ideen in deren Songs ein. Am dritten Januar nahm Harrison mit Starr und McCartney seinen Song I Me Mine auf. Am achten Januar folgte die letzte Aufnahmesession für die Beatles. Sie dauerte zwei Stunden und fand in den Olympic Sound Studios statt. Glyn Johns bereitete *Let It Be* und *For You Blue* vor, für diese beiden Songs steuerte Harrison noch Gitarren bei. Bis zu den Anthology-Aufnahmen in den 90er Jahren war Harrison nicht mehr für die Beatles tätig.

Aber nicht nur als Gitarrist, sondern auch als Songwriter brillierte Harrison. Seinen ersten Song *Don't Bother Me,* zu hören auf dem Album *With The Beatles,* schrieb Harrison in einem Hotel in Bournemouth während der Sommertournee durch England. Es war für ihn lediglich ein Test herauszufinden, ob er so wie die beiden Weggefährten Lennon und McCartney in der Lage ist, Songs zu schreiben. Er konnte es. Verständlicherweise benötigte er eine gewisse Anlaufzeit, aber spätestens seit *Taxman* auf *Revolver* blitzte sein kompositorisches Können auf. Durch seine Hinwendung zum Hinduismus und sein Eintauchen in die indische Musik setzte er Akzente, die es bis dato in der Popmusik nicht gab. Die Sitar auf *Nowhere Man* war, wie er selbst sagte, ein Unfall.[56] Der erste ernstzunehmende Song mit Sitar war *Love You To.* Spätestens ab diesem Zeitpunkt konnte man Harrison einen ernstzunehmenden Einfluss auf die musikalische Entwicklung der Beatles nicht mehr absprechen. Nicht zu vergessen

---

56 I Me Mine. George Harrison, 2002, S. 102

das Gespräch am achten September 1969, das ein helles Licht auf die Verschiebung der kreativen Machtverhältnisse wirft: Die Beatles treffen eine Vereinbarung für ein neues Album nach Abbey Road und Lennon schlägt eine komplett neue Aufteilung vor. Zukünftig sollten ihm, McCartney und Harrison jeweils vier Songs für ein Album zugesprochen werden, zwei Songs für Starr. Und das Komponistenduo Lennon/McCartney sollte ab sofort aufgelöst werden. Lennon hatte das Potential Harrisons erkannt und akzeptiert. McCartney hatte Probleme mit dieser Umschichtung.

So reagierte er leicht säuerlich: *"I thought until this album that George's songs weren't that good.* Woraufhin Harrison antwortete: *That's a matter of taste. All down the line, people have liked my songs.* Lennon schaltete sich ein und wies darauf hin, dass keiner in der Band begeistert sei von dem Song *Maxwell's Silver Hammer* und dass es besser sei, so einen schwachen Song nicht auf eine Platte zu nehmen. In so einem Fall müsste man dem besseren Song Platz machen. [57] Das Problem war nur, dass Harrison zu diesem Zeitpunkt schon längst mit den Beatles abgeschlossen hatte. Daran änderte auch Lennons Akzeptanz und Anerkennung nichts mehr. Das Angebot, als Komponist auf Augenhöhe mit Lennon und McCartney zu agieren, kam zu spät. Und Harrison wusste genau, dass Lennon dieses Angebot nur ausgesprochen hatte, weil ihm die Beatles nicht mehr wichtig waren. Und Harrison ging es genauso.

---

57 https://www.theguardian.com/music/2019/sep/11/the-beatles-break-up-mark-lewisohn-abbey-road-hornsey-road

V Götterdämmerung

1 Wer ist Billy Martin?

Wenn einer der Beatles an den Beatles festhalten wollte, dann war das Paul McCartney. Ihm war die Band wichtig. Ein Leben ohne Beatles war für ihn nicht denkbar. Als es passiert war, sagte er: *Ich hatte das Gefühl, mein Leben sei zu Ende.*[58] Dennoch stürzte auch er sich auf die Produktion eigener Songs. Er dachte anfänglich nicht daran, ein Solo-Album aufzunehmen. Vermutlich wollte er mit den anderen gleichziehen. Er spürte schmerzlich, wie die Band sich allmählich auflöste und sah in den Aufnahmen einen Rettungsanker. Er nahm also auf. Nicht offen, wie es die anderen drei taten, nein, McCartney nahm heimlich auf. Er besorgte sich eine Vier-Spur-Tonbandmaschine der renomierten Marke Studer und fing um die Weihnachtszeit 1969 mit seinen Aufnahmen an. Er positionierte die Tonbandmaschine in einer Ecke seines Wohnzimmers in der Cavendish Road in St. Johns Wood, London, und nahm alle Instrumente alleine auf: Schlagzeug, Bass, Gitarre, Piano, Mellotron, Perkussion und natürlich Gesang. Für den Multiinstrumentalisten McCartney war das kein Problem. Er hatte auch bei Beatles-Aufnahmen mehrmals das Schlagzeug souverän eingespielt, wie bei *The Ballad Of John And Yoko* oder *Back In The USSR*. Das Studer-Aufnahmegerät hatte keine VU-Meter zum Aussteuern des Pegels. So musste er vor jeder Aufnahme einen Probedurchgang starten, und das Ergebnis über seine Kopfhörer kontrollieren, um nicht zu übersteuern, wie McCartney in seiner ersten Pressemitteilung berichtete. Das erste Stück, das er aufnahm, war *The Lovely Linda*. Anschließend nahm er *That Would Be Something*, *Valentine Day* (Instrumental), *Momma Miss America* (Instrumental), *Glasses* (Instrumental) und *Suicide* auf.[59] Seine Frau

---

[58] Harald Martin, Paul McCartney, S. 17

[59] Den Song *Suicide* schrieb McCartney in ganz jungen Jahren und zeigt seine enorme kompositorische Begabung. Der Song wurde bislang noch nicht veröffentlicht.

Linda steuerte den Harmoniegesang bei. Die weiteren Lieder *Teddy Boy, Oo You, Junk und Singalong Junk* fing er zu Hause an aufzunehmen, setzte seine Arbeit daran weiter in den Morgan Studios in Willesden, London, fort. Dort schrieb er sich unter dem Pseudonym Billy Martin ein, um anonym zu bleiben. Er überspielte alle seine bisherigen Aufnahmen auf eine Achtspurmaschine und fügte Overdubs hinzu. Bei seinenAufnahmen blieb er der Maxime treu, die er bei den *Get Back*-Sessions vorgegeben hatte: keine technischen Tricks, nur Verwendung einfacher musikalischer Mittel war erlaubt. Am zehnten und zwölften Februar nahm er in den Morgan-Studios *Hot as Sun* und *Kreen-Akrore* auf und nahm erste Stereoabmischungen seiner Stücke vor. Ende Februar kam er zum Abschluss seines Albums. Am 22. Februar nahm er zwei weitere Lieder auf, diesmal in den Abbey-Road-Studios, seiner alten Wirkungsstädte: *Every Night* und *Maybe I'm Amazed*. Diese beiden Songs klangen am ausgereiftesten, verglichen zu den Aufnahmen zu Hause und in den Morgan-Studios. Auch im Abbey Road Studio schrieb er sich als unbekannter Künstler Billy Martin ein. Und er produzierte sich selbst. Auch George Martin sollte so wie die Beatles-Kollegen und Apple sein Vorhaben nicht mitbekommen. Den Song *Every Night* präsentierte McCartney bereits bei den *Get Back*-Sessions, jedoch im unausgereiften Zustand. Erst später, im Sommer 69, also ein halbes Jahr später, wurde der Song von ihm fertiggestellt. Am 25. Februar erfolgte die letzte Aufnahmesession im Abbey Road-Studio. Danach mischte er das Album ab, hörte sich die Stereo-Mixe im Abbey Road-Studio an und schloss sein erstes Solo-Album am 23. März mit den finalen Abmischungen ab. Das Album konnte veröffentlicht werden ...

2 *Hey Jude*

Dabei war Allen Klein für die Beatles durchaus tätig in dieser Phase. Am 26. Februar erschien auf sein Bestreben das Kompilationsalbum *Hey Jude* in Amerika. Er wusste, wie es um die Beatles stand und wollte mit diesem Schritt eine lukrative Einnahmequelle generieren. Die Beatles waren mit dieser Verkaufsstrategie einverstanden, weil sie für die Veröffentlichung keine Arbeit leisten mussten. Auf dem Album waren Singles, B-Seiten und alte Songs wie *Can't buy Me Love* und *I Should Have Known Better* vom *Hard Day's Night*-Soundtrack. Und *Hey Jude* war als Interims-Album gedacht, um die große Lücke zwischen Abbey Road und dem geplanten *Let It Be*-Album zu überbrücken. Auch die Tatsache, dass der Tantiemenanteil attraktiver geworden war durch den neuen Vertrag mit EMI spielte eine Rolle. Die Songauswahl übernahm Allan Sticker von Apple zusammen mit Kleins Firma ABKCO und folgte dem Ziel, die Karriere der Beatles im Ganzen zu erfassen, mit dem Fokus auf aktuelleren Nummern. So entstand folgende Trackliste:

Can't Buy Me Love, I Should Have Known Better, Paperback Writer, Rain, Lady Madonna, Revolution, Hey Jude, Old Brown Shoe, Don't Let Me Down, The Ballad Of John And Yoko.

Obgleich ursprünglich nur für Amerika vorgesehen, fand die Veröffentlichung in Kanada, Australien, Spanien, Deutschland, Frankreich, Griechenland und Japan statt. Ins Mutterland England kam die Platte witzigerweise als Importware. *Hey Jude* erreichte als höchste Chart-Platzierung in Amerika Platz zwei. Allen Klein hatte in diesem Fall alles richtig gemacht und die durch Apple finanziell gebeutelten Beatles hatten wieder etwas mehr Geld in der Portokasse.

3 Von *Get Back* zu *Let It Be*

Am 23. April 1969 wurde die Single *Get Back* veröffentlicht und war wochenlang Platz eins in den englischen wie auch vielen anderen Charts. Das entsprechende Album sollte unmittelbar folgen, was nicht geschah. So wurde zwangsläufig der Albumtitel *Get Back* immer obsoleter. Zum einen war es für die Beatles untypisch, Singles von einem Album zu rekrutieren. Zum anderen wäre es für die Fans unverständlich gewesen, ein Jahr nach Veröffentlichung einer Single ein gleichnamiges Album vorgesetzt zu bekommen. 1969 jedenfalls hielten die Beatles an dem Albumtitel *Get Back* fest, schon allein weil er am Besten die Ambition des Zurückkehrens zu einfachen musika-lischen Mitteln beschreibt. Zurück zu den Anfängen. So wurde auch ein Cover geplant. Ursprünglich dachte man daran, die Abbildung des ersten Covers *Please Please Me* zu parodieren. Die Beatles engagierten den Fotografen Angus McBean, der die Beatles bereits 1963 für ihr erstes Album abgelichtet hatte. So posierten die Beatles am 13. Mai 1969 an gleicher Stelle im EMI-Gebäude wie sechs Jahre zuvor. Allerdings wurde dieses Motiv nicht für das Album genommen. Zum einen weil es nicht mehr den ursprünglichen Namen trug, sondern *Let It Be* heißen sollte, was dem Band-Häretiker Lennon nicht besonders zusagte, da ihm die religiös anmutende Stimmung des Songs zuwider und suspekt war. Statt dem Foto von Angus McBean wurden Ausschnitte aus dem Film verwendet. Und da die Single *Let It Be* zeitnah mit dem Album erschien, machte es Sinn, den Namen des Albums dieser Single anzugleichen.

Die beiden Mix-Vorschläge von Glyn Johns wurden seitens der Beatles abgelehnt. McCartney wäre am ehesten bereit gewesen, diese Mixe zu akzeptieren, auch George Martin, der in den Mixprozess involviert war, wäre mit dieser Konstellation glücklicher gewesen, aber es gab zu viele Widerstände. Am meisten sträubte sich Lennon. Er wollte auf keinen Fall, dass Glyn Johns als Produzent eines Beatles-Albums aufgeführt würde. Johns war im selben Alter wie McCartney und unterschied sich im Äußeren nicht von den Künstlern, die er produzierte. Sein Outfit und Hairstyle waren hip, irgendwo zwischen Stones und Beatles. Dem Kaliber George Martin war er nicht gewachsen. Man muss zugestehen, dass Johns die Beatles in ihrer dunkelsten Phase erwischte, in der sich George Martin zurückzog, weil er die Aussichtslosigkeit erkannte, in solch einer prekären Lage ein vernünftig klingendes Album zu produzieren. Johns wollte die Chance nutzen, einen Beatle-Credit zu bekommen. Aber die Mixe klangen eine Spur zu unreif und hatten zu starken Live-Charakter. Harrison hätte damit leben können, weil er kein Interesse mehr an Beatles-Aufnahmen hatte. Ende Januar war Johns raus aus dem Rennen und in diesem Vakuum versuchte am 28. Februar Malcolm Davies, ein Mitarbeiter des Abbey Road-Studios, einen Song des Albums abzumischen. Er fertigte mit Hilfe von Toningenieur Peter Brown acht Stereo-Mixe von Harrisons Nummer *For You Blue* an. Der zweite Mix klang am überzeugendsten, doch auch diese Arbeit wurde jedoch in letzter Instanz abgelehnt. Der Mix wurde nie veröffentlicht.

4 Die letzte Single der Beatles

Let It Be sollte die letzte Single-Veröffentlichung der Beatles werden. Die Single erschien am sechsten März 1970, als es die Beatles offiziell noch gab, aber als Band im Grunde nicht mehr existent waren. Alle vier waren entweder mit deren Solo-Alben oder anderweitigen Projekten beschäftigt. Die letzte gemeinsame Aktion lag sieben Monate zurück. Zumindest konnte die Veröffentlichung der Single den Anschein erwecken, die Band sei noch aktiv. Sie erschien zwei Monate vor dem gleichnamigen Album. Aber noch hatten sich die Beatles nicht aufgelöst.

Der Single lag die Aufnahme vom 31. Januar 1969 zugrunde. Es war ein Tag nach dem Rooftop-Konzert, an dem die Band noch einmal Aufnahmen aufhübschte. George Harrison spielte am 30. April 1969 und am vierten Januar 1970 erneut das Gitarrensolo ein. Am vierten

Januar nahm George Martin Bläser und Streicher auf, für die er auch das Arrangement schrieb. Es war die letzte gemeinsame Sitzung der Beatles, jedoch ohne Lennon. Der sechssaitige Bass, den Lennon bei der Aufnahme am 31. Januar einspielte, wurde von McCartney am vierten Januar ersetzt. McCartney versuchte an diesem Tag auch, seine Stimme im Refrain bei der Phrase *Let It Be* zu oktavieren, was ihm nicht gelang. Daher bat er seine Frau Linda, den hohen Gesangspart einzusingen. Der Background, den Linda zusammen mit Harrison einsang, ist nur auf der Single-Version zu hören. Bei der Album-Version verzichtete Phil Spector auf den Background und betonte das Streichorchester. Ebenso befinden sich auf Single- und Album-Version verschiedene Gitarrensoli. Auch die Längen der beiden Versionen sind unterschiedlich. Die Single hat eine Länge von drei Minuten und 50 Sekunden, die Album-Version ist mit vier Minuten und drei Sekunden etwas länger. Die Single-Version mischte George Martin ab, die Studio-Version hingegen war von Phil Spector.

Die Single war in England vom 14. März bis 17. April in den Charts, musste sich aber mit dem zweiten Platz begnügen. Wie auch in Deutschland. Dafür schaffte *Let It Be* in Amerika mühelos die Spitzenposition für drei Wochen und war vom 28. März bis 22. Mai durchgehend in der Hitparade. Der Song lief noch unter dem Komponistenkredit Lennon und McCartney. Ein Umstand, der Lennon bestimmt nicht gefiel. Auf der B-Seite landete *You Know My Name (Look Up The Number)* mit den Grundtakes vom Mai 1967.

Am gleichen Tag erschien auch die Single *Govinda* des Radha Krishna Temples, produziert von George Harrison. Dieser Umstand ist als Indiz zu verstehen, dass Beatles-Aktivitäten keine Priorität mehr besaßen. Und an genau diesem Tag schloss Ringo seine Arbeiten am Solo-Album ab. Alle Beatles waren gut beschäftigt, nur nicht mit Beatles-Angelegenheiten …

BBC 1 wollte, wie so oft in den Jahren, als die Beatles noch auf Tour waren, ein Special über die Band herausbringen. Hierfür wurde George Harrison eingeladen zu einem Interview, der bei seinen vorhergegangenen Aufzeichnungen für die BBC-Sendung *Scene And Heard* großen Einruck hinterließ. Die Sendung hieß *The Beatles Today* und wurde im BBC-Haus in der Aeolian Halle in London aufgezeichnet. Moderator der Sendung war Johnny Moran. Harrison sprach zuerst über sein Songwriting und machte dabei deutlich, wie schwierig es für ihn war, seine Songs vor den Masterminds Lennon und McCartney durchzusetzen. Er machte auch deutlich, dass er viel mit anderen Künstlern unterwegs war, darunter Jackie Lomax, Billy Preston, Doris Troy und dass er gerne Peter Frampton bei Apple unter Vertrag nehmen würde. Er gestand auch seine uneingeschränkte Vorliebe für Bob Dylan und indische Musik. Unweigerlich erwähnte er dabei natürlich die soeben veröffentlichte Single *Govinda* des Radha Krishna Temples. Nun folgte ein Thema, in das Harrison nur ungern einging. Da die Öffentlichkeit wusste, dass der Film *Let It Be* in der Produktionsphase war, wollte Moran natürlich Harrison befragen. Harrison gab zu, dass er den Film nur ungern anschauen würde, gestand aber, dass es für Fans natürlich großartig sei, zu erfahren, wie die Beatles arbeiteten. So erwähnte er auch den rauen, ungeschminkten Sound des Albums und beschrieb es als das glatte Gegenteil von der klinischen Herangehensweise der anderen Beatles-Produktionen. Und Harrison schloss interessanterweise an, dass die Band bald wieder zusammenkäme, um ein neues Album aufzunehmen, erwähnte zugleich die Solo-Alben von Starr und McCartney. Und er sagte wortwörtlich: *ich möchte sicherlich nicht das Ende der Beatles sehen. Und ich weiß, dass ich alles tun werde. Was immer Paul, John und Ringo tun werden, werde ich auch tun. So lange wir alle dabei freie Individuen sein können. Ich denke, es ist ein Teil unseres Lebens, die*

Beatles zu sein. Und ich werde mitspielen, solange die Leute uns wollen.[60]

Die Sendung wurde am 30. März ausgestrahlt von 16'31 bis 17'15 Uhr. Auszüge der Sendungen wurden zuvor am 15. März in der Sendung *Scene And Heard* gezeigt.

Das Interview zeigte deutlich, wie weit Harrison entfernt war von den Beatles. Seine Aussagen können nur verstanden werden als völlige Fehleinschätzung der Situation. Oder aber er erzählte Unsinn. Das traut man George Harrison nicht zu.

Einen Tag später zogen er und Frau Pattie von Kilfauns, ihrem Bungalow in Esher, in den Friar Park, in Henley-on-Thames, in Oxfordshire. Es handelte sich um ein stattliches viktorianisches Anwesen mit 120 Zimmern, einer großen Bibliothek, einer Sporthalle, verziert mit Türmchen und Brüstungen. Die Harrisons kauften das neugotische Anwesen im Januar für 140 Tausend Pfund. Das dazugehörige Grundstück hatte eine Größe von ca. 14 Hektar. Es gab einen unterirdisch angelegten See und eine sechs Meter hohe Nachbildung des Matterhorns. Einziger Nachteil: das Anwesen war abbruchreif und musste monatelang renoviert werden. Die ersten Monate schliefen die beiden in Schlafsäcken in der großen Halle, das Kaminfeuer brannte unentwegt. Terry Doran and Chris O'Dell, zwei Freunde, halfen, die Zimmer bewohnbar zu machen. Harrison liebte Friar Park und er nannte es liebevoll Crackerbox Palace. (In der Leopoldstraße in München-Schwabing gab es in den 60er Jahren eine Diskothek gleichen Namens.) Friar Park wurde Harrisons Residenz bis

---

60 I certainly don't want to see the end of The Beatles. And I know I'll do anything, you know. Whatever Paul, John, Ringo would like to do, I'll do it. As long as we can all be free to be individuals at the same time.

I think that's just part of our life, you know, is to be Beatles. And I'll play that game, you know, as long as the people want us to.

zum Ende seines Lebens. Er fand dort seine Liebe zur Gärtnerei und richtete sich Anfang der 70er Jahre ein 16-Spur-Studio ein.

5 Phil Spector übernimmt das Ruder

Phil Spector? Wer war dieser Mann?

Harvey Phillip Spector, so sein voller Name, war in den 50er und 60er Jahren der wohl berühmteste Produzent. Er war ein Jahr älter als Lennon und Starr, hatte aber bereits 1958 großen Erfolg mit seiner Band The Teddy Bears. Die Beatles spielten in ihrer Anfangszeit sehr gerne deren Hit *To Know Him Is To Love Him*, eine Eigenkomposition, die Phil Spector an die Spitze schoss. Als Produzent machte er sich einen Namen durch aufwändige Produktionen. So legte er als erster Produzent Hall-Effekte auf jede Spur und doppelte das Schlagzeug, damit es voller klang. Seine Produktionen unterschieden sich deutlich von anderen, sie gingen als „wall of sound" in die Popgeschichte ein. Phil Spector war exzentrisch, durch und durch Künstler, war Drogen nicht abgeneigt, hatte eine Vorliebe für Waffen und neigte zu Gewalttätigkeiten, was ihn im hohen Alter in die Bredouille brachte. 2009 kam er wegen Totschlags ins Gefängnis. Auf Bitten von Harrison und Lennon kontaktierte Allen Klein den amerikanischen Super-Produzenten und bat ihn, das *Let It Be*-Album zu retten.

Am Montag, den 23. März, begann Phil Spectors erste *Let It Be*-Session in der Abbey Road, Studio vier. Toningenieur war Peter Brown, Spector übernahm also die Rolle des neuen Produzenten.

Nachdem Glyn Johns mit seinen beiden Versuchen, das Album auf ein professionelles Niveau zu heben, gescheitert war, sollte nun Phil Spector sein Glück versuchen. Auch George Martin war als Produzent des Albums abgeschrieben. Hinzu kam, dass Spector am 27. Januar bei den Aufnahmen von *Instant Karma* im Raum zwei der Abbey Road-Studios sowohl bei Lennon als auch bei Harrison einen durchaus positiven Eindruck hinterlassen hatte.

Anwesend bei der Mix-Session an diesem ersten Produktionstag waren George Harrison, der Spector persönlich mochte, und Allen Klein, der ein reges Interesse hatte, dass das Album endlich veröffentlicht werden konnte. Zufälligerweise war am Nachmittag dieses Tages Paul McCartney aka Billy Martin ebenfalls im Studio, allerdings in Raum zwei, um die Mixe seines Solo-Album nochmals zu überprüfen. Kurioserweise bekam McCartney nicht mit, dass nebenan Stücke von den Beatles bearbeitet wurden.

Spectors erster Song war *I've Got A Feeling,* von dem er sechs Stereo-Mixe anfertigte. Dem ersten Mix lag eine Aufnahme vom 28. Januar 69 zugrunde. Der zweite Mix, der für das Album verwendet wurde, war ein Mitschnitt des Rooftop-Konzertes vom 30. Januar. Dann folgte Lennons Song *Dig A Pony.* Auch bei diesem Lied bediente er sich bei den Rooftop-Aufnahmen. Von *Dig A Pony* gab es zwei Versionen. In beiden entfernte Spector die Hooklines von *All I Want Is You* am Anfang und Ende des Liedes. Im Film sind die Passagen zu hören. Dann stürzte sich Spector auf *The One After 909* – nach drei Versuchen passte der Mix. Anschließend kam Harrisons Song an die Reihe. Er fertigte drei Mixe an und verlängerte den Song, indem er eine Passage herausschnitt und nochmals platzierte. Aus 1'34 wurden so 2'25 Minuten.

Zum Schluss kam *Across The Universe* an die Reihe. Er verwendete dabei die Version, die die Beatles im Februar 1968 aufgenommen hatten, kurz vor der Reise nach Rishikesh. Spector fertigte acht Mixe an. Doch diese Mixe wie auch die von *I Me Mine* wurden am ersten April nochmals neu abgemischt und mit Streichern und Chören versehen.

Zwei Tage später, am 25. März, setzte Spector seine Arbeit fort. Peter Brown, der Tontechniker erzählte, dass Spector beim ersten Termin mit Leibwächter erschien, weil er Angst hatte, überfallen zu werden. Brown versuchte ihn zu überzeugen, dass er in den Abbey Road

Studios in London sicher sei. Später hörte er, dass in amerikanischen Studios es sporadisch zu Gewaltakten kommt, so konnte er Spectors Sicherheitsvorkehrung nachvollziehen. An diesem Tag arbeitete Spector an drei Songs. Er war an diesem Tag deutlich zurückhaltender als am ersten Produktionstag. Als erstes nahm er sich *For You Blue* vor, verzichtete dabei auf seine Wall of Sound-Technik und fertigte einen Mix an. Da ihm das Intro nicht zusagte, remixte er diesen Part und verband das neu gemischte Intro mit dem ersten Mix. Dann folgten die beiden McCartney Songs *Teddy Boy* und *Two Of Us*. Auch hier zauberte Spector. Bei beiden Mixen folgte Spector den Vorgaben der Beatles, hielt die Mixe schlicht und traf damit den passenden Verve. Den Akustikgitarren in *Two Of Us* verlieh er mit dem Abbey-Road-Equalizer einen schönen, seidigen Glanz, der den bisherigen Mixen von Johns abging. Da ein paar Tage später herauskam, dass McCartney ein Solo-Album herausbringen wollte, das den Song *Teddy Boy* beinhaltete, kam dieser Song nicht auf das *Let It Be*-Album.

Am gleichen Tag gab Ringo Starr für die BBC-Radiosendung *Scene And Heard* ein Interview. Es sollte das letzte Interview in der Beatles-Ära sein. Das Gespräch wurde in der Savile Road 3 aufgezeichnet. Interviewpartner war wie so oft in den letzten Monaten David Wigg.

Wigg fragte nach, ob die Frauen der Beatles großen Einfluss auf die Aktivitäten ihrer Ehemänner hätten. Ringo antwortete: einige mehr als andere. Dann kam das Gespräch auf Ringos Schauspielkunst – diese Karriere wollte Ringo ausbauen. Natürlich fragte Wiggs nach den musikalischen Aktivitäten. Ringo Starr erzählte ihm von seinem Solo-Album *Sentimental Journey*. Am meisten, so verriet er, gefalle ihm der zeitlose Charakter der Lieder. Wiggs wollte wissen, was an dem in der Presse grassierenden Gerücht wahr wäre, dass sich die Beatles gerade auflösen. Ringo erwiderte, dass die Beatles vereint wären wie immer und die Musikpresse sich schämen sollte für diese Art von Gerücht.

Das Interview wurde an zwei Tagen ausgestrahlt: am 29. März und fünften April, jeweils von 15 bis 16 Uhr.

Am dritten Produktionstag fing Phil Spector mit *The Long And Winding Road* an. Er hatte bereits die Vorstellung, dass Geigen, Blasinstrumente und ein Chor Teile des Songs untermalen sollten. Daher mischte er nur flüchtig einen Rohmix für die Aufnahme eines Orchester, das am ersten April stattfinden sollte. Gleich im Anschluss arbeitete Spector an *Let It Be*, davon fertigte er vier Mixe an. Er legte ein Tape-Echo auf Ringos HiHat-Spur während der zweiten Strophe und er schuf eine Version, die etwas länger wurde als das Original, indem er einen Refrain vom Ende wiederholte. Es folgten fünf Mixe von *Get Back*. Hierbei verwendete Spector eine Aufnahme von 27. Januar, und editierte Lennons Einleitungsphrase „Sweet Loretta Fart ..." hinzu. Er fand die Zeile witzig.

Zum Schluss gab es noch zwei Mixe von *Maggie Mae*, an diesem Liverpooler Prostituierten-Lied gab es nicht viel zu gestalten. Es sollte rau und unfertig klingen.

Am vierten Studiotag – es war Freitag, der 27. März 1970, – wagte sich Spector an Lennons *Dig It* heran. Es gab zwei Versionen des Songs, die Spector reizten. Eine war vom 24., die anderen vom 26. Januar. Von letzterer Aufnahme schnitt Spector ein Segment von 49 Sekunden heraus. Im Film selbst sieht man eine Version, die etwas länger ist und auch anders klingt. Die Vollversion des Songs dauerte über zwölf Minuten. Billy Preston spielte Keyboard und George Martin bediente die Shaker. Die Passage, die Spector herausschnitt, war von 8'52 bis 9'41 Minuten.

Nach diesen Mixen machte sich Spector auf die Suche nach passenden Dialogen, die er an Songenden oder als Intros einfügen wollte. Er fand acht Dialogfetzen, von denen nur zwei an diesem Tag verwendet wurden: zum einen „*I dig a pygmy by Charles Hawtrey and the Deadf Aids ...*", eine Lennon-Ansage beim Rooftop-Konzert, die Spector vor

Two Of Us einfügte. Zum anderen natürlich „*Thanks Mo*" ... "*I hope we passed the audition!*". Diesen Schnipsel klebte Spector als Ausklang von *Get Back*. Durch diesen Effekt hat man das Gefühl, es handelt sich um die Live-Version des Rooftop-Konzertes, was jedoch nicht der Fall ist.

Am Sonntag, den 29. März, hatte Ringo Starr einen Fernsehauftritt in der David Frost-Show. Es war die letzte Folge der Sendung „Frost On Sunday" und es war ein kurzes Interview, das sich vorwiegend um Ringos Solo-Album *Sentimental Journey* drehte. Als Ringo erwähnte, dass er an ein Nachfolgealbum denken würde im Country und Western-Stil, wurde er von Frost gefragt, ob die Beatles jeweils wieder als Gruppe aufnehmen würden. Da meldete Ringo Zweifel an und antwortete vage, dass dies vielleicht eintreffen könnte, wenn alle Bandmitglieder ihre Solo-Projekte abgeschlossen haben.

Am fünften Studiotag, Montag, 30. März 1970, verzettelte sich Phil Spector. Toningenieure waren an diesem Tag Mike Sheady und Eddie Klein. Spector hatte die Idee, einen 16-sekündigen Loop für den Instrumentalpart von *I Me Mine* zu verwenden, auf dem man neben der Gitarrenarbeit von Harrison auch Gesprächsfetzen vom Rooftop-Konzert hören sollte. Die Idee wurde nicht realisiert. Einzig der Satz Lennons: *Queen says no to pot-smoking FBI members* wurde als Intro für *For You Blue* verwendet.

Einen Tag später war Ringo eingeladen in der Rundfunksendung der BBC 2 namens Open House. Ziel war es für Ringo, *Sentimental Journey* zu promoten. Aber er wurde natürlich auch hier gefragt, wann die Beatles wieder ins Studio gehen würden. Ringo ging auf jeden Solo-Aktion seiner Kollegen ein und erklärte, dass er mit George Harrison arbeiten würde, dass er Paul McCartney zu Hause besucht hätte und dass er Lennon öfter in der Firma Apple treffen würde. Und er schloss mit dem Wunsch, dass es mit den Beatles weitergehen würde, sobald alle wieder Zeit haben.

6 Ein verhängnisvoller Brief

Im März spitzte sich die Situation, in der die vier Beatles sich befanden, bedrohlich zu. Obgleich die vier seit der Produktion des *Abbey Road*-Albums nichts mehr musikalisch miteinander zu tun hatten, war es eher eine indifferente Atmosphäre, in der sich John, Paul, George und Ringo bewegten. Es war zwar offensichtlich, dass die vier sich eine kreative Beatles-Pause gönnten, aber alle beteuerten vor der Öffentlichkeit, dass sie wieder zusammen an einem neuen Album arbeiten würden. Nichts war also zu diesem Zeitpunkt entschieden, alles war in gewisser Weise offen, wobei es für die englische Presse jedoch klare Indizien für ein Ende der Beatles gab. Lennon hatte zwar seinen Weggang von den Beatles erklärt, aber hatten Ringo und George nicht auch bereits die Beatles verlassen und waren zurückgekehrt? Klar, die Vorzeichen hatten sich geändert. Alle vier Beatles arbeiteten seit Monaten an ihren Solo-Karrieren, auch Harrison bereitete sich auf sein erstes Pop-Album vor, nachdem er feststellen musste, dass seine elektronische Musik wenig Anklang gefunden hatte. Diese außerbeatlischen Aktionen wurden naturgemäß von der britischen Presse kritisch verfolgt und die Redakteure folgerten daraus das baldige Ableben der Gruppe, auch wenn die Bandmitglieder immer wieder geäußert hatten, dass es nach einem Break wieder weiter gehen würde. Warum ging es dann nicht weiter?

Durch ein paar Termine kam Bewegung in die Sache und schlug eine Richtung ein, die zum Ende der Beatles führte.

Nachdem absehbar war, dass Phil Spector das *Let It Be*-Album tatsächlich in einen verkaufsreifen Zustand bringen konnte, plante Apple die Veröffentlichung des Albums für den 24. April. Dieser Termin wurde von Allen Klein bestimmt, der das Album zeitgleich mit dem Film herausbringen wollte. McCartney jedoch gedachte, sein Solo-Werk am zehnten April auf den Markt zu bringen. Doch zwei Alben zur fast gleichen Zeit herauszubringen, würde den Absatz gefährden.

Daher schlug Apple vor, die McCartney Veröffentlichung auf den vierten Juni zu verschieben, da das Beatles-Album vorrangig behandelt werden sollte. So schrieb John Lennon eigens einen Brief an die EMI, dass es eine ungute Entscheidung wäre, das McCartney-Album zeitnah zu veröffentlichen. Und Lennon verfasste zusammen mit Harrison ein weiteres Schreiben, das an Paul McCartney adressiert war. Schon seit Monaten verkehrten die Bandmitglieder nur noch schriftlich, da sie Streitigkeiten aus dem Weg gehen wollten. Der Brief enthielt folgende Mitteilung: *Dear Paul, We thought a lot about yours and the Beatles LPs – and decided it's stupid for Apple to put out two big albums within 7 days of each other (also there's Ringo's and Hey Jude) – so we sent a letter to EMI telling them to hold your release date til June 4th (there's a big Apple-Capitol convention in Hawaii then). We thought you'd come round when you realized that the Beatles album was coming out on April 24th. We're sorry it turned out like this – it's nothing personal. Love John & George. Hare Krishna. A Mantra a Day Keeps MAYA! Away.*

Den Brief steckten die beiden in einen Umschlag auf dem geschrieben stand: *From us to you!* Die beiden gaben den Brief an der Apple-Rezeption ab mit der Bitte, dass ein Bote das Schreiben zu McCartney in die Cavendish Road 7 bringt. Jedoch Starr, der das mitbekam, erklärte sich bereit, den Brief persönlich bei seinem Kollegen abzugeben. Ringo fand es nicht passend, dass ein Angestellter den Brief überbringt. So ging er zu McCartney, der ihm die Tür öffnete, McCartney bat ihn herein, Ringo legte seinen Mantel ab und übergab seinem Bassisten das Schreiben. McCartney öffnete das Kuvert, nahm den Brief heraus, las und wurde wütend. Ringo Starr wurde Opfer seiner Wut-Attacke. Nach einer wilden Beschimpfung schmiss McCartney seinen Kollegen aus der Wohnung. Das Verhältnis der beiden war für Jahre aus diesem Grund auf Eis gelegt. McCartney war und ist ein exzellenter Geschäftsmann. Er hätte erkennen und einsehen müssen, dass eine Verschiebung seines Albums sowohl dem

Let it Be- als auch seinem Solo-Album nur zugute kommt. Das zeigt nur, in welchen emotional instabilen Zustand er geraten war. Schon die letzten Monate hatte er, so lange es nur ging, seine Solo-Arbeit geheim gehalten. Der Abstand zwischen ihm und dem Rest der Band vergrößerte sich, die negative Stimmung hatte sich so stark aufgeladen, dass er nicht mehr in der Lage war, die klare Aussage des Briefes zu verstehen. Und auch seine Unhöflichkeit gegenüber dem stets liebenswerten Ringo entsprach nicht der jovialen Art, die McCartney ansonsten an den Tag legte. Das alles zeigt, wie angeschlagen er war. Die letzten Jahre war er die treibende Kraft hinter den Beatles, nun war er es, der sich menschlich am weitesten entfernt hatte – aus Schmerz, aus Angst, aus verletztem Stolz.[61] Und McCartney hatte sich nicht nur von den Beatles entfernt, er hatte auch Abstand zur eigenen Firma Apple genommen. Auch mit ihnen wollte er nichts mehr zu tun haben. Grund für diesen Umstand war das Verhältnis zu Allen Klein, den er ablehnte. Dadurch entstand bei jeder Entscheidung, die gefällt werden musste, ein drei zu einsVerhältnis. McCartney allein gegen de Rest der Welt – so fühlte er sich. Er hatte sich zwar bereit erklärt, dass Allen Klein für seinen erfolgreichen

---

61 Beatles Anthology, S. 351, Zitat McCartney: *Von meiner Warte aus gesehen wurde ich fertig gemacht. Alle Entscheidungen fielen jetzt drei zu eins. Und man befindet sich in keiner besonders bequemen Position, wenn man dieser eine ist. Sie konnten einfach „Nein" zu allem sagen, was ich tun wollte. So fühlte ich mich wirklich nicht mehr wohl. Ringo suchte mich auf. Ich glaube, die anderen hatten ihn wegen des Streits vorgeschickt – weil er so sanftmütig war, der gute Junge. Also kam Ringo zu mir nach Hause, und ich glaube, ich habe ihm ordentlich den Kopf gewaschen. Ich sagte: „Ihr Jungs schubst mich bloß noch herum" Und er sagte: „Nein, hmm, aber im Interesse des Vorstands, im Interesse der Beatles und von so und so finden wir, du solltest es tun." Und so weiter. Ich hatte einfach die Schnauze voll davon. Das war das erste Mal, dass ich jemandem gesagt habe, er solle VERSCHWINDEN! Die Stimmung war ziemlich feindselig. So standen die Dinge inzwischen.*

Vertragsabschluss mit der EMI 20 Prozent der Tantiemen bekommt, aber darüberhinaus lehnte er im Gegensatz zu den anderen drei den amerikanischen Geschäftsmann ab.

Ringo Starr ging nach dem peinlichen Vorfall aufgewühlt zurück und berichtete Harrison und Lennon, wie sich McCartney verhalten hatte. Die beiden entschieden daraufhin, den Veröffentlichungstermin des *Let It Be*-Albums auf den achten Mai zu verschieben, damit McCartney sein Solo-Album wie geplant herausbringen konnte. McCartney hatte einen Punktsieg errungen. Aber zu welchem Preis?

7   Die Arbeiten am *Let It Be*-Album gehen weiter

Ungeachtet der Vorfälle arbeitete tags darauf, am ersten April, Phil Spector an *Let It Be* weiter. Dieser Tag stellte den Höhepunkt seines Schaffens dar. Diesmal wurden Raum eins und der Kontrollraum drei des Abbey Road Studios gebucht. Toningenieure waren an diesem Tag Peter Brown und Richard Lush. Assistent war Brian Gibson, dem dieser Tag im Gedächtnis haften blieb. Für ihn war Phil Spector die seltsamste Person, der er je im Musikgeschäft begegnet ist. Ein merkwürdiger Charakter, paranoid und unsicher. An diesem Tag war geplant, dass ein Orchester und ein Chor ihre Spuren für *Across The Universe, The Long And Winding Road* und *I Me Mine* einspielen sollte. Hierfür bereitete Spector Playbacks vor, zu denen die Musiker spielen sollten. Zusätzlich wurde Ringo eingeladen, der zu den Orchesteraufnahmen ein Overdub-Schlagzeug spielen sollte. Es war die letzte Studioaufnahme eines Noch-Beatle. So weit so gut. Spector, der berühmt war für seinen Wall Of Sound, wollte gleich bei der Aufnahme ein Echo-Signal auf der Spur haben. Normalerweise wird eine Spur trocken, ohne Effekte aufgenommen und erst später in der Abmischung hinzugefügt. Spector stellte sich vor, dass die aufgenommenen Spuren gleich so klangen wie im Endmix. Diese Vorgehensweise bereitete große Probleme, da dem Kontrollraum des Abbey Road Studios hierfür die technischen Mittel fehlten. Spector wurde immer ungehaltener, als er merkte, dass es nicht so funktionierte, wie er es sich wünschte. Er schrie: ich will das hören! Ich muss das haben", bis Ringo ihn zur Seite nahm und ihm erklärte, dass alle das Beste geben und er sich beruhigen sollte. Es war ein anstrengender Tag für alle Beteiligten.

Bei den Aufnahmen zu *The Long And Winding Road* stellte Spector fest, dass ihm eine Spur fehlte. So löschte er kurzerhand eine der beiden Lead-Stimmen von McCartney und spielte auf diese Spur das Orchester. McCartney, der das im Nachhinein feststellte, war erzürnt. Noch nie zuvor und auch nie danach ist es passiert, dass jemand eigenmächtig originale Beatles-Aufnahmen löschte.

Spector selber schrieb keine Arrangements für das Orchester und den Chor. Dies machte Richard Hewson, ein Top-Arrangeur, der bereits für *Those Were The Days* von Mary Hopkin tätig war. Mit dem Orchester schuf Spector seinen berüchtigten Wall Of Sound: 18 Geigen, vier Bratschen, eine Harfe, drei Trompeten, drei Posaunen, Ringos Schlagzeug, zwei Gitarristen und 14 Sänger und Sängerinnen. In Summe 50 Musiker, die der EMI an die 1100 Pfund kosteten.

Einen Tag später, am zweiten April, mischte Spector die Ergebnisse des Vortages ab. Diesmal wieder im Raum vier des Abbey Road Studios. Zur Unterstützung waren Peter Brown und Roger Ferris anwesend. Es war der letzte Tag für die *Let It Be*-Produktion. Hier blitzte Spectors Können auf, als er *I Me Mine* bearbeitete. Er ließ zwei Tonbandmaschinen laufen. Die eine spulte Take 18 ab, während die andere Maschine aufnahm. Beim Erreichen der fünften Strophe nach der Zeile *flowing more freely than wine* stoppte er die zweite Maschine, mit der er aufnahm, spulte das Band der ersten Maschine zurück zur ersten Strophe und setzte dort fort mit der Zeile *All through the day* ... das machte er so akkurat, dass kein Schnitt zu hören war. So addierte Spector nochmals 51 Sekunden. Durch die

Zeilenvertauschung und die daraus sich anders gestalteten Strophen wurde die Songlänge nahezu verdoppelt.

Somit war die *Let It Be*-Produktion nach vielen Kapriolen abgeschlossen und konnte veröffentlicht werden. Insgesamt dauerte der Prozess an die 16 Monate. Allerdings war bei vielen Stücken von der Ursprungsidee, zu den musikalischen Anfängen zurückzukehren, nicht mehr viel zu hören. Spector sorgte für Bombast und die folgenden Verkaufszahlen sollten ihm Recht geben.

Nach Beendigung der Abmischung ließ Spector Acetat-Pressungen anfertigen und schickte je eine Kopie an John, Paul, George und Ringo mit dem Hinweis: *If there is anything you'd like done to the album, let me know and I'll be glad to help ... If you wish, please call me about anything regarding the album tonight.* Alle vier Beatles schickten Spector die Freigabe des Albums per Telegramm.[62] Obgleich McCartney von den Mixen alles andere als begeistert war ...

8 Apple bestreitet das Beatles-Ende

Am neunten April bemusterte Apple die Presse mit Vorab-Kopien des McCartney-Albums. Dem beigefügt war ein Frage- und Antwort-Katalog, der Aufschluss gab über die Aufnahmen, die Beatles und die Firma Apple. Gleich nach Versendung der Vinyl-Scheiben begann die Gerüchteküche hochzukochen. Die Presse deutete das Erscheinen der Solo-LP McCartneys als Zeichen dafür, dass sich die Beatles aufgelöst hatten. Apple verfasste umgehend eine Pressemitteilung, die den Beatles-Bruch verneinte. Die Mitteilung wurde von Mavis Smith verfasst, der die Assistentenstelle bei Pressesprecher Derek Taylor inne hatte. Er schrieb, dass ein Beatles-Ende nicht in Sicht sei. Es stimme zwar, dass derzeit keine Pläne vorliegen für neue Beatles-Aufnahmen, dass aber dies ganz normal sei. Und Smith verwies auf

---

[62] Miles, Barry (2001). *The Beatles Diary Volume 1: The Beatles Years.* London: Omnibus Press.

das im nächsten Monat erscheinende *Let itBe*-Album und meinte, es sei ganz normal, dass, wenn kein neues Material vorliegt, auch keine neue Platte aufgenommen wird. Und er schloss mit der Bemerkung: Ich hoffe, die Beatles werden sich im Sommer zusammenfinden, um eine neue Platte aufzunehmen. Smith verriet aber auch, dass McCartney seit Dezember 1969 nicht mehr im Apple-Gebäude gesehen worden ist, und nur telefonisch kommuniziere. Aber das sei nicht ungewöhnlich, da McCartney sein Aufnahmestudio zu Hause hat und so keinen Grund hat, zu Apple zu gehen. Und er ergänzte, dass Paul noch an diesem Tag eine Mitteilung herausgeben werde, sein Album betreffend, aber dass das nicht gedeutet werden sollte als das Ende der Beatles.

McCartney, dem klar war, dass die Presse am nächsten Tag verstärkt über das Ende der Beatles berichten würde, telefonierte kurzerhand mit Lennon. Er erreichte ihn in Doktor Arthur Janovs Privatklinik am Devonshire Place 20, in London. Wie Lennon später berichtete, lief das kurze Telefonat folgendermaßen ab: McCartney sagte: Ich werde nun das tun, was du und Yoko letztes Jahr getan habt. Und Lennon antwortete: Viel Glück.

9 And in the end … Das Aus für die Beatles

McCartney beschloss, dass er für die Promotion seines Solo-Albums keine Interviews geben wollte. Stattdessen bat er Peter Brown, einen Frage-Katalog zu erarbeiten, für die er die Antworten liefern würde. Die Fragen streiften auch die Beatles-Situation und das Ende der Komponisten-Partnerschaft mit Lennon.

Diese Notiz schlug in der Presse ein wie eine Bombe. Der Journalist Don Scott vom Daily Mirror hat die Fragen unverzüglich veröffentlicht, was sich innerhalb kürzester Zeit weltweit verbreitete. Obgleich es die letzten Monate immer wieder Spekulationen über das Ende der Beatles gab, war diese Bestätigung über das unvermeidliche Ende für viele Fans und Medienpartner weltweit ein Schock. Die Pressereaktion weltweit war: Die Beatles haben sich aufgelöst – nun ist es offiziell. Wir wussten es schon seit Monaten. Nun ist es bestätigt!

McCartney hatte nicht explizit über das Ende der Beatles gesprochen, aber seine abfälligen Bemerkungen über die Band und über das Management sowie die Bekanntgabe, dass es das Songwriter-Team Lennon/McCartney nicht mehr geben würde, waren Indizien genug, das Ende der Beatles festzustellen.

Lennon ärgerte sich über McCartneys Schritt, damit an die Öffentlichkeit zu gehen. Denn Lennon hatte vor Monaten bereits die Band verlassen, wurde aber überredet, seine Entscheidung niemandem mitzuteilen. Lennon wollte nach der Veröffentlichung des *Let It Be*-Albums das Versäumte nachholen. Nun war ihm McCartney zuvorgekommen.

Am selben Tag veröffentliche auch Apple eine Presse-Mitteilung, um den Spekulationen, die McCartneys Fragebogen ausgelöst hatte, Einhalt zu gebieten. Apple schrieb:

Spring is here and Leeds play Chelsea tomorrow and Ringo and John and George and Paul are alive and well and full of hope. The world is still spinning and so are we and so are you. When the spinning stops – that'll be the time to worry. Not before. Until then, The Beatles are alive and well and the Beat goes on, the Beat goes on.

Das Statement verfasste Pressesprecher Derek Taylor, sein Assistent Mavis Smith tippte es ab.

Während die Welt erfuhr, dass die Beatles sich aufgelöst hatten, gab George Harrison ein Interview für die BBC-Sendung *Fact Or Fantasy*. Diese religiöse TV-Sendung wurde in Harrisons Büro gedreht. Thema war Harrisons Glaube und seine besondere Vorliebe für die Krishna-Bewegung. Elf Minuten des Interviews wurden am 26. April gesendet.

10 McCartneys Solo-Album erscheint

Am Freitag, den 17. April, erschien McCartneys erstes Solo-Album in England und drei Tage später, am 20. April, wurde das Album in Amerika veröffentlicht. Da das Album von vielen als Anlass für die Beatles-Trennung angesehen wurden, gab es Lob wie auch Ablehnung. In England kam das Album immerhin auf Platz zwei, musste sich Simon & Garfunkels *Bridge Over Troubled Water* geschlagen geben. In Amerika schoss es an die Spitze der Hitparade, hielt sich dort drei Wochen und wurde mit Doppel-Platin ausgezeichnet. Lennon war von McCartneys Mix aus zu Hause und im Studio aufgenommenen Liedern, darunter auch die von den Beatles abgelehnten Songs *Teddy Boy* und *Junk,* alles andere als begeistert. Und er hielt kein Blatt vor dem Mund. Eine Single-Auskopplung hatte McCartney trotz des kommerziellen Erfolgs nicht vorgesehen. Vermutlich scheute er die Zusammenarbeit mit Apple, von der er sich distanziert hatte. Immerhin wurde ein kurzer Film von *Maybe I'm Amazed* erstellt, die Bilder hierfür steuerte seine Frau Linda bei.

11 Die Veröffentlichung von *Let It Be*

Am achten Mai 1970 erschien endlich nach langem Ringen das zwölfte und letzte Studio-Album der Beatles in England und Deutschland.[63] Beim Erscheinen dieses Albums existierten die Beatles nicht mehr. Es war deren Schwanengesang.

Das Album polarisierte. Es gab Befürworter aber auch Kritiker, die bedauerten, dass die Magie, die die Beatles mit all ihren bisherigen Alben und Singles in den 60er Jahren ausgestrahlt hatten, mit solch einem mediokren Werk enden sollte. Für viele erschien der Preis von

---

63 Anmerkung: In UK war es inklusive des Kompilationsalbums das 13. Album;

in Deutschland war es inkl. Kompilationsalben das 17. Album und in Amerika war es das 20. Studioalbum zwei Pfund und 19 Schilling für das Album zu hoch, Der Preis war begründet durch das Box-Set und dem beigelegten 164 Seiten starken Bildband, der mit *The Beatles Get Back* betitelt wurde und Fotos und Dialoge aus den Sessions Januar 1969 zeigte. Das Cover gestaltete John Kosh, die Fotos lieferte Ethan A. Russell und den Begleittext des Buches verfassten Jonathan Cott und David Dalton. Mittlerweile ist dieses Buch ein begehrtes Sammlerstück.

Trotz des hohen Preises schoss das Album am 23. April an die Spitze der UK-Charts, behielt die Spitzenposition für drei Wochen und hielt sich ganze 59 Wochen in den Charts. Nach einem halben Jahr wurde die Produktion der LP-Box und des Buches eingestellt und das Album wurde regulär verkauft. Im Gegensatz zu England gab es in Amerika kein Box Set und kein Fotoband, sondern nur ein Klappcover – daher war der Preis niedriger, was sich unmittelbar auf den Verkauf auswirkte. *Let It Be* war in Amerika das Album mit den meisten Vorverkäufen: 3,7 Millionen Alben wurden vorbestellt. Bei einem Verkaufspreis von sieben Dollar wurden dadurch astronomische Einnahmen von 25.900.000 Dollar erzielt, schon bevor das Album auf den Markt kam. Bei diesem Album stellte United Artists den Vertrieb, da die Platte als Soundtrack zum Film galt. Capitol hatte nur das Recht erhalten, die Single-Auskopplungen zu vertreiben. Aus diesem Grund zierte die Platten nicht das übliche Granny Smith-Logo; statt des grünen gab es einen roten Apfel.

Zehn Tage später wurde das Album in Amerika veröffentlicht.

McCartney war von den orchestralen Ergänzungen Phil Spectors entsetzt. Es war ihm unverständlich, dass ein Produzent eigenmächtig Orchester und Chöre setzte, zumal es seine eigenen Songs betraf.[64]

---

64 The album was finished a year ago, but a few months ago American record producer Phil Spector was called in by John Lennon to tidy up some of the tracks. But a few weeks ago, I was sent a re-mixed version of my song 'The Long And Winding Road', with harps, horns, an orchestra and women's

Auch George Martin beschwerte sich über die Arbeit des Kollegen, wie auch Glyn Johns sich nicht für die Endfassungen von Phil Spector begeistern konnte. Auf der anderen Seite waren Ringo, John und George – wie üblich für die Endphase das 3:1-Verhältnis – die die Leistung Phil Spectors eher anerkannten. John Lennon brachte es für sich auf den Punkt: *he was given the shittiest load of badly recorded shit – and with a lousy feeling to it – ever. And he made something out of it. It wasn't fantastic, but I heard it, I didn't puke ...* (sinngemäße Übersetzung: ihm wurde die miserabelsten Aufnahmen gegeben, noch dazu mit einem schlechten Gefühl, und er machte etwas daraus. Es war nicht fantastisch, aber ich musste mich nicht übergeben, als ich es anhörte ...)

Die englische Presse beurteilte das Album kritisch. Der Redakteur Richard Williams von der Zeitschrift Melody Maker war der Ansicht, dass McCartneys Lied *Let It Be* nicht besonders prägnant sei und die Streicher, die Phil Spector setzte, zu einer rettenden Bacharach-Atmosphäre beitrugen. Allerdings differenzierte er: die Streichpassagen füllten die leeren Passagen gut aus und erzeugen ein angenehmes Gefühl, hingegen die Harfe sei des Guten zu viel. John Mendelsohn, der für den Rolling Stone schrieb, sah die Orchestrierung von *The Long And Winding Road* besonders kritisch. So schrieb er, durch die schrecklich süßen Streicher könnte man den Song nicht mehr anhören. Und der lächerliche Chor würde nur die Lustlosigkeit des McCartney-Gesangs unterstreichen. Der Song wäre ein weiteres

---

choir added. No one had asked me what I thought. I couldn't believe it. I would never have female voices on a Beatles record. The record came with a note from Allen Klein saying he thought the changes were necessary. I don't blame Phil Spector for doing it but it just goes to show that it's no good me sitting here thinking I'm in control because obviously I'm not. Anyway I've sent Klein a letter asking for some of the things to be altered, but I haven't received an answer yet. Paul McCartney, April 1970 *Evening Standard*

Beispiel für McCartneys seichte Romantik-Vorliebe. Ohne Spectors „Klang-Brei" hätte der Song in seinem Charme wachsen können.

12 Noch eine Single nach dem Ende: *The Long And Winding Road*

Am 11. Mai veröffentlichte Apple die Single *The Long And Winding Road* in Amerika. Es war die 20. Nummer-Eins-Single, die die Beatles dort seit 1964 platzieren konnten. 1,2 Millionen Einheiten wurden innerhalb von zwei Tagen verkauft, am 23. Mai stieg die Single in die Charts ein und erklomm am 13. Juni die Spitzenposition. Es war die letzte Nummer-Eins der Beatles, die bis heute den Rekord halten. Keine Band und kein Solokünstler hat es bislang geschafft, innerhalb sechs Jahre 20 Singles auf Platz eins zu platzieren.

Die englischen Medien und McCartney waren von Spectors Arbeit nicht angetan, aber dem immensen Erfolg der Single tat dies keinen Abbruch. Für viele Fans war der Song, so wie er klang, voll mit Streichern und Chor, der perfekte Nachruf auf die beste Band der Welt.

13 Die Filmpremiere von *Let It Be*

Die Weltpremiere des Films fand am 13. Mai in New York City statt.

Am 20. Mai folgten weitere Premieren in London und Liverpool. Bei keinem dieser Events waren John, Paul. George und Ringo vertreten. In London fand die Aufführung im Pavillon statt. Unter den geladenen Gästen waren Richard Lester, Mary Hopkin, Spike Milligan, Lulu, Simon Dee und der CEO der EMI Sir Joseph Lockwood. Ebenso waren einige Musiker von den Rolling Stones und Fleetwood Mac anwesend sowie 50 Hare Krishna Jünger. Die Ex-Beatles fehlten, dafür kamen Ex-Frau Cynthia Lennon und Ex-Verlobte Jane Asher. In Liverpool wurde die Premiere im Gaumont Cinema abgehalten. Am Tag darauf wurde der Film weltweit aufgeführt.

Die Beatles gewannen einen Oscar für den Film in der Kategorie „Original Song Score". Und der Soundtrack erhielt einen Grammy für „The Best Original Score"

Die britische Presse blieb davon unbeeindruckt und bewertete den Film eher schlecht. Am meisten störte die Stimmung des Films. Die Sunday Times schrieb, dass nur die Musik die vier zusammenhielt, und die Art, wie McCartney unaufhörlich quatscht, obwohl ihm keiner zuhört, befremdlich sei. In späteren Jahren wurde der Film als das erkannt, was er darstellen soll: ein historisch bedeutendes Dokument über die Endphase der Beatles. Und dafür ist der Film ausgezeichnet. Inwieweit der Film neu bemessen werden muss nach der Neubearbeitung und der Veröffentlichung des Peter Jackson-Films *Get Back* im September 2020, werden wir sehen. Die Beatles beurteilten den Film unterschiedlich, wie Michael Lindsay-Hogg im Jahre 2003 Entertainment Weekly mitteilte. Er glaubte, dass Lennon und McCartney den Film mochten, während Harrison den Film aus persönlichen Gründen ablehnte. Für ihn war es ein Zeugnis aus einer Phase, in der er unglücklich gewesen war. Es war genau die Zeit, als er sich von der ungeheuren Dominanz, die Lennon und McCartney ausstrahlten, befreien wollte, was ihm auch gelungen ist.

14   Das Drama geht weiter

Nach der Trennung stürzte sich Harrison auf die Vorproduktion seines dritten Solo-Albums. Die beiden Jahre zuvor hatte er einen Soundtrack wie auch ein Elektronikalbum komponiert und herausgebracht. Es sollte nun *All Things Must Pass* folgen – den Titelsong wie auch etliche andere Songs hatte er bereits bei den *Get Back*-Sessions vorgestellt, doch Lennon und McCartney konnten mit den Harrison-Songs wenig anfangen. Es war das erste Trippel-Album der Popgeschichte und landete sowohl in England wie auch in Amerika auf Platz eins. Damit war Harrison von Start weg der erfolgreichste Post-Beatle. Etwa zur gleichen Zeit wie Harrison veröffentlichte auch Lennon Ende des

Jahres sein erstes Solo-Studio-Album namens *Plastic Ono Band.* In diesem Album, das einer Urschrei-Therapie bei Dr. Janov folgte, verarbeitete er seine Ängste, Sorgen und Probleme und schuf damit ein entblößend-offenes Album, das jedoch kommerziell weit hinter den Erwartungen blieb. Mit Harrison konnte sich Lennon, was den Erfolg anbelangte, Ende 70 nicht messen.

Bereits im März 1970, kurz vor der Trennung, hatte Ringo sein Solo-Album *Sentimental Journey* veröffentlicht. Dank seiner Popularität als Schlagzeuger der Beatles erreichte das Album Platz sieben in England und Platz 22 in Amerika. Innerhalb von zwei Wochen wurden eine halbe Million Alben verkauft. Harrison fand es ein starkes und hübsches Album, Lennon war enttäuscht und für Ringo war es ein wichtiger Schritt, um die eigene Solo-Karriere zu befeuern. Die Presse schlug sich auf Lennons Seite und konnte wenig Empathie für Ringos musikalische Reise in die Vergangenheit entwickeln.

McCartneys Solo-Album wurde von den Fans freudig angenommen, doch von der Presse verrissen. McCartney selbst verkroch sich nach dem Ende der Beatles auf seinem Bauernhof in Schottland und versuchte seinen Schmerz über den Bandverlust in Alkoholexzessen zu betäuben. Linda holte ihn Ende des Jahres aus seinem Tief, indem sie ihn überredete, mit der Musik weiterzumachen. Nicht nur das. Am 31. Dezember 1970, als krönender Tiefpunkt des Jahres, reichte McCartney eine Klage im Londoner Gericht ein mit dem Ziel, die partnerschaftlichen Beziehungen zu den restlichen drei Beatles aufzulösen. Grund hierfür war, dass die Beatles 1967 aus steuerlichen Gründen die Gesellschaft The Beatles & Co. gegründet hatten. Bis 1977 sollten alle Einnahmen der vier in diese Gesellschaft fließen und paritätisch verteilt werden. Also auch aus den Solo-Projekten flossen die Gelder in die Beatles & Co.-Gesellschaft. Das Hauptanliegen jedoch war für McCartney, dass Erzfeind Allen Klein all die Gelder verwaltete und Abrechnungen verzögerte oder verweigerte. Für die Auflösung der Geschäftsbeziehungen lagen drei Gründe vor: erstens, die Beatles hatten beschlossen, nicht mehr als Gruppe aufzutreten oder Alben zu produzieren. Daher gab es keine Veranlassung für eine Weiterführung der Beziehungen. Zweitens hatten Lennon, Starr und Harrison einen Vertrag mit Allen Kleins Firma ABKCO unterschrieben gegen McCartneys Willen. Dieser Vertrag räumte Klein das exklusive Recht ein, alle Beatles-Angelegenheiten zu regeln. Auch dieser Vertrag sollte aufgelöst werden, um, wie McCartney beteuerte, die hart verdienten Millionen während der Beatles-Phase nicht zu verlieren. Und drittens verklagte McCartney vor Gericht Klein persönlich wegen seines nachweisbaren Missmanagements von Apple-Geldern. Die anderen drei Ex-Beatles verweigerten jeglichen Kommentar. In dieser Nacht des 31. Dezembers schmiss Ringo Starr eine Silvester-Party, auf der eine Jam-Session mit prominenter Besetzung stattfand: Charlie Watts, Eric Clapton, Bobby Keys, Klaus Voormann, Maurice Gibb und Georgie Fame spielten munter auf.

Das Jahr 1970 endete ohne eine Lösung des Problems. Aber McCartney ließ nicht locker und im März 1971 gewann er den Prozess. Mit vielen Belegen konnten seine Anwälte überzeugend darlegen, dass es die Gesellschaft nicht mehr gab - und auch die Beatles gab es nicht mehr. Es sollte Jahre dauern, bis Lennon und McCartney, Harrison und McCartney sowie McCartney und Starr wieder bereit waren, miteinander zu sprechen. 1970 und 1971 war die Eiszeit der Beziehungen.

Für Lennon waren die Beatles im Rückblick ein Mythos, der überwunden werden musste. Ein Mythos, entfacht von den Medien, durch den ein Erhöhungs- und Verklärungsprozess in Gang gesetzt worden war, der die Beatles ganz nach oben in eine Art Hyperraum katapultierte. Die Zeile: *Nothing is real* (*Strawberry Fields Forever*) ist durchaus als ernstzunehmende Message zu verstehen.

Zuerst war alles nur ein Spiel, bei dem es für die Beatles galt, zuerst größer als Goffin & King und zum Schluss größer als Elvis zu werden.

Als dieses letzte Ziel erreicht war, war der innere Antrieb erloschen und die Verfallphase eingeleitet. Die Presse, die Fans, die Medien spielten jedoch weiter, der Welt lag daran, den Mythos am Leben zu erhalten – und die Beatles zogen noch eine zeitlang mit, indem sie die Studioarbeit für sich entdeckten und der Welt erstklassige Popalben lieferten. Pop wurde zur Kunst erhoben. Keine Band hat das so vortrefflich geschafft wie die Beatles. Doch für Lennon bedeutete dies später nichts mehr. Als Verfechter des puritanischen Rock'n'Rolls waren ihm die Beatles-Aufnahmen zu klinisch, zu steril, er war der Ansicht, dass die beste Musik der Beatles niemals auf Album erschienen ist. Für Lennon waren die Beatles eine kleine und feine Rock'n'Roll-Band, die die besten weil ekstatischen Momente in Hamburg auf der Bühne hatte. Spätestens mit der Veröffentlichung der ersten Single und dem Einhergehen der völligen Kommerzialisierung der Musik waren Ekstase und das völlige Aufgehen in der Musik verloren. So sah Lennon die Band gleich zu Beginn der Karriere musikalisch im Abstieg begriffen. Aus der Perspektive der Live-Musik betrachtet ist nichts gegen diese Sicht einzuwenden.

George Harrison hingegen sah in den Beatles das perfekte Vehikel, um musikalische Ziele zu verwirklichen. Damit nahm er im Gegensatz zu Lennon eine rein pragmatische Sichtweise ein. Er erhöhte nicht, eher begegnete er dem Beatleshype mit einer gewissen Ironie. Im Zuge der Entdeckung fernöstlicher Weisheiten löste er sich von den Beatles und durch die bewusste Herausnahme aus der Machtsphäre von Lennon/McCartney steigerte er sich als Komponist und entwickelte sich als Persönlichkeit. Das Ende hatte er erwartet und gelassen hingenommen. Ganz in der englisch-stoischen Art. Es bedeutete ihm nichts. So wenig wie Ringo Starr. Der singende Schlagzeuger hatte sich mit seiner *Sentimental Journey* und seinen Filmrollen bereits eine alternative Karriere aufgebaut. Ab den Aufnahmen zum *Weißen Album* war Ringo klar, dass die Band am Absterben war. Er warf einen nüchternen Blick auf die sich stetig verschlechternde Situation und gerade bei den *Get Back*-Sessions konnte man eine gewisse Bekümmertheit bei Starr feststellen. Aber er hatte die Gabe, mit der Situation fertigzuwerden. Im Gegensatz zu Paul McCartney. Ihn hatte es am Schlimmsten getroffen. Er konnte sich ein Leben ohne Beatles nicht vorstellen. Als Trotzreaktion und aus Verletzlichkeit veröffentlichte er sein Solo-Album, markierte damit das Ende der Beatles und floh nach Schottland auf seine Mull Of Kintyre. Dort versank er in Alkohol-und Drogenexzesse. Er wusste sehr genau, dass die besten künstlerischen Tage mit dem Ende der Beatles gezählt sind und niemand, auch nicht Linda, weder stimmlich noch kompositorisch nur annähernd einer Ersatz für John Lennon bieten konnte. Es dauerte fast ein Jahr, bis Linda ihn aus seiner Starre der Traurigkeit herausreißen konnte und er neue kreative Impulse spürte. Für ihn waren die Beatles alles. Er hatte am meisten für den Erhalt der Band gekämpft. Doch wiederum hat er mit seiner dominanten Art das Auseinanderdriften begünstigt. Und mit seinem heimlichen Kauf von Anteilen bei Northern Songs, durch die er mehr Ausschüttungen bekam als sein Partner John Lennon, war das Kind in den Brunnen gefallen.

Es waren nicht die Frauen, die die Beatles aufgelöst haben, es waren die Beatles selbst, die die Beatles aufgelöst haben. Lennon wollte, dass Yoko Ono bei allen Beatles-Aufnahmen und sonstigen Aktivitäten dabei war. Niemand sonst. Entwicklungen lassen sich nicht aufhalten, irgendwann ist der Punkt erreicht, wo sich die Wege von Individuen trennen – um sich irgendwann wieder zu begegnen. McCartney brachte es auf dem Album *Abbey Road* auf den Punkt:

And in the end
the love you take
is equal to
the love you make
(Lennon/McCartney)

Verwendete Literatur

The Beatles Anthology, München, 2000

Lewisohn, Mark: The Complete Beatles, New York, 2018

Miles, Barry; Beatles Diary, East Bridgewater, 1998

Howlett, Kevin: The Beatles The BBC Archives 1962 – 1970,

   London, 2013

Davies, Hunter: The John Lennon Letters. Erinnerungen in Briefen,

   München, Zürich, 2012

Harrison, George: I Me Mine, London, 2002

Hertsgaard, Mark: The Beatles. Die Geschichte ihrer Musik, München
   1996

Boyd, Pattie: Wonderful Tonight, New York, 2007

Saltzmann, Paul: Die Beatles in Indien, Berlin, 2005

Lennon, Cynthia: John, München, 2005

Göthel, Thomas: John Lennon. Musikgenie und Nowhere Man,

   München, 2010

Harrison, Olivia: Harrison, Zürich, 2002

VI   Nachspiel ... Naked

Die Tatsache, dass das *Let It Be*-Album sich durch die Arbeit Phil Spectors zu weit von der ursprünglichen Idee des puren Rock'n'Roll entfernt hatte, nagte an McCartney. Besonders die üppige Orchestrierung samt Chorbegleitung bei seiner Klavierballade *The Long And Winding Road* war ein unverzeihliches Vergehen und erzeugte bei dem Ex-Beatle einen Groll, der sich im Laufe der Jahrzehnte eher verstärkte, als dass er abflauen sollte. Für John, Ringo und George war die Causa *Let It Be* mehr oder wenig abgeschlossen – aber nicht für Sir Paul McCartney. Sowohl der Film wie auch das Album wurden bis dato mehrmals überarbeitet.

1. Der Film

Im Amerika erschien der *Let It Be*-Film 1981 auf VHS- und Betamax-Cassette, später auf Laser-Disc – das waren zu dieser Zeit die gängigen Formate. 20Th Century Fox und Magnetic Video Corporation übernahmen den US-Vertrieb. Die Produktion wurde schnell wieder eingestellt.

In Deutschland erschien der Film 1984 auf vhs-Cassette, vertrieben durch Warner Home Video, doch auch hier wurde der Film bald wieder vom Markt genommen wegen rechtlicher Probleme mit Apple – Grund hierfür war, dass George Harrison die größere Publikmachung seines Streits mit Paul McCartney während der *Get-Back*-Sessions verhindern wollte.

1992 unternahm Apple einen neuen Anlauf. Sie gaben dem Produzenten Ron Furmanek den Auftrag, den *Let It Be*-Film zu restaurieren und die Musik zu mastern. 1997 sollte die überarbeitete Version erscheinen, was jedoch nicht realisiert wurde. Stattdessen wurden 1995 Teile des Films in der *Anthology*-Serie verwendet. Im neuen Millennium wurde der Plan gefasst, *Let It Be* auf DVD zu veröffentlichen. Neil Aspinall kümmerte sich 2002 um dieses Vorhaben. Parallel zum Album *Let It Be naked* sollte der Film samt Bonus-Material veröffentlicht werden. Auch dieser Plan wurde verworfen. 2007 gab Aspinall kurz vor seinem Tod in einem Interview zu, dass bei der Restaurierung des Films zu viele Szenen störend aufgefallen seien. Dies war wohl auch der Grund, warum Ringo Starr und Paul McCartney 2008 sich gegen eine Veröffentlichung des *Let It Be*-Films ausgesprochen haben. Die Plattenfirma *Apple* teilte am 31. Juli 2008 mit: „Weder Paul noch Ringo würden sich besonders wohl dabei fühlen, einen Film über die Beatles herauszugeben, in dem sich alle gegenseitig auf die Nerven gehen." Doch trotz des kontroversen Inhalts tastete man sich auch 2011 nochmals heran, das Filmmaterial zu sichten und zu restaurieren – abermals erfolglos.

Zu guter Letzt wurde 2019 von Apple bekanntgegeben, dass sie Peter Jackson gewinnen konnten, den Film zu retten. Hierfür sichtete der neuseeländische Oscar-Gewinner 58 Stunden Filmmaterial, das er zu einem neuen Film zusammenschnitt. Auch das Album wurde von Giles Martin, dem Sohn von George Martin, neu abgemischt. Der Titel sollte nun entsprechend der Ursprungsidee nicht mehr *Let It Be*, sondern *Get Back* heißen. Zeitgleich zu der Veröffentlichung des neuen *Get Back*-Films und der neu abgemischten CD soll auch der Originalfim *Let It Be* überarbeitet erscheinen – die Gegenüberstellung könnte interessant sein, weil sie eventuell ein neues Licht auf die dunkelsten Stunden der Beatles werfen wird. War es wirklich so schlimm oder noch schlimmer? Eine Geschichtsklitterung in Richtung heile Welt, wie es Paul McCartney offensichtlich im Sinn hat, ist nicht denkbar – die größte Popband der Welt hat sich aus Gründen einer heillosen Entfremdung aufgelöst. *Let It Be* hat diese Tatsache bezeugt und auch *Get Back* wird die gleiche Richtung weisen …

Im Juni 2020 wurde bekanntgegeben, dass die Veröffentlichung vom 4. September 2020 auf den 27. August 2021 verschoben worden ist.

2. Das Album

Im Februar 2002 wagte sich Apple an die Sanierung des *Let It Be*-Albums. Neil Aspinall beauftragte hierfür Allan Rouse, Paul Hicks und Guy Massey. Das Album sollte komplett überarbeitet werden – ohne Overdubs und Orchesterbegleitung, ganz im Sinne der ursprünglichen Idee. An der Auswahl der Liedversionen, die Glyn Johns und Phil Spector vornahmen, hielt man weitgehend fest. Die Tonbänder wurden anhand der Software Pro Tools auf Festplatte überspielt, man entfernte in einem weiteren Schritt digital alle störenden Geräusche und korrigierte Spielfehler, indem man falsch oder schlecht gespielte Parts durch bessere Stellen ersetzte. Die so überarbeiteten Spuren wirkten deutlich überzeugender als die Originalbänder.

Bei der Abmischung verzichtete das Team auf die von Phil Spector eingebauten Gesprächsschnipsel. Und auch die Reihenfolge sowie die Songauswahl wurden geändert. Der Song *Don't Let Me Down* fand seinen berechtigten Platz im *Let-It-Be*-Kanon, dafür entfernte man *Dig It* und *Maggie Mae*. Für *Don't Let Me Down* nahm man nicht die Studioversion vom 31. Januar her, sondern verwendete stattdessen die beiden Live-Versionen des Rooftop-Konzertes, die man miteinander verband. Auch für *The Long And Winding Road* sowie für *I've Got A Feeling* griff man ebenfalls auf andere Versionen zurück. Zusätzlich wurde *Naked* mit der Bonus-CD *Fly On The Wall* ausgestattet, auf der Ausschnitte aus den *Get Back*-Sessions zu hören sind. Die Zusammenstellung nahm Kevin Howlett, der technische Assistent von Brian Thompson, vor. Im CD-Booklet wurde George Martin als Produzent, Glyn Johns als Toningenieur aufgeführt. Als Produzenten des Naked-Mixe wurden Paul Hicks, Guy Massey und Allan Rouse angegeben. *Let It Be... Naked* war erfolgreich. In England und den USA erreichte das Album die Top-Ten der Charts und erhielt im Dezember 2003 eine Platin-Auszeichnung für eine Million verkaufter Exemplare. Das Original-Album *Let It Be* wurde bei der VÖ von *Naked* nicht vom Markt genommen. Beide Alben sind seitdem parallel erhältlich. Und eine neue Abmischung folgt von George Martins Sohn Giles ... Let It Be – a never ending story?

- ENDE -